国家体育总局运动能力评价与研究综合重点实验室
北京市运动机能评定与技术分析重点实验室
京津冀体育健身休闲发展协同创新中心
国家重点研发计划课题（2018YFF0300603）

素食与运动营养

提升训练效率、身体恢复速率和运动表现的专家策略

作　者　〔美〕D.埃内特·拉森–迈耶（D.Enette Larson-Meyer）
　　　　〔美〕马特·鲁希尼奥（Matt Ruscigno）

主　译　吴　昊
副主译　梁　妍　唐莞怡　陆晓雨
译　员　王翔宇　王泽文　程小冬
　　　　周妮红　李文彬

北京科学技术出版社

著作权合同登记号　图字：01-2022-6089

图书在版编目（CIP）数据

素食与运动营养 / （美）D. 埃内特·拉森 – 迈耶，
（美）马特·鲁希尼奥著 ; 吴昊主译 . — 北京 : 北京科学
技术出版社 , 2023.2
书名原文 : Plant-based Sports Nutrition
ISBN 978-7-5714-2663-7

Ⅰ . ①素… Ⅱ . ① D… ②马… ③吴… Ⅲ . ①体育卫
生 – 营养学 Ⅳ . ① G804.32

中国版本图书馆 CIP 数据核字（2022）第 216410 号

策划编辑：曾凡容
责任编辑：曾凡容
责任校对：贾　荣
装帧设计：优品地带
责任印制：吕　越
出 版 人：曾庆宇
出版发行：北京科学技术出版社
社　　址：北京西直门南大街 16 号
邮政编码：100035
电　　话：0086-10-66135495（总编室）　0086-10-66113227（发行部）
网　　址：www.bkydw.cn
印　　刷：河北鑫兆源印刷有限公司
开　　本：710 mm × 1000 mm　1/16
字　　数：353 千字
印　　张：23.75
版　　次：2023 年 2 月第 1 版
印　　次：2023 年 2 月第 1 次印刷
ISBN 978-7-5714-2663-7

定价：149.00 元

本书是为了纪念罗兰·韦恩斯而写的，他获得了医学博士学位和公共卫生博士学位，是一位优秀的教师、导师和科学家，他践行积极的素食饮食方式。本书也献给我的3位年轻运动员——琳赛、玛莲娜和伊恩，他们从各个层面证明了成为一名素食运动员是多么惬意。

——D. 埃内特·拉森 – 迈耶

本书献给每一个努力提高自己和关注世界的人。

——马特·鲁希尼奥

译 者 序

　　"没有恢复就没有训练。""补充营养也是训练环节之一。""预防伤病从摄取营养开始。""如果你没有时间摄取均衡的营养，那么你就要为治疗伤病留出很多时间。"……通过这些专业运动训练中响亮的口号就可以看出人们对营养的认识日益深刻。营养学已经成为竞技体育训练与主动健康理念的重要基石和核心要素，甚至成为核心耐力训练的重要内容。作为人体运动科学的研究者和大学教师，我教授运动营养学课程、开展相关研究超过 26 年。在国家队备战夏季与冬季奥运会的训练中，我大量应用了运动营养学的恢复理论和补充方法，让运动员们做到"无营养，不训练"。这些年来，我一直想从国外引进一本目前引领运动健康潮流和运动营养新方向的专著。2020 年年初，当引领欧美当代运动营养学与健康潮流之作——《素食与运动营养》（*Plant-Based Sports Nutrition*）出现在我的视野中时，我立即与北京科学技术出版社的编辑一起从美国的人体运动出版社（Human Kinetics）购买了该书的中文版权，之后组织专家团队进行翻译和校对。经过一年多的努力，现在终于要将本书呈现给中国的读者了！

　　在全世界，素食已经成为成千上万的几乎涵盖所有运动项目的运动员的选择，他们已经可以不依赖动物性食物，越来越多的运动员在训练后或赛后身体恢复良好时都积极选择素食。

　　对于素食运动营养，注册营养师 D. 埃内特·拉森 – 迈耶和马特·鲁希尼奥在本书中结合他们数十年的循证研究和其作为素食运动员的个人经验，介绍了为什么通过素食可以最大限度地提高营养水平、获得最佳的训练效果，以及如何通过素食获得所有必需的宏量营养素、维生素和矿物质，同时也考虑了运动对能量的需求。本书还分享了遵循素食饮食方式而取得成功的运动员的经验，让读者了解运动员在进行低强度、中等强度和高强度的运动训练时如何正确地搭配素食以满足身体对蛋白质的需求，以及如何避免运动相对能量缺乏症（relative energy deficiency in sport, RED-S）。此外，本书还特别提供了有关生酮饮食的信息、自制补液的指南，等等。

本书内容十分详尽，可操作性强，且适用人群广泛。无论你是素食者、素食爱好者、希望增加饮食多样性的普通大众，还是想通过素食获得竞争优势的运动员，都能从中找到适合自己的饮食方案。本书也同样适合支持素食的教练、营养师等专业人士阅读。

本书将帮助读者最大限度地提高对素食运动营养的认知，帮助运动员提高运动训练效率，以获得最佳的运动表现！

2021 年 4 月 16 日于北京市蓟门桥
运动营养与恢复智能科学创新中心
国家体育总局运动能力评价与研究综合重点实验室

前　　言

我们每个人都是运动员，唯一不同的是，有的人处于训练期，有的人处于非训练期。

——乔治·希恩

D.埃内特·拉森 – 迈耶的故事

我从小就不喜欢吃肉，妈妈说我在餐馆最喜欢点的食物不是"三勺土豆泥"就是椰子虾。不可否认的是，土豆和肉汁是不错的搭配。

我是在大学三年级时正式成为素食者的。那天的事情仿佛就发生在昨天：我在结束了人生中第一次解剖实验后参加了周一女生联谊会聚餐，当我望着盘子里的那块肉时，感觉它就像是我的骨骼肌。从那以后，我便开始吃素。那时候完全吃素并不像现在这样容易，因为便利店里没有蔬菜汉堡、豆腐热狗和鹰嘴豆泥，豆腐只能在中国餐馆里找到。当时的观点是素食者必须每顿饭都补充蛋白质，因此，我便把葵花子、花生酱或切达奶酪放在食物上，试图"补充"蛋白质。成为素食者后的第一个学期，尽管我坚持跑步并完成高强度的负重训练，体重却还是增加了3千克，实话实说，增加的并不是肌肉。

当我搬到波士顿参加营养师实习时，食物的选择似乎多了起来。美国哈佛大学附属麻省总医院有大量有益心脏健康的无肉食谱，我学会了用豆子和豆腐进行烹饪的方法。这是一段成为一名美食家的旅程，我学习了如何在繁忙的工作日准备健康、味美、令人满足的饭菜，如何为假期和特殊场合烹饪特殊菜肴；这是一次进行科学文献筛选的旅程，我尝试了解素食饮食如何影响健康和环境，以及素食饮食的优势和潜在陷阱，尤其是对运动员而言；这也是一次学习如何与运动员、客户、健康和训练领域的专业人士及大众分享我对素食饮食的认识和心得的旅程。

很高兴本书能够再版，让我追溯自己的素食饮食旅程。本书在 2007 年首次出版，几年来，运动员和普通大众对以植物为主的素食（包括纯素食和半素食）饮食方式的兴趣逐渐增加，市场上出现了越来越多的素食产品，大学生对素食的需求增加，一些高中的食堂也开始提供素食。当前主流社会对素食饮食对环境的影响和可持续农业的关注不断增加，大众对高蛋白食物的需求持续增加，提供给素食者的商业产品的种类和数量也在日益增长。

我也很感谢我的同事马特·鲁希尼奥能够参与再版工作。他是一名营养学家和运动员，崇尚素食主义。我相信你会发现，马特·鲁希尼奥给本书带来了更多具有特色的内容，他向大家分享了运动员素食饮食的丰富经验，贡献了"素食者观点"板块的内容。我们将一起分享我们所理解的素食的优势。

马特·鲁希尼奥的故事

小时候我经常与我心爱的狗狗萨曼莎一起冒险，我会在雨后把蜗牛从人行道上移开，避免它们被人不小心踩到。不久之后，我发现很多食物来自可爱的动物。我的父母在纽约市出生和长大，他们没有考虑过意式帕玛森烤鸡中鸡肉的来源，不知道该拿我怎么办。之后，我断断续续地尝试素食饮食。17 岁时，受 20 世纪 90 年代中期信奉素食主义的朋克乐队的影响，我永远放弃了动物性食物。当时我正在上大学，为此我放弃了为了做一名特技演员而选择的物理专业，转而学习营养学。在获得两个学位和注册营养师认证后，我一直致力帮助人们以健康和令人满意的方式吃到更多的植物性食物。

为了成为一名运动员，我一直在努力。我在高中一年级的时候退出了所有的团队运动，把时间花在滑板和小轮车上，这些运动区别于传统运动，需要很强的运动能力和技巧。我的爱好最终变成了山地自行车运动、骑自行车通勤和公路骑行。大学毕业后，我从加利福尼亚州的亨廷顿海滩出发，骑着一辆价值 100 美元的公路自行车，向着我的家乡宾夕法尼亚州的伯利恒出发。在接下来的 2 个月里，我骑行在美国乡村的道路上，每天骑行 137 千米，大部分时间是独自一人。那段时间我学到了很多关于纯植物营养、食物获取和运动能力的知识。这一切让我入迷。当我搬到加利福尼亚州时，我参与了 322 千米的跨世纪公路自行车比赛。后来，我独自参加了铁人三项赛、超级马拉松和一场 805 千米不间断自行车骑行赛。我参与这些项目更多的是基于冒险，而不是因为我是一名运动员。

2005 年前后，我见证了素食者斯科特·尤雷克两次问鼎 217 千米的恶水超级马拉松（Badwater Ultramarathon），并意识到纯素食运动员也能完成这一壮举。在过去的 10 年里，人们对素食的兴趣快速增加，我相信今后还会继续增加。

我很荣幸能在本书中介绍我的个人经历。当我到世界各地宣讲素食运动营养时，人们提出了很多具体问题，现在我们在这里一次性做出全部解答。这是一项艰巨的任务，我非常感谢 D. 埃内特·拉森 – 迈耶的专业水准、对细节的关注，以及丰富的知识和经验。我们的愿望是让素食运动营养观念和方法惠及更多人。有关证据表明，一个人拒绝或减少动物产品的摄入，仍然可以保持高水平竞争力，但前提条件是他拥有足够的素食运动营养知识并加以应用。因此，本书除了图片、表格和研究报告之外，还提供了很多有效且实用的方案。关于我的思考，请阅读"素食者观点"板块，那里有一些关于我合作过的素食运动员的故事。

本书的故事

本书献给参与运动、冒险的所有年龄段和不同运动水平的素食运动员（包括纯素食运动员），以及那些正在考虑转向以素食为主的运动员；献给有着运动员精神的武装部队和军事人员。本书的目的是帮助他们达到或保持最佳的营养水平以获得最佳的运动表现和健康的体魄。书中的建议在最新科学知识的基础上，结合了运动营养学家、科学家、素食休闲跑步者、自行车运动参与者、皮划艇爱好者和瑜伽习练者 D. 埃内特·拉森 – 迈耶 30 多年的具体实践经验，而合著者马特·鲁希尼奥（20 余年的纯素食者、有 15 年经验的公共健康营养师和运动员）使本书内容更加完善。

　　和第一版一样，本书旨在帮助你通过科学地选择食物来优化你的训练和运动表现，提升你的健康水平。本书审视了提高运动表现的最新信息并提供建议，介绍了一名忙碌的运动员如何通过素食饮食轻松满足身体对糖[1]、蛋白质、脂肪、维生素和矿物质的需求，还包含了自我饮食评估及根据自己的训练和健康目标制订饮食计划等内容。

　　本书还探讨了许多令运动员困扰的话题，如增肌、维生素和矿物质补剂及运动补剂的问题；阐释了最新的营养学术语，包括 ω-3 脂肪酸、FODMAP[2]、抗炎食物和生酮饮食；提出了与减重、增肌、避免疲劳和无伤训练相关的概念和论点。此外，本书还讲述了选择素食的运动员在生活中的饮食方案。与第一版相比，本书新增加的内容是第 15 章。在这一章中，我们分享了自己最喜欢的简单、味美且营养充足的素食食谱。

　　简而言之，本书为素食运动员根据自身特点选择食物提供了工具，使他们能够提高训练效率、提升运动表现和保持身体健康。

　　最后，希望读者能够保持信念，科学训练！

---

[1] 糖类物质指多羟基的醛或酮化合物及其衍生物。早期发现大多数糖类化合物可以用通式 $C_m(H_2O)_n$ 来表示，命名为 carbohydrates，中文译作"碳水化合物"。后续发现有些糖类分子不符合这个通式，而有些化合物分子中氢氧原子个数之比虽然为 2∶1，但并不是糖类，所以"碳水化合物"的名称不够严谨，只是人们习惯使用而已，本书在翻译时将所有"carbohydrates"译作"糖"。——译者注

[2] FODMAP 是肠道无法正常吸收的短链糖，是可发酵的（fermentable）、寡糖（oligosaccharides）、双糖（disaccharides）、单糖（monosaccharides）和多元醇（polyols）的缩写。——译者注

致　谢

　　我要感谢我所有的导师，包括加里·亨特博士、JP.弗拉特博士、布拉德·纽科默博士、埃里克·拉沃辛博士、罗恩·莫恩博士和梅琳达·马诺尔博士。他们每一位都帮助我在理解科学和享受挑战中成长。没有他们的悉心指导，这本书无法成型。我还要感谢这些年来和我一起工作和训练的所有运动员、教练、训练员、研究志愿者和陪练，谢谢他们的友谊和奉献。最后，我要感谢我的丈夫迈克：感谢你在我艰难写作时付出的耐心；谢谢你，绿色达人！

——D. 埃内特·拉森－迈耶

　　我所有的营养师同事都来自营养与膳食学会的素食营养实践小组，感谢他们一贯的支持和指导。还要感谢埃内特和整个人体运动出版社团队让我参与这个精彩的项目。我所有的遵循素食主义的朋友和同事都在努力创造一个新世界，他们是我努力的动力。当然还有我出色的伴侣劳拉，她的支持改变了我的生活。最后，是你们，我亲爱的读者，如果没有你们，我们无法完成这项工作。接纳素食，做最好的自己！

——马特·鲁希尼奥

目 录

1 从素食饮食中获得益处

　　我和我的丈夫是在菲尼克斯北部矿区举行的一次全程 160 千米的山路骑行活动中认识的。我与他及他的伙伴同行了几千米后，他问了我一个问题："你是素食者吗？"我起初认为这是对我的冒犯，就怒气冲冲地回应道："我看起来像是一个素食者吗？"他避开了这个问题，向我解释说，他是一名医生，读过一些迪安·欧宁胥的研究文章，对素食者的健康问题很感兴趣。

　　接着他告诉我，他从没有接触过素食者，并且最终回答了我的问题："是的，你看起来很健康，就像是一个素食者。"

　　最终，我在大约 112 千米处把他甩在了身后。

　　我们第一次约会是在一家素食餐厅，之后，他放弃了食用肉制食品，成了一名素食者，但他依旧在大部分体育运动中落后于我。直到今天，我还经常在想，如果当时他没有猜测，或我看起来不像素食者，可能就没有之后的故事了。

——D.埃内特·拉森－迈耶

　　在过去的 40 ～ 50 年，科学证据明显改变了我们对素食饮食在促进人类健康与预防疾病方面的作用的认识。素食饮食在促进健康和长寿方面的益处要大于非素食饮食。关于素食饮食对运动员的健康和运动表现的益处，我们的了解还远远不够，但可以肯定的是，不同水平的运动员都可以从素食饮食中获得益处。

　　近年来，关于植物性运动营养的话题越来越流行，越来越多的运动员和体育活动爱好者选择了素食饮食。很多人因为素食饮食对健康和环保有益处而产生兴趣，但他们不知道素食饮食是如何提升运动表现的。尽管我们并不知道遵循纯素食和半素食饮食的运动员的具体数量，但可以肯定的是，有很多运动员都选择素食饮食，如连续7年夺得美国西岸长跑赛冠军的超级马拉松运动员斯科特·尤雷克（纯素食者），奥运会单板滑雪冠军汉娜·泰特，6次铁人三项冠军获得者戴夫·斯科特（纯素食者），美国橄榄球队（National Football League）前任边锋托尼·冈萨雷斯，美国国家篮球协会（National Basketball Association，NBA）前任中锋罗伯特·帕里什，前"宇宙先生"比尔·珀尔，综合格斗选手马克·丹泽，网球冠军玛蒂娜·纳芙拉蒂洛娃、比利·简·金、维纳斯·威廉姆斯和塞雷娜·威廉姆斯，以及棒球传奇汉克·艾伦等。新英格兰爱国者队（New England Patriots）中的四分卫汤姆·布雷迪是一个食用少量瘦肉的素食者。

　　素食运动员在运动员中的比例与素食者在普通人群中的比例相似。最近的调查显示，在美国，大约3.3%的成年人是从不吃肉、鱼、海鲜的素食者，或从不吃鸡蛋、乳制品、肉类的纯素食者；大约5%的高中生是素食者，其中包含1%的纯素食者。如果把偶尔吃鱼肉或家禽肉的运动员计算在内的话，那么素食运动员的比例会更高。根据美国素食资源组的估计，有14%的美国成年人超过一半的时间吃素食，有15%的美国成年人很多时候吃素食但没有超过一半的时间，有36%的美国人在外出就餐时总是选择素食。这些结果显示，有很多美国人属于半素食者。有很多人正在考虑成为素食者，美国的这个数据要低于全世界的平均值。一个覆盖29个国家的关于家庭预算花费及生活标准的调查显示，全世界约有22%的人是素食者。唯一一项针对运动员素食饮食的研究对参加2010年英联邦运动会的运动员进行了调查，结果表明，有8%的运动员是素食者，其中有1%的运动员是纯素食者。

素食者观点：超级马拉松选手领先群雄

2011年，我参加了在亚利桑那州举行的野猪百英里越野赛（全程160千米），目的是录制关于纯素食运动员的纪录片。我们本来是想录制多诺万·詹金斯第一次挑战长距离跑的过程，但我们很快发现他不是这场比赛唯一的纯素食者。这场比赛的组织者也是一个纯素食者，他很高兴帮助我们完成这个项目。在起点处，我们碰到了超级马拉松选手卡特拉·科比特，她参加过100多场比赛，累计比赛距离达到160 934千米。她成为纯素食者已超过20年。我们还看见比赛的第三名穿着一件印有"成为一名纯素食者"的T恤。我们推断，可能有很多超级马拉松选手是纯素食者。

赛后，我们对这些超级马拉松选手进行了采访，发现他们中的大多数人选择纯素食并非想从中获得竞技优势，而是出于对动物和环境的关心。纯素食饮食对他们的运动表现产生积极的影响是额外的收获。我们在那个周末采访的每位纯素食运动员都表示，纯素食使他们恢复更快、减重更容易、感觉更轻盈，最让他们兴奋的就是他们可以吃得更多。

从那以后，出现了好几个专注于纯素食饮食的跑步俱乐部，如纽约锡拉丘兹的强心纯素食力量队、人道联盟跑团和全国各地的无肉运动分会。这些运动员向人们证明，纯素食饮食和运动能力有着紧密的联系。

本章将要介绍素食饮食给健康与运动表现带来的好处，为那些对素食感兴趣的人踏出素食饮食的第一步提供一些建议。对于已经是坚定的素食者和那些刚开始不吃动物性食物的人来说，无论你的信念和实践是否科学，本章都将帮助你坚定信念和加强实践。接下来的章节将帮助你理解素食饮食并战胜潜在的营养挑战，获得素食饮食的益处。这些将会帮助你在跑步、骑行、游泳、踢足球、打网球、打高尔夫球、举重、跳舞、竞走和滑板等运动中表现得更好。素食饮食真的有益处吗？是的，我和马特·鲁希尼奥坚信。

选择素食饮食的运动员的类型

不管是运动员还是非运动员，选择素食饮食的原因往往是多样的，健康、环境、伦理、宗教、精神、经济、审美及其他因素（如肉类过敏），最常见的原因是想获得健康益处、保护动物、厌恶肉食和动物制品，以及保护环境。现在，人们越来越关注环境问题，更多人认识到，与栽种植物相比，饲养动物需要更多的土地和自然资源，并且会排放更多的温室气体（如甲烷和二氧化碳）。运动员对环保的关注度也逐渐增加。当然，选择素食饮食的运动员的动机不同、信念不同，选择的食物也不同。尽管可以根据所选食物对素食者进行分类（小贴士1.1），但这些分类并不总是合适的，也可能不是必要的。这是因为素食者的饮食理念和实践是不太容易分类的。例如，两个蛋奶素食跑步运动员关于乳制品的理念可能不同，一个人也许每天都会食用几份乳制品，另一个人则可能只食用含有奶成分的预加工食品或冰激凌。人们拒绝乳制品的原因多种多样，如为了保护动物、患有痤疮或乳糖不耐症等。一些纯素食者对食物的要求更加严格，他们拒绝一切包含动物衍生物的商业食品（如含有动物性脂肪的面包、砂糖）；一些人只避免食用明显的动物性食物，但依旧穿皮制的运动鞋。所有的素食者都有独特的信念、需求和实践方式，而这些都独立于任何分类。

尽管分类可以实现商业目的（如制定纯素食制品的食物标签），但我认为运动员了解自己的饮食理念和食物选择如何影响他们的营养摄取更为重要；我也认为将偶尔食用鱼肉、家禽肉的运动员和半素食运动员纳入素食运动员的行列十分重要。我不知道汤姆·布雷迪是否会赞同，我希望这不会激怒纯素食者。在我与素食运动员共同训练的过程中，我发现很多人在节假日参加社交活动时或感到自己的营养摄入不均衡时，偶尔会食用鱼肉或家禽肉。

素食者的分类

我们一般将素食者分为以下几类。

蛋奶素食者：不食用红肉、鱼肉、家禽肉，食用乳制品和鸡蛋。

蛋素食者：不食用红肉、鱼肉、家禽肉、乳制品，食用鸡蛋。

奶素食者：不食用红肉、鱼肉、家禽肉、鸡蛋，食用乳制品。

鱼素食者：不食用红肉、家禽肉，食用乳制品和蛋制品，偶尔食用鱼肉。

禽素食者：不食用红肉、鱼肉，食用乳制品和蛋制品，偶尔食用家禽肉。

纯素食者：不食用任何动物性食物，包括红肉、鱼肉、家禽肉、乳制品、鸡蛋和蜂蜜，并且大部分纯素食者也不使用动物制品，如丝绸、皮革等。

半素食者（也叫弹性素食者）：限制肉类的摄入量。

长寿素食者：避免食用大部分动物性食物，并且强调食用没有经过加工的原生态食材。

一项对居住在加拿大温哥华市的素食者的研究发现，57%的素食者偶尔会食用鱼类，18%的素食者偶尔会食用鸡肉。有趣的是，美国最近的一项对超过 11 000 名成年人的调查发现：86%的人曾经是素食者，但后来又重新开始食用肉类；近 50%的人表示成为一个纯素食者太难了；很多素食运动员希望自己在实践时更严格。同时，该研究还发现：62%的人宣称，随着时间的推移，他们的饮食会变得更严格；53%的人计划做出更多的改变，常见的目标是减少乳制品的摄入量。

素食饮食的优势

很多人感受到了素食饮食带来的益处。我在完成大学的第一次解剖实验之后，就放弃了肉类食物。尽管我的体重增加了 3 千克，但我的感受比任何时候都好。在我选择素食之后，我的总体幸福感有了提升。我的很多客户也有这样的感受。这种感受很难用语言精确描述，而且在科学文献中很少被提及。一项针对以色列运动员的研究显示，60% 的女性运动员在选择素食后健康状况有所改善，如头痛次数减少。

在《圣经》中也有类似的描述。但以理长相英俊、聪明，受过良好的训练，可以在宫廷里当差。他为了不玷污自己，拒绝吃宫廷里的食物，也不喝宫廷里的酒。他对主管他和 3 个朋友的警卫说："测试 10 天，只给我们蔬菜和白水，然后把我们与那些吃宫廷里的食物的年轻人进行比较，看我们过得怎么样。"10 天后，但以理和他的朋友看起来比那些吃宫廷里的食物的人更健康、更强壮。之后，他们得到允许，可以不吃宫廷里的食物，只吃蔬菜。但以理的故事也许解释了大多数宗教主张素食饮食是出于精神原因或治疗、冥想等原因。

在历史上，很多古代奥林匹克运动员、罗马角斗士（给人们的印象是强壮、有力量和耐力）也获得了素食饮食的益处。尽管在历史记载中，古代最为传奇的摔跤手克罗托内的米洛吃大量的肉，但大部分古代奥林匹克运动员都是素食者。他们的饮食就像那个时期的大部分希腊人和罗马人一样，主要是谷物、水果、蔬菜、豆类和加水稀释的酒。人们食用的肉类主要是羊肉（希腊）和猪肉（罗马）。史料显示，最早有记载的采用特殊饮食方式的是希腊运动员——斯巴达的沙尔米，他训练时的饮食主要是干无花果。

科学如何解释

然而，我们还无法全面衡量和证明素食饮食的优势，比如选择素食会带来更大的幸福感或改善健康状况。"健康"的定义源自古英文词汇

"Hale"，包括身心健康、有能力生活和工作，以及有能力与自然、与其他人愉快地互动。但是，我们可以看到，与典型的西方饮食相比，素食在促进身体健康和提升运动表现方面具有优势。不可否认的是，素食饮食给健康带来益处的证据要比它提高运动表现的证据更有力。也有迹象表明，素食饮食可能有助于训练和运动康复。

对健康的益处

多项研究显示，生活在发达国家的素食者的健康状况明显更好，肥胖、高血压、高脂血症（总胆固醇和低密度脂蛋白胆固醇升高）、心脏病、糖尿病、痴呆和许多癌症（如结肠癌、乳腺癌）的患病率较低。一些研究（不是所有研究）表明纯素食饮食的益处更大（表1.1）。素食者比非素食者更长寿、更健康，原因很难确定，可能与素食者不吃肉、吃种类繁多的植物性食物及其他健康的生活方式有关。大量研究发现，摄入肉类（特别是红肉和加工过的肉类）与大量慢性疾病（如心脏病、糖尿病）和一些癌症（如结肠癌）有关；相反，大量摄入水果、蔬菜、豆类、未经精加工的谷物和坚果则有助于降低患慢性退行性疾病的风险，甚至可以延长寿命。研究显示，摄入植物性食物可以抑制动物性食物带来的负面影响。最近一项小鼠实验的研究显示，绿叶蔬菜、多叶蔬菜等蔬菜中的叶绿素抑制了肿瘤生长和因食红肉而引起的细胞毒性（会导致结肠癌）。

从食物中毒的角度来看，动物性食物没有植物性食物安全，引起中毒的食物常见于未煮熟的肉、加工不当的肉，以及暴露在环境污染物中的肉（污染物可能集中于肉中）。法国最近的一项研究显示，由于素食者的饮食中不含动物性食物，他们通过膳食摄入持久性有机污染物（包括多氯联苯、多氯二苯并二噁英、多氯二苯并呋喃）的概率大大降低。但这也不代表素食者对污染物就有免疫力，未加工的蔬菜、用动物性肥料或其他有毒物质培育的豆芽菜等就存在大肠杆菌和沙门菌。这项研究还显示，素食者接触真菌毒素（存在于花生中）、植物雌激素和一些重金属（铝、镉、硒、镍）的概率会更高。

最近的一些与红肉有关的证据显示，肠道细菌与心脏病有关。在一

表 1.1 来自美国和加拿大的健康研究的关键发现

疾病	对比数据
癌症	与非素食者相比，素食者患各种癌症的概率要低8%，患胃肠道癌的概率要低24%；纯素食者患各种癌症的概率要低16%，患女性特定癌症的概率要低34%；蛋奶素食者患胃肠道癌的概率要低25%。研究1显示，非素食者患前列腺癌的概率高达54%，患结肠癌的概率高达88%
	经常吃牛肉会增加患膀胱癌的风险
	食用豆类可以降低患结肠癌和胰腺癌的风险
	大量食用各种水果和果干可以降低患肺癌、前列腺癌和胰腺癌的风险
痴呆	吃肉会增加患痴呆的风险。吃肉的人患痴呆的风险比不吃肉的人要高2倍。常年吃肉的人患痴呆的风险比不吃肉的人要高3倍多（研究1）
糖尿病	素食者患2型糖尿病的风险比非素食者低得多（研究1和研究2）。与鱼素食者（4.8%）、半素食者（6.1%）和非素食者(7.1%)相比，纯素食者患糖尿病的概率更低（2.5%）（研究2）。通过2年的随访发现，纯素食者患糖尿病的概率降低了62%，鱼素食者降低了21%，半素食者降低了51%
心脏病	素食者患心脏病的风险降低。在男性素食者中，缺血性心脏病的发病率比非素食者低37%（研究1）。与经常吃肉的人相比，偶尔吃肉的人因缺血性心脏病而死亡的概率低20%，鱼素食者低34%，蛋奶素食者低34%，纯素食者低26%
	吃牛肉会增加男性患心脏病的风险，但对女性的影响并不显著。一周吃3次或3次以上牛肉的男性患致命的缺血性心脏病的概率是素食者的2倍多
	无论男性还是女性，食用坚果和全谷物可以预防缺血性心脏病。一周食用坚果5次或5次以上的人患心脏病的概率大约是一周食用坚果少于1次的人的50%

续表

疾病	对比数据
心脏病	与食用白面包的人相比，食用全麦面包的人患非致命的冠状动脉性心脏病的概率要低59%，患致命的冠状动脉性心脏病的概率低89%
高血压	吃素可以降低患高血压的风险。在调整体重和排除其他干扰因素之后，与非素食者相比，纯素食者患高血压的概率低47%
代谢综合征 [表现为甘油三酯升高、血糖升高、高密度脂蛋白胆固醇（"好"胆固醇）低、收缩压和舒张压升高、腹部肥胖]	与非素食者相比，除高密度脂蛋白胆固醇低之外，素食者不太可能有代谢综合征的其他表现。素食者患代谢综合征的概率是25.2%，非素食者是39.75%（研究2）
关节炎	吃素降低了人们患关节炎的风险，素食者患关节炎的风险低于非素食者（研究1）
长寿和全因死亡	素食者更长寿（研究1）。鱼素食者在6年间的全因死亡率比非素食者降低了19.9%，纯素食者降低了15%，蛋奶素食者降低了9%，半素食者降低了8%。吃素对男性长寿和全因死亡的影响比女性大（研究2）

注：此表综合了该项健康研究的研究1和研究2的数据。

项临床试验中，一组受试者以红肉为主要的蛋白质来源，另一组受试者以家禽肉或素食为主要的蛋白质来源，1个月后，吃红肉的受试者体内一种名叫"氧化三甲胺"的分子的水平比另一组受试者高3倍。氧化三甲胺会改变血小板功能，增加血栓形成的风险。研究显示，氧化三甲胺是由于肠道细菌增多产生的，而吃大量红肉会抑制肾代谢和排出氧化三甲胺。

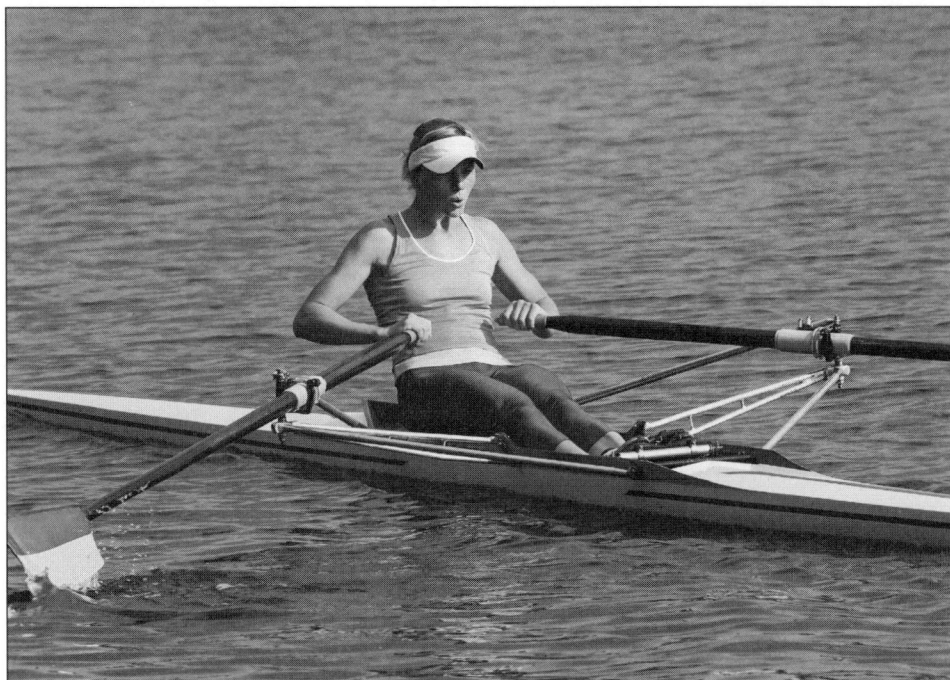

选择素食最常见的益处之一就是有利于身体健康，特别是对运动员来说（Anton Hlushchenko/fotolia.com）

　　当人们食用较多的豆类、坚果和谷物等植物性蛋白食物，并将白肉作为主要的蛋白质来源时，肠道细菌产生的氧化三甲胺就会减少，而肾代谢和排出的氧化三甲胺会增多。

　　素食饮食在预防慢性疾病方面的优势明显高于非素食饮食。事实上，美国和加拿大一项关于素食者和非素食者的大样本研究显示，素食饮食比非素食饮食对健康更有益处。英国的牛津素食者研究（Oxford Vegetarian Study）、遍及威尔士的健康食品消费者研究（Health Food Shoppers Study）也显示，素食者与具有健康意识的非素食者的死亡率相当，而后者经常在健康食品商城购物。

　　与非素食者相比，素食者更喜欢体育活动，超重或肥胖的情况更少，健康意识更强，心理压力更小。此外，素食者也很少过度抽烟和过量饮酒。这些给研究者在研究饮食与疾病的关系时带来了挑战，因为他们需要校正数据以解释素食者和非素食者之间的差异。尽管流行病学研究者试图在统计学上控制这些复杂的影响因素,但研究结果依然遭到了质疑,因为控制所有的变量实在是太难了。

幸运的是,加利福尼亚州的洛马林达大学进行的两项重要的长期研究提供了大量的数据。该项健康研究(包括研究 1 和研究 2)探讨了美国和加拿大的特定人群(基督教徒,定期参加宗教仪式,具有健康意识,不吸烟,不饮用含有酒精的软饮料,并且大部分人不喝茶和咖啡)的饮食、生活方式和疾病之间的联系。特别值得关注的是,该研究比较了相同生活方式的素食者(大约占此人群的 40%)和非素食者之间的健康风险。这项研究中的素食者和非素食者的生活方式极其相似,这为素食饮食益处的研究提供了更有力的证据。研究 2 大约有 96 000 人参与,包括黑种人和白种人(黑种人占 27%,其余为白种人)。在这些人中,29% 的人是蛋奶素食者,8% 的人是纯素食者,10% 的人是鱼素食者,5% 的人是半素食者,48% 的人是非素食者。

该项健康研究的发现如表 1.1 所示。结果显示,增加植物性食物的摄入和减少动物性食物的摄入均对健康有积极影响。

对提高运动表现的潜在益处

对于素食饮食给训练和运动表现带来的益处,我们知之甚少。尽管早在 20 世纪初就有研究探讨了素食饮食在提高身体能力方面的价值,但大多数研究都没有使用严谨的科学研究方法,如没有对素食者或非素食者进行随机分组,没有在研究人员和受试者之间设盲,少数研究可能只是得出了研究人员或运动员想要的结果,即素食饮食优于非素食饮食。

在这些研究中,有一项是耶鲁大学的一位政治经济学教授进行的。他对 49 名男性进行了一系列耐力测试,受试者分为非素食运动员、素食运动员和久坐少动的素食者。耐力测试包括臂平举、深蹲、仰卧抬腿,让受试者自己尽最大努力保持姿势。结果发现,素食运动员比非素食运动员有更好的耐力,并且许多久坐少动的素食者的耐力比非素食运动员还要好。几年后,一名比利时研究人员进行了一项类似的实验,结果发现,素食学生的前臂耐力比非素食学生的更好。前臂耐力是通过测量学生对手柄施压从而举起滑轮上的重物的最大重复次数来确定的,素食学生平均为 69 次,非素食学生则为 38 次。

早期的研究显示,欧洲国家和美国的素食运动员的运动表现比非素食运动员更好(表 1.2),素食运动员在自行车、长跑、游泳、网球、马拉松等项目中创造了纪录。如美国的威尔·布朗出于自身健康原因于 19 世纪 90 年代后期成为素食者,之后他创造了 2000 英里(3218 千米)自行车赛的纪录。1912 年,素食运动员汉内斯·科勒赫迈宁成为芬兰历史上第一位长跑名将,是在 2 小时 30 分钟内完成马拉松(42 千米)的选手之一。

表 1.2　19 世纪末到 20 世纪初素食运动员取得的成就

素食运动员的成就
1896 年,詹姆斯·帕斯利带领伦敦素食者骑行俱乐部战胜了 2 个非素食者骑行俱乐部。1 周后,他赢得了英格兰最负盛名的登山比赛,打破了之前的登山纪录,成绩提高了将近 1 分钟。伦敦素食者骑行俱乐部的其他成员也有出色的运动表现
19 世纪 90 年代,威尔·布朗创造了 2000 英里(3218 千米)自行车骑行纪录,玛格丽塔·加斯特创造了女子 1000 英里(1609 千米)赛跑的纪录
1893 年,在首次举办的从柏林到维也纳的 599 千米竞走比赛中,有 2 位运动员是素食者
19 世纪 90 年代末,在德国 100 千米竞走比赛中,成绩在前 14 名的运动员中有 11 名是素食者
1912 年,汉内斯·科勒赫迈宁成为在 2 小时 30 分钟内完成马拉松的选手之一
20 世纪初,西汉姆素食协会(The West Ham Vegetarian Society)打造了一支不败的拔河队伍

素食者表现出的卓越的耐力引起了人们的兴趣。就如早期研究者所指出的那样,这可以解释为素食者的毅力或获胜的动机比非素食者更强。这可能是阅读本书的大多数读者都能够理解的。素食者耐力更好的另一个原因是,素食者饮食中糖的含量高于非素食者,但这一点在 20 世纪初并没有得到清楚的解释。

较高的糖摄入量(将在第 3 章中详细分析)给素食者带来了耐力优

势。素食者取得成绩的其他可能因素包括：素食中含有大量的植物化学物质，以及这种饮食可使血清呈弱碱性，从而使训练受益；从素食中摄入更多的镁和膳食硝酸盐可以提高运动表现（将在第 8 章和第 11 章中介绍）。

然而，近些年来素食者在耐力上的优势却并不明显。一项对照研究的结果显示，在同等训练条件下，素食运动员与非素食运动员有着相同的有氧能力、无氧能力和力量。最近一项针对 46 名素食运动员和他们的非素食队友的耐力的研究显示，女性素食运动员的心肺耐力高于男性素食运动员。一项随机对照试验的结果显示，无法证明长达 12 周的素食饮食对有氧表现和无氧表现是有益还是有害。在一项研究中，8 名男性非素食运动员被随机分配到蛋奶素食组和提供丰富肉食的肉食组，为期 6 周，研究结果显示他们的力量和耐力表现没有差别。

尽管缺乏科学证据证明素食会在短期内提高运动员的运动表现，但这并不阻碍你坚持或开始素食饮食。大多数研究都只是针对短期饮食方式的变化，而且仅关注到受试者在实验室条件下的锻炼。运动员要在赛场上或比赛中达到巅峰状态是由许多因素共同决定的，通常需要多年的训练（包括坚持某种饮食习惯）才能实现。除此之外，健康也是达到巅峰状态的因素之一。因此，要证明素食对运动表现有益，一种方法是科学家需要以某种方式"克隆"一组运动员，然后比较素食运动员和非素食运动员的运动表现；另一种方法是科学家跟踪各项条件相似的非素食运动员和素食运动员，观察哪一组在长跑中的表现更佳，或如前文所述的美国和加拿大关于健康的研究（表 1.1）一样，将已知的影响因素（如训练、动机、伤病、营养等）进行调整。尽管素食对提高运动表现的具体益处很模糊，但我们可以关注素食在促进身体恢复和保持健康方面的潜在益处。

素食在身体恢复过程中的潜在益处

素食中富含维生素和植物化学物质，其中的很多成分具有抗氧化功能，不仅能预防癌症和心脏病等，还可以清除剧烈运动时肌肉中产生的反应性副产物——自由基。虽然少量的自由基是引起各种运动适应的信号,但过量的自由基会影响肌肉蛋白的合成,并导致肌肉疲劳和肌肉酸痛。身体有一个可以清除自由基的复杂的防御系统,饮食中的抗氧化剂会与此系统协作以控制或清除自由基。理论上,选择素食有利于摄入大量的抗氧化剂,从而减少训练所产生的氧化应激反应,并调节免疫功能和消除炎症。此外,选择素食可以使身体摄入更多的抗氧化维生素(如维生素 C、维生素 E 和 β 胡萝卜素)和其他植物化学物质。研究发现,素食者体内抗氧化维生素的循环浓度更高,其他有益的植物化学物质的含量也可能更高。研究还发现,素食者血液中的 DNA 受到的来自自由基的伤害更小,脂质过氧化反应更少,脂质自由基对身体的伤害更小。尽管目前还没有证据表明素食能阻止肌肉被自由基伤害,但一些研究发现补充某些抗氧化剂能减少自由基对肌肉细胞中脂质成分的损害。几项研究结果均显示,饮用各种果汁和蔬菜汁(如酸樱桃汁、石榴汁、黑加仑汁、黑葡萄汁、覆盆子和黑加仑的混合果汁)可以有效减少训练引起的氧化应激反应,并且在一定程度上缓解肌肉疼痛和减轻损伤。但这并不意味着其他水果就没有相似的功效,只不过是还没有发现而已。

　　尽管需要更多的研究证明,但可以肯定的是日常饮食中含有的大量的抗氧化维生素和植物化学物质可以保护肌肉免受自由基的伤害并减轻炎症。这个观点已经出现了一段时间。我在伯明翰的亚拉巴马大学进行博士后研究的时候就对运动过度反应很感兴趣。运动过度会使肌肉受损,受损的肌肉无法通过氧化反应提供能量,这个过程可能会持续几周到几个月,时间长短取决于一开始的运动强度。当时为了重现运动过度反应,我们分别测试了马拉松运动员和在实验室做剧烈上下跳的运动员在运动前后的身体指标,结果发现,只有非素食运动员才会诱发运动过度,素食运动员在某种程度上受到了保护,我们推测这是因为他们的日常饮食中含有大量的抗氧化物。

是否只有纯素食者才能获得益处

　　最后一个需要解决的问题是:运动员是否必须成为一名纯素食者才

能获得素食带来的益处？我认为不是，虽然在一些领域，纯素食比含乳制品的素食更有益于健康。本书中有很多例子说明在饮食中加入少量的动物性食物（如鱼）更能满足每天的营养需要，而不需要添加膳食补剂。事实上，美国的一项研究显示，追求纯素食是素食者重新吃肉的常见原因。此外，很多文献都提到适当食用一些鱼肉有利于降低全因死亡率和结肠癌的发生率。食用家禽肉并不会出现食用红肉带来的大部分潜在的健康隐患（但传统饲养的鸡有可能产生抗生素耐药菌）。这种观点并不意味着运动员需要动物性食物来满足营养需要，而是表明偶尔食用一些鱼肉、鸡肉甚至红肉的运动员会与纯素食运动员一样获取素食的益处。更重要的是，每天的饮食要包含充足的谷物、水果、蔬菜和豆类，并且限制动物性食物的摄入。

关于选择素食的灵活性和坚持纯素食的问题，我知道许多素食运动员曾痛苦地面临是否将意大利辣肠从比萨饼中拿掉的困境。我记得我在完成自己的第一个双世纪公路自行车耐力赛（320千米）后，终于要喝上渴望已久的热蔬菜汤时却发现里面有牛肉粒的情景；我还记得和同伴在雨天跑完10千米后看他吃香喷喷的热辣酱汤，而我驱车几千米去找一份素辣酱汤最终也没找到时的心情；印象最深刻的一次是，我事先要求自行车比赛的主办方提供素食比萨，到达终点时却发现素食比萨已经被先到达的人吃光，只剩下香肠比萨。有些素食运动员能坚持不吃香肠比萨，但有一些素食运动员因为饿得不行便把比萨饼中的香肠挑出来再吃（他们会用纸巾吸去比萨上残留的香肠油脂）。竞赛组织者能为运动员提供素食最好不过，但现实是，偶尔食用肉类比萨并不会影响素食运动员的健康。事实上，灵活的饮食方式也能使我们与非素食队友的关系更紧密。

选择并坚持少吃肉

很多读者已经成为素食者多年了，而有些读者也许刚刚选择素食或正在考虑完全不吃肉。如果你还没有体验到素食的益处并且还没有下定决心成为素食者，那么小贴士1.2中的信息或许会对你有所帮助，它能让你在不吃肉的情况下逐渐找到满足营养需求的方法。我们的目标是做出一些你可以接受的改变，而这些改变又可以满足合理的营养需求。另外一种方式就是"一夜之间成为素食者"，这也是我几年前采取的方法。这种方法虽然对某些人有效，但并没有给运动员充足的时间去学习如何选择素食。有趣的是，之前所提及的研究显示，突然转变为素食者（几天或几周）遇到的困难可能是许多人重新开始吃肉的原因，而有一些人是因为没有时间购买素食，并且不懂得如何烹饪而重新开始吃肉。如果你选择"一夜之间成为素食者"，小贴士 1.2 会对你有用。但是，你必须评估自己的日常饮食，并找到满足日常营养需求的方法，否则，你可能会因缺乏营养而导致健康水平和运动表现下降。记住，为了获得素食的益处，你需要吃得更健康。

本书接下来的章节会提供素食的信息和简单的操作指南。无论你是一名刚接触素食的运动员，还是打算选择素食的运动员或已经吃素很多年的运动员，本书都能帮助你获得素食的益处，避免常见（甚至不那么常见）的饮食陷阱，并帮助你调整饮食，让你在训练中感觉更好、运动表现更佳。本书的最后两章将重点指导你学习如何准备简单、味美的素食，并提供能够满足训练、比赛、健康需要的食谱。毕竟口味和烹饪方法是坚持素食的关键。

轻松过渡到素食的步骤

1. 清点你的日常饮食

• 列出你经常食用的食物清单。

• 识别出哪些食物是素食，并以此作为你饮食的基础。如纯番茄酱意大利面、墨西哥玉米煎饼及奶酪三明治。

• 计划一周吃几次素食，选用你所熟悉和喜欢的食物，并享受这个过程。

2. 修改你最爱的肉食菜谱，增加更多的素食

例如，制作辣椒肉酱时可以用豆子、蔬菜或豆腐来代替牛肉，意大利面中的牛肉酱可以用炒蔬菜代替。

3. 在烹饪书中和网上寻找新的食谱，并尝试在商店里寻找不同的食材

许多素食并不需要菜谱，也不需要花很多时间烹饪。尝试食用调味米饭、罐装酱汁意大利面、蔬菜炒面、罐装炸豆泥墨西哥卷、番茄酱烘豆配米饭或藜麦等，尝试不同品牌的素食汉堡和无肉热狗。浏览本书的第14章和第15章可发现更多的信息。

4. 列出你可以在外面就餐的素食清单

列出你附近的咖啡馆、餐馆和便利店的清单，从中寻找蔬菜汤、沙拉、意大利面、蔬菜比萨和烤土豆。中式、泰式、印度和中东餐馆可提供大量素食。可以在便利店购买墨西哥玉米煎饼或新鲜的蔬菜、水果。

其他可携带的素食包括可加热的豆类、蔬菜汤、花生酱和香蕉三明治、皮塔面包或薄脆饼干蘸豆子等。

5. 早餐不吃肉

尝试食用一些外表和口味都与肉相似的食品，如香肠，这样改变起来会更容易。

6. 再次检查你调整后的菜单

• 你的菜单里是否包括各种谷物、豆制品、蔬菜和水果？

• 每天是否有新鲜水果和蔬菜？（目标是每天至少吃5份。）

• 全谷物是否是未经加工的？（目标是每天吃6～11份。）

2 从素食中获得充足的能量

内森是一名业余山地自行车运动员，已婚并且有 2 个孩子。他在收听了一名受欢迎的运动员的节目后了解到坚持素食饮食方式有利于预防疾病，于是决定放弃食用动物性食物（包括动物油），并且限制高能量的植物性食物，如坚果。他很快就有了收获——2 个月体重减轻 9 千克。他的家人也开始加入这一行列，他们为吃得更健康和找到了新的食物类型而感到开心。

但体重减轻后，内森的运动成绩却停滞不前。他猜测这是不是因为自己的饮食发生变化导致的，是否如他朋友所说，他缺少蛋白质或铁。

事实上，内森只是没有摄入能满足他训练需要的足够的能量。他日常饮食结构的改变使他的身体能量不足，虽然体重减轻了，却影响了身体功能，进而影响了他的训练。解决方案很简单，就是多吃食物。内森喜欢食用各种生蔬菜做成的沙拉，尽管沙拉的分量很足，却没有足够的能量。第一个调整方案就是在食物中增加坚果和自制的坚果黄油酱，这既满足了他的能量需求，又能使他吃到喜欢的食物。第二个调整方案是增加谷物和豆类的食用量，并且增加一些小零食和奶昔。内森最开始还担心这会导致体重增加，但他很快发现，充足的能量满足了训练的需要，他开始坚持全面的素食饮食方法。

——马特·鲁希尼奥

对于所有运动员来说，满足能量需求是首要问题，但往往也是容易被忽略的问题，除非运动员需要减轻或增加体重，或者该运动员是一名素食者。尽管我有时候会觉得后者很有趣，但更多时候我觉得它令人沮丧。在多年的实践中，我发现一些运动员（素食者或非素食者）在满足能量需求方面存在许多问题，典型的问题是他们消耗的能量很多，但却选择能量过低或纤维含量过高的食物。许多运动员日程繁忙，以至于没有足够的时间做饭和吃饭。低能量的素食可能会导致能量需求得不到满足的问题，因此，本章旨在提高你对能量需求的认识，指出忽略能量需求可能会导致的后果，并教你如何通过调整饮食来满足能量需求。

能量、卡路里和焦耳

在美国，"能量"和"卡路里"这两个术语经常互换着使用，有一些地方用"焦耳"来代替"卡路里"。卡路里和焦耳都是能量的计量单

小贴士 2.1

卡路里和焦耳

当我们在讨论食物的能量时，所用的单位是大卡或千卡。1 千卡是 1 升水从 14.5℃ 上升到 15.5℃ 所需的热量。焦耳是国际热力学单位，其等同于 1 牛顿力的作用点在力的方向上移动 1 米距离所做的功。

1 千卡 =1000 卡路里 =4.2 千焦

体重以千克为计量单位。估计日常能量消耗（DEE）时，可用千克体重乘以表 2.1 中的能量消耗值。影响因素包括性别和活动等级（轻量、适量和超量）。例如，一个体重 52 千克的女性运动员进行轻量训练的 DEE 大约为 1924 千卡 / 天，进行超量训练的 DEE 大约为 2652 千卡 / 天。

位（小贴士 2.1）。食物中的营养素（如糖、脂肪、蛋白质）通过分解释放能量，并储存在三磷酸腺苷（ATP）和磷酸肌酸（PCr）中（同时释放能量）。储存在三磷酸腺苷和磷酸肌酸中的能量为肌肉和身体活动提供能量。这个过程与用木头生火产生热量类似，只是身体没有立即使用能量，而是将其暂时储存在三磷酸腺苷中。

　　因此，身体能够吸收储存在食物中的糖、蛋白质、脂肪和醇类的化学键中的热量。但维生素及其他有机物不能为身体提供能量，因为它们的化学键不能被打开。

素食运动员的能量需求

　　每个运动员每天需要的能量不同，并且由很多因素共同决定。这些因素包括运动员的性别、体型、身体成分、训练强度及非训练时的活动模式。如果你是儿童或青少年运动员，还需要额外的能量支持生长发育。

　　20 世纪 80 年代，双标水法（doubly labeled water）的发明帮助研究人员对运动员的能量需求有了更多的了解。这项技术使得研究者可以在实验室之外测量运动员训练和日常活动的能量消耗。使用此技术的研究发现，运动员的能量需求从女性游泳运动员的近 2600 千卡 / 天到男性环法自行车运动员的 8500 千卡 / 天不等。女性精英赛跑运动员及女性游泳运动员的能量需求均为 2800 千卡 / 天。对于女性精英划船运动员、女性英式足球运动员及男性精英乒乓球运动员，其能量需求平均为 3500 ～ 4000 千卡 / 天。环澳大利亚海岸线全马男性运动员的能量需求约为 6320 千卡 / 天。比赛少、活动少的运动员或轻量级运动员每天的能量需求则要比上述运动员的少。按照美国食品标签提供的参考摄入量来看，女性的能量需求大约为 2000 千卡 / 天，男性大约为 2500 千卡 / 天。

　　素食饮食并不会影响能量需求。一些研究发现，素食者在静息时的能量需求（静息能量消耗，REE）要比同等条件下的非素食者多 11% ～ 21%。尽管研究者并不清楚为什么素食者的 REE 更高，但他们推测，可能是素食者摄入的糖的比例高，提高了交感神经系统（SNS）的活跃程度，或者是素食者饮食中的多不饱和脂肪酸比例更高。其他研究者认为是长期较高的糖摄入量刺激了 SNS 的活动，同时多不饱和脂肪酸在饮食中占比较高，会增加细胞的渗透性，这对预防肥胖有好处。

素食者观点：全植物性（WFPB）饮食是对运动员最好的吗？

WFPB 饮食关注食用全植物，同时避免食用油、精制谷物、精制糖、果汁与饮料。这种饮食方式可以降低患慢性病的风险，尤其是心脏病和 2 型糖尿病，并且对减重特别有效。

但这个方式是否适合运动员呢？正如本书所述，我们知道多食用植物性食物有益于健康，但并没有研究显示严格遵守 WFPB 饮食比无限制饮食更优。WFPB 饮食对减重有效，是因为可以吃得更多但摄入的能量较低。但对于每天需要 5000～10 000 千卡能量的运动员来说，WFPB 饮食则是一项挑战。对于一些运动员来说，有限的胃容量和极高的纤维摄入量可能会引起一些问题。在训练时采用 WFPB 饮食会使后勤保障工作变得复杂。因此，你只能携带香蕉和枣。

为了将 WFPB 饮食与运动营养相结合，可以用简便的方法更快地补充能量，如食用坚果、坚果黄油、籽类及用这些材料制作的沙拉酱等，这样既可以摄入较多的水果和蔬菜，又能满足能量需求。

日常能量需求估算

知道自己需要消耗多少能量才能维持每天的活动和训练，将有助于你满足自身的能量需求，以及保持健康、平衡的训练饮食习惯。遗憾的是，用于测量能量消耗的双标水法技术还没有普及，除非你幸运地住在研究人群能量需求的大学或研究机构附近。

你的 DEE 可以用几种方式来简单估算。在开始估算之前，让我们来认识一下 DEE 的组成，并且定义你的日常能量需求。

成年人的日常能量需求包括维持正常身体功能、消化食物、支持训练和非体力活动，以及运动后身体恢复所需的能量。具体来说，REE 是维持正常身体功能（如呼吸、心跳和大脑运转）所需的能量。食物的热效应（TEF）是指消化、吸收和代谢食物所需的能量。训练期间的能量消耗（TEE）是运动员训练和比赛期间消耗的能量，非训练期间的能量消耗（NTEE）是运动员进行与训练无关的体力活动（包括与准备食物、健康和卫生、工作、休闲相关的活动）所消耗的能量。在运动一段时间后，REE 会暂时增加，称为运动后过量氧耗（EPOC），部分原因是运动后

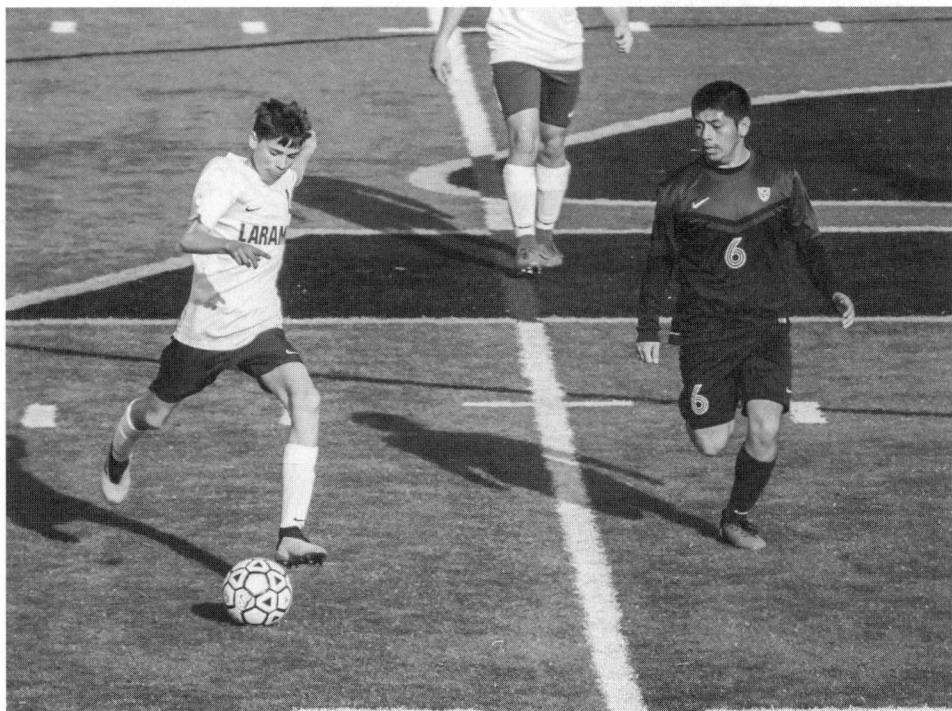

青少年运动员在成长和运动中需要更多的能量（图片由劳拉·坦格曼提供）

体温会持续升高一段时间，以及清除乳酸、重新合成三磷酸腺苷和磷酸肌酸需要额外的能量。

这些成分对DEE的贡献由日常活动的等级决定。对于非运动员来说，REE占DEE的65%。但对于大运动量的运动员来说，这个比例也许还不到50%。TEE和NTEE也遵循同样的道理。例如，一个活动量较小的人（如学生、银行职员、程序员），他的NTEE所占REE的比例要比一个活动量较大的人（如建筑工人、服务员、徒步邮递员）少。运动员的DEE中TEF和EPOC所占比例远低于其他部分，在实际测算中，它们经常被计入最大容许误差而被忽略不计。研究表明，总能量的6%～10%用来消化和代谢食物（如消化1000千卡的餐食需要消耗60～100千卡能量），当进行一组长时间、高强度的训练后，EPOC作用会额外消耗6%～15%的能量（即耗能1000千卡的训练会继续消耗60～150千卡的EPOC）。

大部分能量消耗的组成需要在实验室测量，反之，很多实验室测量数据的方法也被用来估算DEE和TEE的组成。运动员可以直接估算DEE，或通过成分总和估算DEE，最直接的估算方法是用千克体重乘以描述身体活动模式的活动因子指数（表2.1）。这种直接估算方法，综合考虑了身体活动模式中训练和不训练的活动等级。对于活动量较大的人群和运动员来说，活动因子分为轻量、适量和超量。铁人三项运动员的活动等级并没有包含在此估算方法中。这种直接快速的估算方法至少可以让你对自己每天的能量需求有个大致的了解。

还有一种估算DEE的方法是分别估算DEE的组成部分，之后将它们相加。（表2.2）尽管有些麻烦，但它可以用于更广泛的活动模式，多年来我一直用它帮助运动员了解他们的能量需求。我发现这种估算方法可以使运动员了解一些问题的原因，比如，为什么他们的能量需求如此之高，或为什么能量需求没有他们认为的那么高，赛季前和赛季后训练内容的改变如何影响他们的能量摄入。这种方法也可以帮助运动员了解他们的日常活动，包括坐在桌旁或看电视时的能量需求。

表 2.1 估算日常能量消耗的快速方法

类别		能量消耗 /[千卡·(千克·天)$^{-1}$]	
		男性	女性
轻量	这种模式适用于每次活动 30 分钟左右，每周活动 3 ~ 4 次的健身爱好者	41	37
适量	这种模式适用于每次训练 45 ~ 60 分钟，每周运动 5 ~ 6 次的运动员	50	44
超量	这种模式适用于每次训练 1 ~ 2 小时，每周训练 6 次的运动员	58	51

注：数据来源于 M.Manore and J.Thompson, Sport Nutrition for Health and Performance (Champaign, IL : Human Kinetics, 2000),473.

表 2.2 估算日常能量消耗

能量消耗组成部分	公式	示例	
		女性大学生英式足球运动员①	男性自行车手、音乐家②
静息能量消耗（REE）③	REE=500+[22 × 去脂体重(千克)]	500+（22 × 52）=1644 千卡	500+22 × 72.2 ≈2088 千卡
非训练期间的能量消耗（NTEE）	轻量活动（学生、银行职员、秘书的日常活动）=0.3 × REE 适量活动(柜台销售、快餐店员工、电工、外科医生的日常活动)=0.5×REE 超量活动（建筑工人、服务员、步行邮递员的日常活动）=0.7 × REE	假设轻量运动模式（学生） 0.3 × 1644 千卡 ≈493 千卡	假设适量运动模式（站立、移动、经常拿起和放下器材、偶尔坐） 0.5×2088 千卡 =1044 千卡

续表

能量消耗组成部分	公式	示例	
		女性大学生英式足球运动员	男性自行车手、音乐家
训练期间的能量消耗（TEE）	参考身体活动图表（很多营养或训练学资料中均有说明）	一名体重66千克的运动员，足球训练需要7.2千卡/分，举重训练需要6.1千卡/分 7.2千卡/分×90分钟=648千卡 6.1千卡/分×30分钟=183千卡	一名体重86千克的运动员在骑行（32千米/时，忽略山路和风速）的情况下需要18.4千卡/分 18.4千卡/分×75分钟=1380千卡
日常能量消耗（DEE）	REE+NTEE+TEE=DEE	1644+493+648+183=2968千卡/天	2088+1044+1380=4512千卡/天

注：①女性大学生英式足球运动员，锻炼90分钟，举重30分钟，体重66千克，体脂率21%（去脂体重52千克）。

②男性自行车手、音乐家，平均每周骑行150英里（241千米），平均每天骑行25英里（40千米），时速20英里（32千米），持续骑行71分钟，体重86千克，体脂率16%（去脂体重72.2千克）。

③研究发现，用埃宁安预测方程（Cunningham equation）来估算耐力训练的男性和女性的REE比其他方法更可行。REE的升高与多种因素有关，如素食饮食（可使REE升高将近11%）、TEF（能量摄入使REE升高6%～10%），以及EPOC（训练使REE增加6%～15%）。如果你不知道自己的体脂，可使用男性5%～15%、女性13%～25%的比例大致估算。了解能量消耗有助于你了解自己的能量需求，可参考本书附录A中的数据。

能量摄入不足的危险

为了保持健康的身体和较好的运动表现，所有运动员都需要维持科学家所说的"能量平衡"。能量平衡是指人每天从饮食中获得的能量要和在休息、日常生活和运动中消耗的能量保持平衡。尽管一些人为了减重而刻意打破这种能量平衡，但对于运动员来说，维持能量平衡还是十分重要的，特别是在赛季中和进行高强度有氧运动及力量训练时。

充足的能量对于使训练效果最大化、促进组织修复、保持和优化体脂率及满足营养需求都是十分重要的。很多运动员没有意识到训练和比赛是分解代谢，而在没有训练时或恢复期，如组织修复和再生，是合成代谢。在恢复期，如果没有充足的能量摄入，可能会导致骨骼肌和骨量减少或无法增加，增加受伤、骨折等的风险，还会导致激素水平下降，尤其是睾酮和雌激素水平下降，引起女性运动员月经失调（避免低能量消耗的问题见其他小节）。关于睾酮的影响，我们会在第 13 章进行讨论。

从植物资源中获得充足的能量

多数运动员可以从素食中获取足够能量，训练结束—进食一餐—完美补充。但有些运动员可能觉得没这么简单，甚至常感到挣扎。他们训练结束后并不十分饥饿，随便抓一根燕麦棒或香蕉，便匆忙赶去学习或工作，一个小时后饥饿袭来，手边已经没有食物了，或即便训练后已经吃饱了，也会突然感到饥饿。

为解决这一问题，你需要了解一些相关的知识并做好计划。

第一步，你要做好前期准备，可以使用表 2.1 或 2.2 的方法估算自己每天的能量需求。如果你的情况与表 2.2 中的女性大学生英式足球运动员类似，那么你每餐大约需要 989 千卡；如果你的情况与表 2.2 中的男性自行车手类似，那么你每餐大约需要 1504 千卡的能量。建议你放弃汉堡，尽量选择全谷物、植物性食物，避免高糖食物。在与运动员合作的这些年里，我发现，大部分需要高能量的人或者日程忙碌的人如果可以每天吃 5 ~ 8 次小吃或零食，其身体会更健康。

接下来估算你每天的能量需求，在此基础上减去 750 千卡（如果你的日常能量需求小于 4000 千卡）或 1500 千卡（如果你的日常能量需求大于 4000 千卡），分别对应 3 份能量为 250 ~ 500 千卡的零食小吃。如果你是女性大学生足球运动员，你的三餐每顿需要将近 740 千卡能量，并进食 3 份能量为 250 千卡的零食。如果你是男性自行车手，你的三餐每顿需要将近 1004 千卡能量，并在三餐间进食 3 份能量为 500 千卡的零食。你可以根据自身情况选择其中的一种模式。对于需要早间训练和下

午 3 点训练的运动员来说，则需要食用 4 顿正餐并加零食，即在下午训练前或训练后加 1 顿正餐。（小贴士 2.2）

能量为 250 千卡的加餐食物

燕麦棒

2 个（大）或 4 个（小）水果

1 个大苹果或香蕉，加 1½ 汤匙（24 克）花生酱

0.5 盎司（14 克）坚果，加 0.5 盎司（14 克）水果干

1.5 盎司（42 克）葡萄干或其他果干

1 个花生酱果酱三明治

2 盎司（56 克）椒盐脆饼（通常是全麦）

1 大块甜甜圈加 1 汤匙（共 15 克）坚果黄油

1 杯（245 克）脱脂酸奶加水果

1 片素食奶酪，加 1 盎司（28 克）全麦饼干

2 块 2.5 英寸（6.3 厘米）葡萄干曲奇和 1 杯（236 毫升）

豆奶

1 盎司（28 克）核桃仁和 102 克苹果片

8 盎司（236 毫升）巧克力杏仁奶

1 杯奶昔（表 14.5 中的奶昔所含能量约为 300 千卡）

　　第二步，评估你的食物储备情况。当你感到饥饿时手边是否有食物？如果没有，在你的橱柜、书桌、健身包或车上放上健康的、不含防腐剂的小零食，如果干、坚果、薄脆饼干和燕麦能量棒。如果你有冰箱或冰柜，也可以将食物储存进去。在与大学生运动员合作的时候，我发现他们大多没有食用足够的水果和蔬菜。我经常建议他们每周去一次超市购买 21 个不同的水果，每天食用 3 个，每个都有近 100 千卡能量及充足的维生素、矿物质和抗氧化物。你也可以选择便携装，或自己制作不同形式的坚果

与果干的混合物。坚果黄油和水果三明治也是不错的选择。

第三步，如果你饮食规律但仍然没有饱腹感，可以在食物的选择方面做一些调整。如果你遵循了 WFPB 饮食并需要更高的能量，可以选择面包、谷物、果汁或蔬菜汁。摄入纤维是很重要的，一般推荐日常摄入量为 20 ~ 38 克，而素食运动员的消耗量是这个数值的 2 ~ 3 倍。日常饮食中超量摄入纤维并没有明显的坏处，只是可能会阻碍能量的摄入。如，参加环法自行车赛的运动员选用全谷物或高纤维食物是很难满足他们每天 8000 ~ 10 000 千卡的能量需求的。一些科学家提出疑问：如果饮食中含有大量纤维，是否会影响人体对矿物质、类固醇的吸收，以及包括雌激素和睾酮在内的激素的代谢？

避免能量摄入不足

许多运动员（包括素食运动员）在提高运动表现和改善身体形态时，也许会遇到能量不足而无法支持身体功能和发挥最佳运动表现的问题。能量摄入不足会导致用于身体运动的能量减少，并引发多种身体或心理问题。相同的运动能量缺失（RED-S）在男性和女性运动员群体中都有发现，这一现象引起了国际奥委会特别医药组的关注。

这一问题带来的后果包括（但不限于）月经不调、内分泌功能障碍、饮食障碍、低骨密度以及其他系统（如肾脏、神经系统、骨骼肌和心血管）功能障碍。

内分泌功能障碍与月经不调

月经不调是很多女性运动员都有过的症状，特别是耐力项目和健美运动项目（包括舞蹈和健身）的女性运动员。男性运动员也可能出现低睾酮水平和性欲减退的问题，但这些很少被关注和研究。

月经不调（或男性低睾酮水平）的机制目前还不清楚，但从现有的科学证据来看，也许与低能量摄入或长期能量摄入不足有关。由脂肪细胞产生的瘦素是身体没有获得充足能量的关键信号之一。20 世纪 80 年代的几项研究结果显示，女性耐力跑运动员中闭经者摄入的总能量、蛋白质和脂肪少于正常者，但有较高的纤维摄入。目前还没有持续性研究结果表明月经不调在纯素食和素食运动员中发生率较高。在研究中，一般将素食者定义为可以食用一小部分肉类，而且不是日常饮食全部为素食的人，并且研究通常会抽取一些素食者偏性样本，因为患有月经不调的女性很有可能自愿参加与月经不调相关的实验。

饮食障碍

饮食障碍常出现在那些认为自己的成功需要依靠严格的能量限制、过量的训练或二者均有，从而获得或保持不切实际的超低体重的运动员当中。饮食障碍在女性运动员中更为常见，当然，男性运动员也可能出现。一些研究显示，饮食障碍在素食者中更为常见。但大部分研究认为，素食饮食只是一种可以减少能量摄入的饮食方法，人们并不会因为成为素食者而导致饮食障碍。当然，这也可能与研究选题有关。

低骨密度与骨质疏松症

女性运动员较低的雌激素与闭经相关。能量和营养摄入的减少会导致骨密度降低、过早发生骨质疏松，并增加骨折和其他损伤的风险。最近一项175名女性运动员参与的研究显示，月经不调的女性运动员骨折发生率更高。能量摄入较少的男性运动员也普遍有骨密度降低的情况，但这并没有被深入研究。

其他健康和运动表现的问题

RED-S也会造成一系列其他的关于营养和健康的问题。能量摄入不足的运动员还会面临营养缺失（包括贫血）、骨折、增肌困难，以及患传染病和其他疾病的风险增大等问题。满足维生素和矿物质需求的方法参见本书第5～8章。运动员也应该认识到，心脏、肠道、肾脏、骨骼肌的问题都可能与能量摄入不足有关。虽然长期影响尚不清楚，但类似的能量摄入和消耗不平衡的问题会影响身体健康和运动表现。

增加能量摄入

运动员发现任何 RED-S 的信号和症状都应该与医生或队医沟通。闭经是不健康的，且不是正常训练的一部分。许多案例中，RED-S 的后果还包括影响性功能。运动员应该根据实际情况增加能量摄入。

如果你是一个吃素的新手，并且正在改善饮食模式，第 12 章将会为你提供满足能量和营养需要的食谱。接下来的章节也会提供满足能量需求，保持糖、脂肪和蛋白质平衡的内容。

3 合理地搭配糖

　　一名女子足球校队的运动员在赛季的第一周比赛后找到了我。她刚上大一，但实力优秀，高中时还曾在男子球队（而非女子球队）中有不俗的表现。因此，她一加入校队就获得了正式上场的资格，而队友多是更有经验的高年级学生。

　　"星期五比赛后，我连跑步都困难，到现在已经一周了也没有恢复。不知怎么回事，在这个赛季开始前我的状态一直都很好。"她告诉我，从这个赛季第一场比赛结束后，她的股四头肌的疲劳就一直没有恢复，在爬楼梯和跑步后感觉尤其明显，但并没有肌肉酸痛或压痛。

　　我了解到教练让她连续参加了周五和周日的两场比赛，而且大部分时间她都在场上。饮食方面，她过去几周内糖摄入量较少。在这个赛季开始前的训练阶段，她的饮食习惯不错，营养摄入也充足，但正式开学后，她不知不觉地减少了糖的摄入量，特别是水果吃得较少。考虑到她要进行长时间的训练以及参加接近90分钟的比赛，我计算出她每天的糖的需求量大概是411～462克（按每千克体重8～9克糖计算）。但在之前的一周，她平均每天只摄入了340克糖（每千克体重6.6克）。

　　因此，我判断她身体难以恢复是周末比赛后她体内的糖原耗尽造成的。我让她回去吃一顿高糖晚餐，并且告诉她如何保证在赛季期间摄入足够的糖。这之后她再也没来找过我，但我听她的教练说，她表现优异，状态也很好。

——D. 埃内特·拉森－迈耶

糖应该是运动员饮食的主要营养成分。合理地搭配糖既能为你的肌肉和大脑提供能量，又能让你的训练、运动表现和健康状况达到最佳。对素食者来说，摄入足够的糖十分容易，因为很多素食都含有丰富的糖。根据身体的不同需求，素食能为你提供合适的糖搭配。话虽如此，素食运动员也会有训练效果不佳的时候，常见的情况有疲劳、动作精准度下降、缺少爆发力，以及肌肉麻木。如果没有充足的糖作为能量，或者不清楚不同阶段的训练需要的糖的量，训练效果不佳的情况就可能变为常态，这是因为素食运动员对糖的了解不够充分。

通过本章，你将了解如何在不同的训练阶段摄入足量的、搭配合理的糖。本章还会讲到当前热门的低糖饮食可能会给训练和运动表现带来的负面影响。

运动员需要糖

在第 2 章，我们简单介绍了身体如何从食物中获取能量。糖、脂肪，甚至蛋白质分子的化学键都能释放能量，让我们的身体保持正常功能。

运动时，我们的身体能从以上 3 类营养物质中获得能量（以糖和脂肪为主），但对于大多数体育项目和训练中的中高强度运动，只有糖能持续提供能量。糖也是中枢神经系统（主要是大脑）的首选能量来源（大脑需要经过数周的适应才能将脂肪代谢的产物——酮体作为能量来源）。大多数运动员都知道，糖可以以糖原的形式储存于骨骼肌和肝脏中。然而，人体可以储存的糖原有限。持续运动 60 分钟以上或进行高强度间歇运动（如间歇跑、激烈的球类运动、在难度大的环境中快速登山等），就可能让体内储存的糖原耗尽。一场激烈的足球、篮球或曲棍球比赛后，一直在场上的队员体内储存的糖原可能已耗尽。

大量研究发现，人体在糖原贮备降低时，就会出现肌肉和全身的疲劳。原因很简单，首先，运动时使用的肌肉在糖原耗尽后，不得不开始以脂肪作为主要的能量来源。脂肪供能的效率不及糖，从而使人不得不减缓运动，直至停止。在耗氧量相同的情况下，当人体将主要能量来源由糖切换成脂肪时，产生的三磷酸腺苷更少。

其次，在糖原耗尽后，肝脏无法再储存血糖，而是要将蛋白质（氨基酸）转化为葡萄糖，以维持血糖的正常水平。该过程称为糖异生，其过程通常较为缓慢，跟不上运动中肌肉需要糖的速度。这样的情况下可能发生低血糖，典型症状包括头昏眼花、嗜睡和全身疲劳。糖异生过程需要酶。尽管可以通过训练来激活和调节体内的酶，但无论哪个水平的运动员都可能发生低血糖。你也可能有过至少一次的亲身经历，有些运动员把它称为"撞墙期"。

糖助力最佳运动表现

含糖量高的饮食对大多数运动员来说都十分重要，一是因为糖能够维持肌肉和肝脏中的糖原水平，二是因为糖会影响到训练。大量研究证实，对于持续和高强度的间歇性运动（如许多团队运动中常见的间歇变速跑），高糖饮食有助于延长训练时间，推迟疲劳的出现，以及保持身体爆发力。总的来说，高糖饮食可以让你更持久地训练、更晚感到疲劳，并且在训练的最后依然能够冲刺。

对于耐力运动的运动员，这意味着他们可以在更长的时间内保持更快的速度，并且到最后依然有冲刺能力。一项最新的研究也证实了这一点。3组男子青少年运动员在10千米赛跑的2天前，分别选择了高糖（7.1克/千克体重）、中糖（5.5克/千克体重）和低糖（2.5克/千克体重）饮食。最终高糖组的运动员在最后400米冲刺中速度最快，总体成绩也优于其他2组。

对于需要急停急起的运动员（如足球、美式橄榄球、英式橄榄球、排球、篮球、网球、曲棍球运动员），这意味着他们可以延后在训练或比赛中感到疲劳的时间，使其在比赛快结束时仍然能够冲刺、跳跃或擒抱对手。目前，针对在急停急起的团队项目中高糖饮食对提高运动表现的作用的研究还不多，现有的研究对象主要是足球运动员。例如，20世纪90年代，瑞典的卡罗林斯卡学院研究了一场4人制男子足球比赛，参赛运动员分为高糖饮食组和低糖饮食组。结果发现，高糖饮食组运动员在 90 分钟的比赛里进行的高强度运动量比低糖饮食组运动员多了 33%。

　　另一项更新的研究发现，同一支男子足球队的队员，在采用高糖（8克/千克体重）和低糖（3 克/千克体重）两种饮食的情况下，场上表现有所差别：高糖饮食可以让队员在 11 人制比赛中跑得更远（包括慢跑和冲刺的距离）。

　　运动员们还应该注意，与脂肪相比，糖维持运动肌肉的最佳生物能量状态（即高能磷酸肌酸及其分解产物之间的平衡）的时间更长。这可能会影响三磷酸腺苷-高能磷酸肌酸系统中的三磷酸腺苷再生。该能量系统主要为持续时间少于 10 秒的运动（如短跑、跳跃、发球、突刺、阻挡、铲断、救球和击球）提供爆发力和速度。

　　曾有一项研究，对象是有运动习惯的男性和女性。他们被随机分为 2 组，在 5 天中，分别采用高糖（7.5 克/千克体重）和低糖（1.5 克/千

富含多种糖的素食有助于减轻运动员在比赛快结束时的疲劳程度

克体重）饮食。两种饮食安排都能保证满足研究对象的能量需求。2 组人按要求在类似于膝部伸展机的设备上锻炼股四头肌，并且每 2 分钟动作难度会增加。在他们锻炼的同时，研究人员使用磁共振成像（MRI）测量肌肉的生物能量状态。

这项被称为磁共振波谱学的技术无须进行肌肉活检就可研究肌肉的新陈代谢。结果显示，高糖饮食组的平均运动时间为 5 分 40 秒，而低糖饮食组的平均运动时间为 5 分钟 10 秒。结果还显示，高糖饮食组的运动肌肉中高能磷酸肌酸的浓度可以保持更长时间。这意味着在一场比赛中，采用高糖饮食的运动员或许可以多跳或多出击一次，如果有加时赛，区别可能就更大了。

确定最佳的糖需求量

一个人最佳的糖摄入量取决于几个因素，包括体型、参加一项或多项运动所需的能量、训练适应性和身体构成的目标。糖的需求量通常需要反复试验才能确定，同时还要根据训练和赛季而适当变化。

最新的研究结果显示，运动员大致应依据季度性训练周期安排每周的糖摄入量。如表 3.1 所示，运动员应争取每天 6 ~ 10 克 / 千克体重的糖摄入量，在较高的训练量和强度下，摄入量应达到至少 12 克 / 千克体重。当进行低强度或技能训练时，每天的糖摄入量可能低至 3 ~ 5 克 / 千克体重。此外，在训练期间，较低的糖摄入量可能会在短期内增强训练适应性或减轻体重。糖摄入量应靠近上限还是下限也因人而异，并在一定程度上取决于机体的总能量需求。一些运动员消耗的糖较多，哪怕是在没有比赛的情况下，也比其他人有更高的需求，请参考表 3.1 估算你每天的糖需求量。

表 3.1　评估糖需求量

体重	＿＿＿＿千克（A）
按照你当前的运动和表现，选择糖需求量的范围（要点如下） • 低强度或技能训练：3 ~ 5 克 / 千克体重 • 适度运动（如每天约 1 小时）：5 ~ 7 克 / 千克体重 • 耐力训练（如每天 1 ~ 3 小时的中强度到高强度运动）：6 ~ 10 克 / 千克体重 • 高强度训练（如每天 5 小时以上中强度到高强度运动）：8 ~ 12 克 / 千克体重	＿＿＿＿ ~ ＿＿＿＿克 / 千克体重 （B1）　　　（B2）
将 A 乘以 B1 即可得估计的糖需求量的下限	＿＿克 / 天
将 A 乘以 B2 即可得估计的糖需求量的上限	＿＿克 / 天
在特别激烈或长时间的训练后、比赛之前或之后（或两者），你对糖的需求量可能达到或超过估计的上限	

注：数据来源于 L.M. Burke, A. Hawley, S.H.S. Wong and A.E. Jeukendrup, "Carbohydrates for Training and Competition," Journal of Sports Sciences 29, suppl. 1（2011）: S17-S27.

估算糖摄入量

　　每一位运动员都应尝试估算自己的糖摄入量，这样做能够帮你确定糖的摄入量是否足够，素食者也可以借此了解哪些食物含糖量较高。了解含糖量高的食物有助于确保你在运动前、运动中和运动后摄取足够的糖（我们将在第 9 章具体讨论这个问题）。计算的方法也很简单，在日常饮食期间，选择一两天，记录下你摄入的含糖的食物和饮品。除奶酪、油和肉类外，所有食物均需要记录，包括运动饮料和运动补剂。

　　表 3.2 列出了部分食品和饮料的含糖量，表格中的信息能帮你了解你的糖摄入量是否接近建议值。表 3.3 中是一份糖摄入量日志示例。

　　参照表 3.2 和表 3.3 计算你一天内摄取的糖的总量，然后与你的糖需求量（表 3.1）比较一下。如果你已经达到标准，而且日常感觉良好，那么祝贺你！如果你的糖摄入量低于需求量，试着在接下来的一两个星期里增加摄入量，看看感觉如何。如果你发现自己的身体并没有什么变化，那么说明原来的饮食也许并没有问题。表3.3是一名女性排球运动员的糖摄入量记录。在确定记录的准确性（包括食物和分量）后，她开始在晚餐时增添几份含糖的食物。最后，如果感到身体虚弱、疲倦、慢性疲劳或腿部麻木，那么请你一定要计算每天的糖摄入量，直到习惯吃高糖饮食。

表 3.2　部分食品和饮料的含糖量

食物	分量	糖／克
谷物		
甜甜圈	小	15
甜甜圈	大，3 ~ 4 盎司	45 ~ 60
饼干	小，直径 2 英寸	15
切片面包	1 片	15
玉米面包	1 个	15
全麦薄脆饼干	5 片	15
薄脆饼干	6 ~ 8 片	15 ~ 20
玛芬蛋糕	半个到 1 个	15
大部分谷物，包括大麦、小麦、蒸粗麦粉、法老小麦、玉米粥、藜麦	1/3 ~ 1/2 杯	15
玛芬蛋糕	小，直径 2.5 英寸	15 ~ 20
燕麦片	1/2 杯（1 袋）	15
煎饼	直径 4.5 ~ 5 英寸	15
意大利粉	1/3 杯（熟）或 1 盎司（干）	15
爆米花	3 杯	15
即食麦片	1/3 ~ 1¼ 杯	15 ~ 20

续表

食物	分量	糖/克
米饭	1/3 杯（熟）	15
（玉米或面粉）薄饼	小，直径 6 英寸	15
菰米	1/2 杯（熟）	15
蔬菜		
西蓝花	1 杯（熟）	5 ～ 10
绿叶蔬菜（芥菜、芥末、萝卜叶、菠菜）	1 杯（熟）	5 ～ 10
蔬菜沙拉（生菜、菠菜等）	2 杯（生）	5 ～ 10
胡萝卜、西葫芦、南瓜	1 杯	15
红薯	1 杯	30
菜豆（豌豆、扁豆）	1 杯	30 ～ 45
玉米	1 杯	30
土豆（烤土豆或土豆泥）	1 个（中等大小）或 1 杯	30
其他蔬菜（黄瓜、芦笋、豆角、蘑菇、洋葱、番茄）	1 杯（生或熟）	5 ～ 10
水果		
橘子、桃、梨	1 个（中等大小）	15
苹果、香蕉	1 个（大）	30
水果干	1/3 ～ 1/2 杯	60
水果汁、柠檬汁	1 杯	30 ～ 45
乳制品		
牛奶、原味酸奶	1 杯	12
调味酸奶	1 杯	40 ～ 45
运动食品和零食		
运动饮料	1 杯	15 ～ 19

续表

食物	分量	糖/克
汽水	12盎司	40 ~ 45
运动能量棒	1条	40 ~ 60
高蛋白运动能量棒	1条	2 ~ 30
砂糖	1汤匙	15
果冻、果酱、蜂蜜、蜜饯	1汤匙	15

注：1. 数据来自美国农业部（USDA）"我的餐盘"；糖含量是依据《饮食计划饮食交换表2003》（*Dietetic Exchange List for Meal Planning, 2003*）和食品标签估算。

2. 单位换算请参考附录F。

表3.3 糖摄入量日志示例

食物	糖/克
1½ 杯玉米片（3/4 杯 =1 盎司）	44
1 杯 1% 脂肪牛奶	12
12 盎司橙汁（1½ 杯）	45
2 片白面包	30
2 汤匙花生酱	—
1 罐水果加糖浆（约 2 杯）	60
1 大把葡萄（约 1 杯）	30
2 盎司果冻糖	54
1/3 杯麦片	15
1/4 杯杏仁	—
2 杯素辣豆酱（包含 1 杯豆及 1 杯洋葱碎、青椒、番茄酱混合）	30 ~ 45
2 盎司切达奶酪	—
15 片苏打饼干	30
总量	350 ~ 365

注：1. 这是一名体重141磅（64千克）的女性排球运动员非赛季训练期间每天的糖摄入量。

2. 食物分量请参考食品标签和表3.2，这有助于你准确计算糖的摄入量。

3. 单位换算请参考附录F。

当你增加训练量或训练强度，或进入激烈的赛季时，记录糖摄入量也特别有用。为了获得最佳效果，在计算糖摄入量的同时还应该结合训练日志或教练/训练伙伴的反馈。例如，你可能会注意到，如果你某天摄入的糖较少，在训练过程中或之后，就出现有跑步速度下降、头晕或情绪低落的情况。偶尔计算糖摄入量对于容易发胖的运动员也很重要，因为摄入过多的能量（即使是以糖的形式）会导致体重增加。

英国伯明翰大学的一项研究表明，糖摄入量会影响运动员的训练和情绪，除了队友和训练伙伴外，其配偶、孩子和同事也可能注意到了这点。研究人员要求 7 名训练有素的男性跑步运动员进行 2 组为期 11 天的训练，其中，后 7 天训练强度不断增加。在一个 11 天的训练期内，运动员们采用中糖饮食（5.4 克/千克体重）。在另一个训练期，他们每天采用高糖饮食（8.5 克/千克体重）。随机决定每一名运动员先采用中糖饮食还是高糖饮食。

研究人员发现，尽管训练强度的增加会对运动员的情绪和运动表现产生一些负面影响，但高糖饮食可更好地维持运动员在 11 天训练中的情绪和耐力 [以在 10 英里（16 千米）户外比赛的成绩为准]。研究人员得出结论，在训练强度增强期间，糖对避免过劳（即短期的过度训练）的作用非常重要。

糖的搭配

找到正确的糖搭配比确保摄取足够的糖要困难得多。这是因为正确的搭配可能因人而异，而且会根据个人的训练和比赛安排而有所变化。为帮助你找到合适的搭配，本部分将介绍糖的成分、相关的定义，以及谷蛋白和 FODMAP。

通常来说，注意摄入多种全谷物、各种颜色的蔬果，某些情况下再加上运动补剂，比仅仅注重摄入含复合糖类食物或低血糖指数食物更为重要。但越来越多的证据表明，避免含某些种类的糖的食物可能对有胃肠病史或其他问题的运动员有益。表 3.6 可以帮助你判断，是否可以通过改变含糖食物的搭配来改善健康状况和运动表现。

注意事项

表 3.2 中列出的（包括谷物、蔬菜、水果、乳制品、运动食品和零食）是保证你每天摄入足够的糖的主要食物。我们的目的是在饮食中平衡这些含糖的食物，确保自己摄入足够的营养，并获得各种可预防疾病、能加快身体恢复的植物化学物质。要找到这样平衡的搭配，还需要了解食物类别（此内容将在第 12 章中讨论）。本章我们先了解糖。

谷物 vs 水果 vs 蔬菜 vs 乳制品

不同国家的食品指导模型也不相同，如美国农业部发布的"我的餐盘"、英国的"好食指南"、加拿大的"新餐盘"和"日本食物指南陀螺"等（见附录 B），都建议所摄入的糖的主要来源应为谷物，并以蔬菜、水果、乳制品和非必需食品为补充。"我的餐盘"建议，一份每天 2400~3000 千卡的饮食，应该包含 8~10 份谷物。谷物的分量较大是因为除了糖，它们还提供蛋白质、B 族维生素和铁。如果未经过过度加工，谷物比许多水果和蔬菜更能满足人体需求。此外，全谷物还提供纤维、锌、镁和硒。

水果富含纤维、钾、叶酸和维生素 C。深绿色和橙红色的水果还含有类胡萝卜素，其中一部分可以转化为维生素 A。尽管每份水果的糖含量接近，含天然糖和水分较多的水果，其复合糖类的含量通常较低。运动后你可能马上想来一份这样的水果，但在食用后 1 小时左右你可能就又会觉得饿了。水果较谷物的饱腹感差的原因尚不明确，可能与它们的蛋白质含量极少有关。

不过，人体对许多水果（如樱桃、李子、桃和苹果）中的糖吸收较缓慢，这类水果属于低血糖指数食物。这对某些人可能会有益处，但是不适合胃肠道容易出现问题或有肠易激综合征的人在运动前食用。这两个因素将在本章后面讨论。总体上来看，水果摄入不应因为其糖含量高而受到限制。与你常常听到的说法相反，水果并不会引起血糖的快速升降。

与谷物和水果相反，蔬菜包括淀粉类蔬菜和非淀粉类蔬菜。淀粉类蔬菜（包括根茎类蔬菜和豆类）的糖含量高 [半杯（90 克）煮熟的蔬菜含有 15 克糖]，而非淀粉类蔬菜（如芦笋、西蓝花、花椰菜、豌豆，以及绿叶蔬菜）的糖含量很少 [半杯（90 克）蔬菜只含有 5 克或更少的糖]。像水果一样，蔬菜富含纤维、钾、叶酸、维生素 C 和类胡萝卜素，此外，还含有蛋白质、铁、钙和其他矿物质。所有蔬菜都有营养，素食运动员应根据训练方案来确定饮食中蔬菜的搭配。

例如，当能量需求高时，在摄取足够的糖之前，如果先吃了大量的非淀粉类蔬菜，就可能因为太饱而无法吃下含足够的糖的食物。但是当你受伤、做替补或长时间不参加比赛时，可食用相同分量的非淀粉类蔬菜，这样可以避免你摄入过多的糖而导致不必要的体重增加。有些蔬菜可能会让部分人产生胃肠道不适，因此，你需要尝试不同的蔬菜，从而找到最适合自己的。

最后，我们谈谈乳制品。牛奶和酸奶也富含糖（12 克 /236 毫升）、蛋白质和钙。牛奶中的糖基本上都是乳糖，对许多人来说不易消化。酸奶中的乳糖含量很高，但远低于牛奶，并且会随放置时间而不断减少（即使放在冰箱中也会如此），这是因为酸奶中的天然细菌会将乳糖逐渐分解为葡萄糖和半乳糖。水果和调味酸奶还含有葡萄糖、蔗糖，甚至高果糖玉米糖浆，这些都包含糖。摄入的糖中并非一定要包含乳制品中的糖，但乳制品能够为没有乳糖不耐受问题的素食运动员补充额外的糖。

喝牛奶或酸奶后出现腹部不适、腹胀或排气增多，可能是乳糖不耐受引起的，应减少或彻底停止摄入此类食物（如何在不食用乳制品的情况下获取足够的钙请参阅本书第 6 章）。乳糖不耐受的成年人如果想继续食用乳制品，可以选择低乳糖乳制品或服用含有乳糖酶的片剂，乳糖酶能帮助你消化乳糖。

虽然大多数饮食指南并非专为运动员而设计，但对于运动员来说，从谷物中获取大部分糖的建议是合适的，我自己的饮食也遵循此道。多年以来，我发现如果几天都没有吃足够的米饭和谷物，我会感到不满足，最终对所有谷物食品产生无法抑制的渴望。我参加过一次为期 1 周的艾奥瓦州年度最佳骑行（RAGBRAI）活动。当时是夏天，由于素食选择有限，整整一周，我大部分时间都在吃新鲜水果、高脂糕点和奶酪比萨。到第5天时，我异常想吃面包，便找到路边的一家小商店，买了一袋切片面包，几乎是一口气吃光了。

话虽如此，但我也知道有些素食运动员认为包括"我的餐盘"在内的饮食指南里推荐的谷物占比太高。这些运动员声称他们吃很多水果、蔬菜、豆类和坚果，谷物吃得不多，但身体反应很好。我认为应学会尊重你的直觉。

颜色

美国的一些全国性健康饮食运动，包括"我的餐盘"和农产品促进健康基金会（PBH）发起的"多吃蔬果（More Matters）"运动，更加强调水果和蔬菜的摄入，并把食物的颜色作为公共健康的关注重点。为什么是颜色？因为五颜六色的蔬果能提供多种维生素、矿物质和植物化学物质，这些对人体保持良好的健康状况至关重要。"我的餐盘"的建议是日常饮食应包含深绿色蔬菜、橙色蔬菜、豆类、淀粉类蔬菜和其他蔬菜。

PBH 的建议是，确保每一餐摄入的食物色彩能组成"彩虹"。食物的颜色由蓝色和紫色、绿色、白色、黄色和橙色、红色 5 个颜色组构成（表3.4）。作为运动员，吃多种富含植物化学物质的水果和蔬菜可为身体提供抗氧化剂或合成抗氧化剂的原料。这不仅可以降低罹患某些慢性疾病（如癌症和心脏病）的风险，还可以帮助你在训练后更好地恢复。有关植物化学物质的内容将在第 11 章中讨论。

表3.4　水果、蔬菜和草药的植物化学物质及颜色指南

植物化学物质	颜色（和特定的类黄酮）	食物示例
黄酮类	蓝色和紫色（花青素、黄酮醇、黄烷醇、原花青素）	蓝莓、黑莓、李子、葡萄、红酒、黑巧克力、葡萄汁、葡萄皮
	绿色（黄酮、黄烷酮、黄酮醇）	欧芹、菠菜、葡萄、芹菜、生菜、百里香
	白色（黄酮、黄酮醇）	洋葱、苹果
	黄色和橙色（黄烷酮、黄酮醇）	柑橘类水果和果汁
	红色（花青素、黄酮醇、黄酮、黄烷3醇、黄烷酮、原花青素）	小红莓、覆盆子、红色洋葱、红土豆、红萝卜、草莓、葡萄、甜菜红、红辣椒
类胡萝卜素	绿色（β胡萝卜素、叶黄素、玉米黄质）	菠菜、甘蓝、羽衣甘蓝、西蓝花、球芽甘蓝、朝鲜蓟
	黄色和橙色（α胡萝卜素、β胡萝卜素、β隐黄质、玉米黄质）	南瓜、地瓜、胡萝卜、笋瓜、杏、橘子、橙子、木瓜、桃、油桃
	红色（亮氨酸）	番茄和煮熟的番茄食品、西瓜、粉红葡萄柚、红辣椒
其他植物化学物质	蓝色和紫色（鞣花酸、白藜芦醇）	蓝莓、黑莓
	绿色（吲哚、异硫氰酸酯、有机硫化合物）	西蓝花、抱子甘蓝、白菜、羽衣甘蓝、韭菜、细香葱
	白色（吲哚、异硫氰酸酯、有机硫化合物）	花椰菜、韭菜、大蒜、洋葱、大葱
	红色（鞣花酸、白藜芦醇）	覆盆子、草莓、红色葡萄、葡萄汁、葡萄皮、红葡萄酒

注：资料来源于 "Phytochemical List"，Produce for Better Health Foundation.

粗加工 vs 精加工

多年前，我在美国运动医学学会的会议期间参加过一个讨论，主题是男子自行车运动员准备远距离比赛和参加远距离比赛（如环法自行车赛）期间的营养需求。讨论中有人提出，对于这些运动员，过多地食用全谷物不是一个好方法，因为与加工谷物和其他种类的未加工/未精制的全谷物相比，全谷物的能量密度低，可能使运动员难以获得所需要的大量能量。我非常赞同这个观点。因为更早些时候我就在这样的事情上

遇到了麻烦（虽然当时我并不是在为巡回赛做准备）。

当时我已经吃素大约 1 年，自我估算每天要消耗的能量超过 3000 千卡 [交叉训练、每周骑 100 ～ 150 英里（160 ～ 241 千米）]。我当时吃的是全麦意大利面、糙米、烤麸皮松饼，以及很多水果，但还是不够，我肚子饱了，却仍感到饥饿，我曾经以为这在生理上是不可能的。不管是顶级自行车运动员还是我，解决方案都是相同的——减少食用未加工食品。对于运动员来说，正确的含糖食物的搭配包括一些粗粮和一些精加工的含糖食物。USDA 的美国人饮食指南和"我的餐盘"也建议糖摄入来源的一半为全谷物。

运动食品和甜食

我们都知道现代运动员的食物并不能只有面包，还应摄入其他含糖的食物，如柠檬汁、运动饮料、运动能量棒和能量凝胶、恢复饮料，甚至冻酸奶、不含乳制品的甜点，以及祖母自制的樱桃派。这些是添加了精制糖的食品和饮料，在加工或制作过程中添加了砂糖或糖浆。在"我的餐盘"里，这类食物属于非必需食品，健康的饮食可以适当包含此类食品，但需要限制由此摄入的能量。"我的餐盘"的建议是：每天消耗 2000 千卡的活跃人群，每天可以摄入 50 克添加糖；每天消耗 3000 ～ 3200 千卡的运动员，每天可以摄入 75 ～ 80 克添加糖。

根据这个基本原则，让我们首先看看运动食品。尽管我坚信全食的饮食理念（我相信许多运动员也是如此），但必须承认某些产品（包括运动饮料、能量凝胶和袋装蜂蜜）可能成为方便的必需品。在 20 世纪 80 年代后期，我第一次参加了 100 英里（160 千米）自行车赛，比赛中吃了至少 6 根香蕉。比赛开始时，我随身带着 2 根香蕉。尽管我喜欢香蕉，但比赛后几周之内我都不想再吃了。当第一个能量凝胶产品出现时，我就成了它的忠实拥护者。

目前没有运动员严格遵循运动食品的规定，我的个人准则是吃由真正食材制成的餐食和零食，在长期训练和比赛中视需要使用运动功能性食品作为补充。如果你每天消耗 2000 ～ 3200 千卡，按照"我的餐盘"的建议，你就可以食用 50 ～ 80 克糖作为补充（如果你不吃甜食的话），这足以支持 1 ~ 2.5 小时的训练。我认为这个建议十分合理。

最后再说说甜食。我在努力训练时就会想吃甜食。多年来，在与运动员的合作过程中我发现，只要不过量，每天吃点甜食并没有什么问题。相信我，我见过在美国奥林匹克训练中心进行训练的运动员尽情享用刚刚烤好的饼干。对于素食运动员来说，几块饼干，一块南瓜蛋糕，一份布丁、冷冻酸奶或奶豆腐可以增加能量的摄入。如果选择正确，还可以补充营养。我吃甜食的准则是：尽可能自己制作，这样我就可以在里面加入全谷物、坚果和优质油；选择饱和脂肪含量低且包含水果或蔬菜的甜食；黑巧克力也可以（可可含量越高越好）。好吃的水果甜点有加了香蕉或浆果的冻酸奶、水果馅饼、烤苹果派、南瓜玛芬蛋糕和黑巧克力西葫芦蛋糕。就像"我的餐盘"所建议的那样，甜点和运动食品应该占能量摄入的一小部分（10% ~ 20%）。

其他注意事项

如果你在阅读本书前就对素食和运动营养有所了解，那么你可能想知道为什么到目前为止我还未对简单糖类和复合糖类进行探讨，也没有提到血糖指数（GI）。这是因为根据研究和经验，我相信，注意食用各类有益健康的食物（包括水果和果汁）比关注碳水化合物是简单糖类还是复合糖类，或食物能引起怎样的血糖反应更有用。

简单糖类 vs 复合糖类

对于素食运动员来说，尽管不少人十分关注饮食中摄入的简单糖类（精制糖）与复合糖类（淀粉）的比例，但其实不用担心，原因有以下几点。

首先，简单糖类（来源于水果、果汁、牛奶等）不一定不如复合糖类（来源于全麦面包、土豆、谷物等）健康。应该以正确的方式搭配这些食物，以防止摄入过量的经过多道加工的食物，因为这类食物的营养成分、植物化学物质和纤维含量往往较低。（表 3.5）

表 3.5　糖的类别

类别	举例
简单糖类：单糖（1 个糖分子）	葡萄糖、果糖、半乳糖
简单糖类：双糖（2 个糖分子）	蔗糖（葡萄糖＋果糖）、乳糖（葡萄糖＋果糖）、麦芽糖（葡萄糖＋葡萄糖）
低聚糖，（也称寡糖[①]，含有少量糖分子的短链糖）	乳糖寡糖和果糖寡糖，包括菊粉
复合糖类：多糖（多个糖分子）	麦芽糊精（短直链）、直链淀粉（葡萄糖链）、支链淀粉（葡萄糖的支链）、多糖（葡萄糖制品）
多元醇（糖醇）	甘露醇、山梨醇、木糖醇

　　其次，从功能的角度来看，没有证据表明复合糖类或简单糖类在训练过程中对运动员更有利。事实上，研究已经表明，高复合糖类饮食或简单糖类饮食在运动后 24 小时内对改善耐力（与低糖饮食相比）和恢复糖原的效果是相同的。当运动员休息时，48 小时内肌肉糖原存储量略高于高简单糖类饮食，故可采取高复合糖类饮食。

低血糖指数 vs 高血糖指数

　　对于高碳水化合物食物的 GI，素食运动员也不用过于担心。GI 是指食用一定量（通常为 50 克）的食物升高血糖的效应与相当量的标准食品（通常为葡萄糖 50 克）升高血糖效应之比。尽管低血糖指数的饮食对减重、控制血糖和促进健康可能有效果，但目前的科学研究尚未发现明确证据。

　　此外，GI 是在单一食物中测得的，因此它在食物搭配和整体饮食的应用方面受到了质疑。香蕉等食品的 GI 会随着成熟度、加工过程和方式

[①] 国内教材中习惯把寡糖划分为复杂糖。——译者注

素食者观点：精制糖属于素食吗

　　刚接触素食的人经常会惊讶地发现，有些食用糖是用动物骨头加工制成的。的确，蔗糖在精制和增白过程中是要用到骨炭的。因此，一些素食者会避免食用精制糖。幸运的是，这种做法已被逐步淘汰，而且现在不使用骨炭的甜菜糖比蔗糖更常见。如果想避免食用骨炭精制的砂糖，可以选择以甜菜而不是甘蔗为原料且制作过程中不使用骨炭的有机砂糖，或者非精制糖，还可以选择龙舌兰糖浆或枫糖浆之类的液体糖。

　　但还是有一个不可避免的问题：外出就餐或阅读食物成分标签时，应该有多严格？素食者的回答不尽相同，最终由你自己决定。一些含精制糖产品可能是经过认证的植物性食物，通过网络搜索就可以获得很多信息。另一种选择是，不必太在意在外就餐时的糖源。在外就餐时纠结糖源的问题有时会给餐厅带来困扰。比如，我们当地的冰激凌店售卖4种流行的素食口味的冰激凌，但曾一度停止供应，只因为一位素食者对未知的糖源感到不满。在这种情况下，有味美的素食冰激凌吃可能就比糖源的问题更重要。

或因涂一点坚果黄油而迅速变化。对运动员而言，运动时或运动前/后进餐时，可能需要考虑食物的GI（具体内容将在第9章中讨论），但目前没有研究表明运动员（尤其是素食运动员）摄入低血糖指数的训练饮食会让他跑得更快，或者让他更瘦、更健康。

新兴焦点

如果你与训练伙伴、亲戚或非运动员朋友讨论食物的话题，或许听说过有人会避免麸质饮食或一直遵循低短链糖饮食。这两种饮食在美国越来越受欢迎，有些运动员也在考虑尝试。虽然这两种饮食都适合部分运动员，但它们对提高运动成绩并没有帮助，也不适合所有人。

无麸质饮食

在过去 10 年中，无麸质饮食曾风靡一时，曾经有完全健康的运动员告诉我他想停止食用含麸质的食物。然而，许多人甚至不知道什么是麸质以及为什么有人需要避免摄入麸质。麸质是一种蛋白质，存在于小麦、黑麦和大麦等谷物中，这些谷物可以让面包有一种独特的口感。对部分运动员来说，无麸质饮食不利于满足碳水化合物的摄入量。

无麸质饮食对于治疗麸质过敏和乳糜泻（一种自身免疫性疾病，当食用含麸质食物时会引起小肠黏膜损伤）十分必要。然而，没有证据表明麸质能促进体重增加、降低能量水平和导致慢性疾病。无麸质饮食会改变纤维和营养的摄入，并使摄入食物的品种受到限制。

在最近的一项研究中，研究者将 13 位耐力自行车运动员（均无乳糜泻及麸质过敏）随机分为两组，分别采用先 7 天无麸质饮食、后 7 天含麸质饮食，或者两者顺序对调，不同饮食安排之间相隔 10 天。研究发现，无麸质饮食并不能提高运动员的成绩、改善其胃肠功能或健康状况。

另一项对 37 名非运动员进行的随机分配的临床试验发现，许多过去认为是麸质引起的问题，其实可能与 FODMAPs 有关，即诱因是除麸质以外的小麦的其他成分。如果你摄入含小麦的食物后感到胃肠道或身体有其他不适，请咨询医生。但是，除非有医学上的理由需要避免麸质，否则大可不必如此。避免麸质食物意味着摄入食物的品种受到了限制，这最终可能影响你的健康状况和运动表现。

低短链糖饮食

FODMAP 是可发酵低聚糖、双糖、单糖及多元醇的首字母缩写，是存在于食物中的糖类分子（见表3.5）。这种饮食方法基于常见食物中的FODMAP（附录C）更难以被消化吸收，并且会更快地被肠道细菌发酵，使敏感人群产生胃胀气、腹胀以及腹泻的症状。而低FODMAP的饮食已成为调理肠易激综合征的基础疗法。目前还没有证据表明未患肠易激综合征的健康人可以从低FODMAP饮食中获益，但已有初步研究发现，长期被运动引起有肠胃不适折磨的运动员可以在训练及重大比赛期间，通过短期降低食物中的FODMAP来缓解腹胀、腹部痉挛、胃肠胀气及腹泻等症状。

关于碳水化合物的小结

综上所述，要评估你的含碳水化合物食物的搭配是否合理，就要诚实地审视你目前饮食的多个方面。有些方面会影响你的运动表现，有些方面则会影响你的健康。表3.6中的信息会对你有所帮助，但请记住，随着训练的进行，正确的食物搭配也可能需要改变。

例如，谨慎地定期增加不同颜色的食物是明智的选择，但你可能会需要根据自己的能量需求和训练情况，改变能量的摄入量、未加工食物和精加工食物的比例，或淀粉类和非淀粉类蔬菜的总量。如果你以前在比赛中出现过胃肠不适，那么在大赛之前避免FODMAP可能会对你有所帮助。在非赛季或减少训练时，应减少对运动饮料的依赖，尽量吃更多的全食食物；在赛季期间，可考虑利用便利的运动饮料和运动补剂。

另外请记住，适合你的含糖的食物搭配可能不适合你的训练伙伴，也可能与"我的餐盘"的建议不同。重要的是如何通过食用各种谷物、多种颜色的水果和蔬菜（如果需要的话，可以增加运动补剂）来满足你对糖和营养的特别的需求，这将不可避免地影响你的健康和运动表现。

表 3.6　你的含糖的食物搭配是否合理

问题	选项	建议
你保持体重有困难吗?	没有	不需要改变饮食
	是的,我容易变瘦,保持体重有困难	将摄入的部分谷物和全谷物替换为经过较多加工的谷物。用常规意大利面、白面包、果蔬汁代替一些全谷物和完整水果
	是的,我有点超重了	多吃全谷物和全食食物。将普通面食、早餐谷物和果汁替换为全麦面食、煮熟的谷物（如燕麦片和大麦）以及完整水果。这将增加纤维的摄入量,让你减少饥饿感,更容易吃饱
你选择的含糖的食物种类（谷物、蔬菜和水果）多吗?	不多	找到你缺乏的食物并将其添加到你的饮食中。"我的餐盘"或其他经研究证实的膳食模型中的饮食推荐是一个不错的选择
	多	这样做很好
你吃的水果和蔬菜是多种颜色的吗?	否	摄入更多表 3.4 中列出的水果和蔬菜可降低罹患癌症和其他慢性疾病的风险,并改善你剧烈运动后恢复的能力
	是	做得好。坚持下去可以降低患癌症和其他慢性疾病的风险,还可能提高剧烈运动后的恢复能力
你是否经常出现肠易激综合征的症状,包括腹痛、腹胀、便秘、腹泻、持续的运动性胃肠功能障碍?	否	重要的是要记住,低短链糖是你的饮食中的重要成分,有利于益生菌的生长、增加粪便量,甚至改善肠道健康和提高免疫功能。大多数人对低短链糖不敏感,不必要地限制低短链糖会限制素食的种类。
	是	对大多数患有肠易激综合征的人而言,低短链糖饮食极可能是一种有效的饮食疗法。研究初步表明,短期低短链糖饮食可能对改善运动员的日常胃肠道症状有效。建议咨询熟悉低短链糖和运动营养的营养师

问题	选项	建议
你有胃肠不适或其他可能因食用小麦而出现的症状吗？	没有	对于没有乳糜泻的运动员而言，没有证据表明无麸质饮食会影响其健康、训练和运动表现。面包和其他小麦产品是B族维生素、铁、镁和纤维的重要来源。不建议素食者对这些产品进行不必要的限制
	有	如果你认为自己可能患有乳糜泻或麸质过敏，请去咨询医生。这两种情况都很罕见。要确保你在无麸质的素食中摄取足够的营养，请咨询营养师
你是否使用运动补剂？	否	没有理由使用这些产品。但是，使用运动饮料、能量棒或能量凝胶是一种简便的满足运动员在大量训练中对糖需求的方式
	是	补充运动饮料以及能量棒或能量凝胶可以迅速满足运动员在大量训练中对糖的需求。但是，这些产品不应取代真正的食物。如果你摄入的运动补剂超过总能量的20%，或者将它们当作常规午餐或晚餐，请减少其摄入量
你是否尝试过低血糖指数饮食或低糖饮食？	否	这些因素从总体上看似乎无关紧要，所以你这样做是对的
	是	你应当将饮食重点放在摄入各种谷物、全谷物、水果、蔬菜以及豆类上。血糖指数和糖可能并不重要。即使你有糖尿病或处于糖尿病前期，摄入的糖总量及营养成分仍然更为重要。请记住，糖存在于许多食物中，包括水果和牛奶
你经常吃甜食和糖果吗？	否	很好。不过如果你想偶尔放纵一下，那就让自己放纵一下吧
	是	能享受甜食很好，但是，要尽量选择反式脂肪酸与饱和脂肪酸含量低且有营养的甜食，如冻酸奶（或豆腐冻）配水果、水果馅饼、苹果派、全麦香蕉面包、南瓜面包、燕麦核桃巧克力饼干

4 科学地选择脂肪

我们的训练组刚刚结束了 160 千米骑行训练，大家都感到非常饥饿。休息期间，一位训练伙伴坐在一旁开始饮用运动饮料，其余人则吃了新奥尔良著名厨师保罗·普鲁多姆特别制作的咖喱炖肉（没有香肠）。不是说那位训练伙伴不喜欢咖喱食物，而是因为他知道这个菜含有太多脂肪。他实在是太悲惨了。此次，我们参加的运动员节日在一个小村庄举行。我们周六的早上参加 5 千米的跑步活动，周日参加自行车比赛，并且享受当地美食。6 月初的天气比较热，而且比我们想象中的更为潮湿。几个错误的转弯和爆胎使我们比预期更晚到达终点。下午，比赛结束后我们会去放松（在骑车回家之前），并享受当地美食。我的训练伙伴没能享受到美食，这让我感觉很不好。尽管骑行了 160 千米并完成了 5 千米跑，但他依旧担心食用哪怕一点点脂肪。离开这个村庄后，他买了两份烤土豆配西蓝花。

——D. 埃内特·拉森－迈耶

我编写本书第一版的时候，不摄入脂肪的观点就已经过时了。在 20世纪 80 年代，减少脂肪摄入量是增强体质、预防疾病（尤其是心脏病）最重要的方式。不摄入脂肪的真正目的是减少摄入饱和脂肪酸，但美国民众却理解成了减少摄入所有的脂肪。在本书中，脂肪是幸运的，也是不幸的。事实上，脂肪和蛋白质是"酷小孩"，而糖才是"不合适的"。真相是，脂肪对于运动员来说是非常重要的。脂肪可以辅助脂溶性营养物质吸收、参与合成激素调节剂，作为高能量密度物质，它还能提升食物的口感。当然，摄入太多脂肪是不好的。摄入过多的脂肪会影响糖的摄入，而且如果是饱和脂肪酸，还会升高低密度脂蛋白胆固醇的水平，并增加运动员患心脏病和其他血管疾病的风险。本章将教你如何选择合适的脂肪，而不是高脂肪或无脂肪，还会介绍运动员饮食中脂肪的重要性，提供最健康的脂肪种类的信息、获得健康脂肪资源的方法，以及从饮食中排除不健康脂肪的小技巧。

为什么运动员需要脂肪

脂肪是日常饮食中必要的组成部分。它为机体提供必需脂肪酸与维生素 E、维生素 A、维生素 D 等营养成分。必需脂肪酸——亚麻酸和亚油酸是人体，特别是免疫系统的重要成分（在第 11 章中会进一步阐述）。脂溶性维生素和植物性营养素（如番茄红素和类胡萝卜素）是抗氧化剂，且能够减少患长期疾病（包括某些癌症）的风险。另外，饮食中的脂肪是细胞保护屏障膜的组成部分，可以帮助皮肤和其他组织保持平滑和弹性。

脂肪也可作为能量的来源。正如本书第 3 章所讲，脂肪和糖是运动中主要的能量"燃料"。在运动营养世界中，总是强调饮食中糖的作用，这是因为糖在体内存量有限，并且是唯一能够保持剧烈运动的"燃料"。但这并不意味着脂肪不重要。在运动中，脂肪是一个长期的供能来源，并在强度为轻度到中度的运动中为人体提供大部分能量。糖则在剧烈运动中供能，因为脂肪不能快速分解以充分支持高强度运动的快速供能需求。

在大部分训练和比赛中，尤其是在耐力训练中，使用脂肪供能从而提高肌肉强度，被认为是保存或节省糖所提供的能量的方法。事实上，脂肪氧化率在运动员进行中强度训练时达到最大，这个运动强度相当于耐力运动员最大摄氧量[①]的 59% ~ 64%，或一般运动员的 47% ~ 52%。

---

① 最大摄氧量（Maximal oxygen consumption, VO_{2max}），指人体在进行最大强度的运动时，每分钟所能摄入的氧气量，是反映人体有氧运动能力的重要指标。——译者注

　　在肌肉训练中，供能的脂肪主要来源于存储在体内的脂肪（术语为脂肪组织）和骨骼肌中的脂肪，血液中的少量甘油三酯也会起到一定作用，但即使在食用过高脂肪食物过后也可忽略不计。训练中，脂肪以"小水滴"的形式储存在肌肉中是理想的状态，因为它直接给线粒体提供脂肪，线粒体是细胞的"动力工厂"。事实上，在训练有素的运动员体内，脂肪滴经常被线粒体包围。

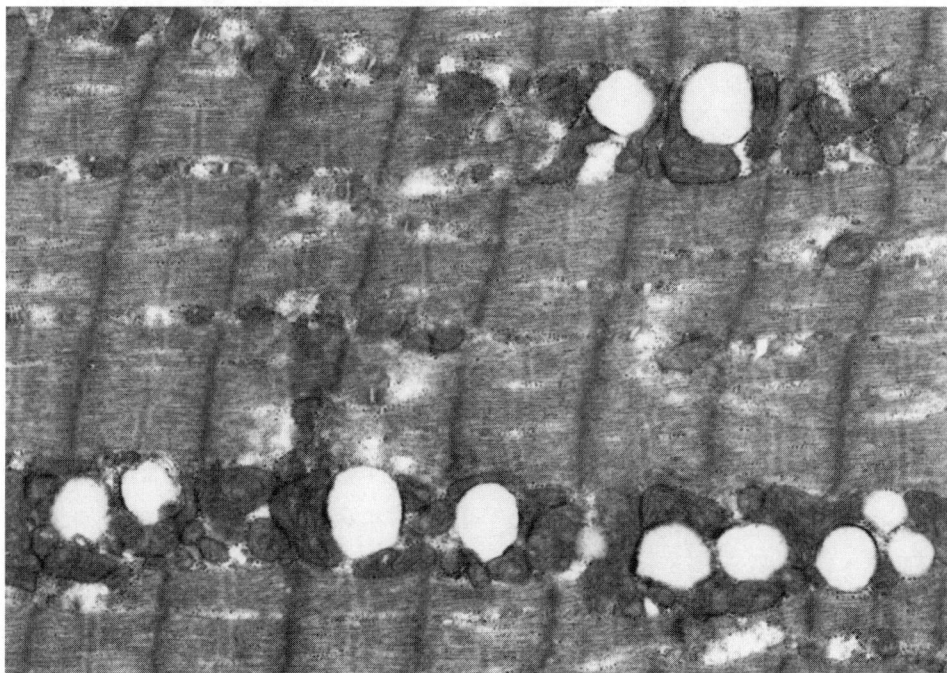

电子显微镜下可见男性跑步运动员大腿（股外侧肌）中的脂肪滴（白色圆圈）与线粒体（深色组织）紧密相连，线粒体"燃烧"脂肪和糖，产生三磷酸腺苷

　　脂肪在脂肪组织中储存的形式是甘油三酯。脂肪的转运需要很多步骤。脂肪先分解为脂肪酸，然后在血液中与白蛋白结合，通过肌肉细胞和线粒体膜进入线粒体进行氧化，形成三磷酸腺苷为人体供能。尽管在脂肪组织中存储的能量比其他地方要多，但在肌肉细胞中存储的能量依然很明显，据估计要比以糖原形式储存的能量高 60% ~ 70%。（表4.1）

表 4.1　估计一名体重 165 磅（75 千克）、体脂率 15% 的男性运动员的脂肪和糖的能量存储

能量存储	组成	能量／千卡
脂肪	血脂（甘油三酯和游离脂肪酸）	40
	脂肪组织	99 000
	脂肪滴（肌内脂肪）	2600
	总计	101 640
糖	血糖	80
	肝糖原	380
	肌糖原	1500 ~ 1600
	总计	1960 ~ 2060

　　你锻炼肌肉用的是脂肪组织的脂肪还是直接存储在肌肉中的脂肪由多种因素决定，包括锻炼强度、锻炼时间、性别、遗传因素和日常饮食等，这些因素也影响肌肉首先是由脂肪还是由糖来供能。尽管脂肪在肌肉中以脂肪滴的形式储存仍有点神秘（因为测量肌内脂肪的储存量以及确定运动中有多少脂肪作为"燃料"的操作很困难），但近 10 年来，很多研究一直在揭示这一"燃料"的重要作用。过去 20 年的研究结果已经使我们了解到，肌内脂肪储备在中等强度运动（最大摄氧量的 65%）期间可以作为脂肪"燃料"的重要来源，但在剧烈运动时（最大摄氧量的85%），肌内脂肪与糖原一起作为"燃料"使用。

　　相比之下，脂肪组织中的脂肪被最大限度地用于低强度运动（最大摄氧量的 25%），但在中等强度的运动和剧烈运动中使用的量有限。储存在脂肪组织中的脂肪根本无法以足够快的速度前往线粒体为剧烈运动提供能量，这使得讨论"储存在脂肪组织中的脂肪需要多长时间能到达训练肌肉"这一问题变得更有意义。

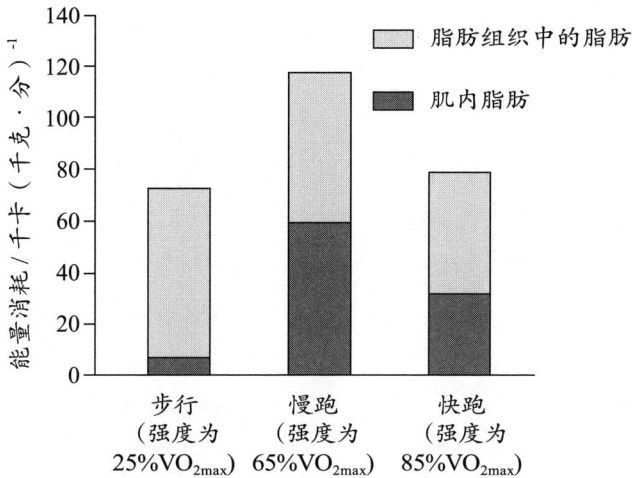

肌肉中储存的脂肪（如脂肪滴）和脂肪组织中的脂肪分解（如以游离脂肪酸的形式在血液中运输）对 30 分钟运动贡献的能量。（分别是步行，中等强度跑步，85% 最大摄氧量的高强度跑步）（强度为 $25\%VO_{2max}$）

注：数据来源于 E.F.Coyle, "Fat metabolism During Exercise", Sport Science Exchange 59, vol.8, no.6（1995）.

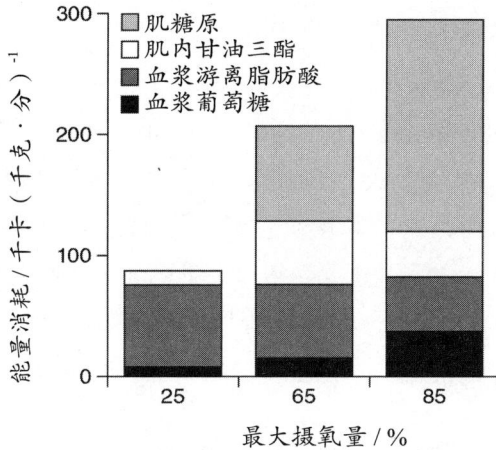

在训练中糖和脂肪的供能占比

注：数据来源于 J.A. Romijn, E.F. Coyle, L.S. Sidossis, A. Gastaldelli, J.F. Horowitz, E. Endert, and R.R. Wolfe, "Regulation of Endogenous Fat and Carbohydrate Metabolism in Relation to Exercise Intensity and Duration", *American Journal of Physiology* 265, no. 3, part 1（1993）: E380-E391.

脂肪的利用也包括提高训练时间（训练时间应超过 1 小时，这点很重要），且由存储量决定。对于进行有氧训练的运动员，其体内更多的脂肪存储在肌纤维中，并以脂肪滴的形式存储在靠近线粒体一个更方便的位置。这通常由日常饮食决定。研究发现，如果在日常饮食中摄入更多的脂肪，在训练肌肉时储存于肌肉中的脂肪的比例将会升高。在我们的研究中，将男性和女性跑步运动员随机分组，分别采用低脂饮食（脂肪含量为 10%）和适当脂肪饮食（脂肪含量为 35% 的素食），在完成一个 2 小时的运动（最大摄氧量的 65%）后会出现不同情况。

我们发现，在耐力跑运动中肌内脂肪存储会减少 25%，并由饮食中所含的脂肪决定恢复程度。摄入适量的含脂肪食物可使肌内脂肪存储量在第二天早上（22 个小时以后）恢复到标准值，并在 3 天后超过标准值。与此相比，食用脂肪含量较低的饮食，即使在跑步 3 天后也不能使肌内脂肪存储量恢复到标准值。尽管我们的研究并没有发现男性和女性在这一问题上存在差异，但其他研究显示，女性可能能够更好地存储并使用肌内脂肪。

日常饮食中的脂肪和运动表现

在编写本书时，高脂饮食对运动员增加肌肉甘油三酯存储的作用或在运动中使用脂肪的能力成为被关注的问题。这使糖供能理论的可信度下降。人们对于高脂饮食的高度关注并不是最近才有的，早在 10 年前就已经开始了。2014 年的调查显示，56% 的美国人在饮食中避免摄入脂肪，29% 的人在饮食中避免糖。尽管高脂饮食在持续流行，但低脂饮食这个建议并没有消失。让我们一起看看这些饮食方式对运动员的影响。

适当摄入脂肪能够增加肌内脂肪和提高运动表现

我们早就认识到肌内脂肪的重要性，刻意消耗肌内脂肪是否能提高运动表现还没有结论。但是，我们的研究和其他研究发现，对于 2 ~ 3 个小时的跑步和自行车骑行，提升肌内脂肪存储水平并不能改善运动表现。在研究中，我们让男性和女性运动员在完成 90 分钟中等强度（最大摄氧量的 65%）的跑步后进行 10 千米的比赛，给予他们两种不同的饮食方案：一种是 4 天的包含 10% 脂肪的饮食，另一种是 3 天的包含 35% 脂肪的饮食和 1 天的低脂高糖饮食（保证两种饮食方式能得到相同的糖原储存）。这两种饮食的方式是随机分配的。尽管在 35% 脂肪的饮食后，他们的肌内脂肪存储量高出标准值将近 30%，但跑步运动员在 10 千米比赛中的表现几乎一样。在自行车运动员中也有相似情况，尽管他们的肌内脂肪存储量提高了 70%，但在 20 千米、3 个小时强度适中的骑行中，运动员的表现并没有明显不同。这种肌内脂肪类型在长时间、多日的运动中对运动表现是否有益还不清楚。

高脂饮食与耐力表现

第二个问题是，高脂饮食（脂肪含量为 60%～70%）是否会加强训练中脂肪的供能并有利于运动表现。这与我们讨论的糖的供能不同。支持者和研究者对为什么在采用高脂饮食几周后身体会出现脂肪燃烧酶进行了研究。很多人认为这是一件好事，因为身体可以用肌内脂肪而不是碳水化合物供能。然而，截止到目前的研究显示，长期高脂饮食只能产生部分效果。脂肪燃烧酶可以在中高强度到高强度的训练中快速提升身体"燃烧"脂肪的能力，但不会抑制高强度训练中肌肉对糖的需求。

一项针对男性马拉松运动员脂肪适应性的研究证明了这一观点。这些运动员采用了至少 6 个月的高脂饮食，其脂肪氧化率峰值是采用高糖饮食的运动同伴（1.54 克脂肪 / 分 vs 0.67 克脂肪 / 分）的 2 倍，但最大摄氧量没有明显区别。这说明他们在高强度训练中还是需要糖供能的，而且运动能力并不会随脂肪适应性提高而有明显提升。

脂肪适应型运动员在训练中效率更低（相对于氧耗），更容易感到吃力，并增加了训练损伤的概率。在比赛前期将能量源换回糖原并不能克服这些适应性特征，由于脂肪适应型身体已经失去了高效"燃烧"糖供能及参与高强度活动的能力了。可以说，几乎所有的竞技项目均包含强度激增的阶段，如爬坡、超越、冲刺等，所以即使是极限耐力运动员都不适合采取高脂饮食方式。

一些来源于澳大利亚体育学院的研究证据证实了高脂饮食存在潜在的不利影响。研究者将入组的精英运动员随机分为 2 组，均进行 3 周

素食者观点：生酮饮食

生酮饮食是一种极端低糖高脂的饮食方式，最初用于治疗儿童癫痫。生酮饮食比低糖的"阿氏食谱"还要严格得多，每天摄入的糖不得超过 35 克，这只有 140 千卡的能量。与其他低糖饮食方式不同的是，生酮饮食只补充适量蛋白质，不推荐高蛋白。

这种饮食方式迫使身体进入"酮症"——一种以"酮体"替代脂肪作为主要能量来源的代谢状态。体内储存的脂肪通常不足以供应身体能量需求，而极端的低糖饮食可以使机体更高效地燃烧脂肪供能。理论上讲，这有利于运动员减肥并且获得能量优势，但目前的证据还是很有限的。

采用生酮饮食是一件十分艰难的事，而且有很多限制。如果酮类没有达到或保持在一定的值，身体的脂肪供能将不会改变。如果采用生酮饮食没有达到目标，通常是因为体内可用的糖较少。生酮饮食将所有的谷物、干面食、面包、豆类、食糖和其他甜食、含淀粉的蔬菜和几乎所有水果都排除在外（除了牛油果和浆果），强调肉类、全脂乳制品、鸡蛋、绿色蔬菜和油。赞成者都认为口干、增加饥饿感、多尿是潜在的副作用。进行生酮饮食期间需要测量尿液里的酮。一项研究显示，生酮饮食也许会降低运动员在高强度运动中的运动表现，而且与蛋白质和能量比合适的非生酮饮食相比，生酮饮食对身体并无益处。毫无疑问，未来这方面的研究将会继续，但现有数据并不能证明这一严格的饮食方法的流行是有意义的。

的高强度训练，一组采用高脂饮食，另一组采用高糖饮食。结果发现，高脂饮食组的运动员尽管加强了训练强度，但其训练效果并没有得到提升，反而高糖饮食组运动员的训练效果得到了提升。要想从脂肪中获得60%～70%的能量，需要依靠饮食中的肉类、糖含量低的蔬菜、奶油、黄油和沙拉酱。我不知道你会如何选择，但我仍然会为我的面包选择橄榄油。

低脂饮食和运动表现

最后一个问题是，为什么过度限制脂肪的摄入会影响运动能力和运动表现。大量研究显示，低脂饮食（特别是脂肪含量低于15%的饮食）也许并不合理，除非是在赛前几天。长期的低脂饮食会导致皮肤干燥、免疫系统损伤，并增加贫血和闭经的风险。

低脂饮食还会导致血清甘油三酯升高，即使是运动员也会有此风险。血清甘油三酯升高到1.5克/升将会增加患心脏病的风险。尽管甘油三酯轻度升高对大多数运动员来说不会有问题，但在我的研究中，有几个健康的跑步运动员采用脂肪含量为10%的饮食后，其血清甘油三酯水平超过1.5克/升。

目前，关于低脂饮食对运动表现的影响的研究很少。一项对跑步运动员的研究显示，与摄取含适量脂肪的食物的跑步运动员相比，采用低脂饮食的运动员更容易损失耐力表现，原因可能是运动员消耗了储存在肌肉中的甘油三酯。所以，在我们的面包上加点橄榄油或黄油是个不错的主意。

平衡饮食中脂肪的摄入量对运动员来说很重要（图片由布伦达·惠特曼提供）

饮食中的脂肪和体脂

在我们讨论运动员的脂肪摄入量之前，回顾饮食中的脂肪和体脂的联系是十分重要的。在脂肪摄入方面，人们有很多错误的概念。很多人就像本章开头的那个训练伙伴一样，害怕因为食用一小块含脂肪的食物而增重，这就好像现在的人害怕食用糖一样。一些研究（也包括几项我自己的研究）结果显示，非运动员在日常饮食中，脂肪的摄入量和体脂有明显的相关性。这说明食用脂肪含量高的食物对臀部和腹部有影响。但需要指出的是，饮食中的脂肪和体脂关联性不大。我的一项研究发现，在高强度瘦身运动中，这种关联完全消失了。此外，研究还显示，摄入较多的不饱和脂肪酸则有相反作用，与体脂呈负相关。

摄入较多的糖会引起胰岛素水平升高，胰岛素是重要的合成代谢激素，有促进脂肪合成的作用。所以你觉得高糖饮食不好，其实不然，真正的问题是过量饮食，它会使我们体脂增加、体重增加，而不是因为食用了脂肪或蛋白质。再来谈脂肪摄入，你认为脂肪都直接堆积在臀部，但事实上这是无意识地摄入了过量的脂肪造成的。在一项研究中，研究人员通过荤素搭配调整食物中的脂肪含量，入组的久坐的志愿者（受试者）想吃多少就吃多少。受试者知道食谱被修改过，但面对高脂饮食，他们还是过量饮食了。研究者推测这是由于高脂肪食物的高能量密度（9千卡/克脂肪 vs 4千卡/克糖）和脂肪质量提升了口感。受试者选择了同量的食物，但由于能量密度更高，造成了能量摄入的增加。

这项研究是针对久坐人群的，但并不意味着素食运动员可以通过摄入大量脂肪和糖，升高他们的体脂储备。对耐力运动员的研究发现，在12周内体脂不会受到高脂饮食的影响，这些饮食提供了高达50%的能量摄入。

另外，运动员会因为甜味而食用更多的含糖的食物（包括饮品）。生产厂商深知这一点，并在几乎所有食品中都添加了精制糖。肥胖是由过度加工的糖带来的，因此，需要注意的是选择正确的糖（见本书第3章），而不是控制饮食的量。想象一下一个人尽管食用了一堆无脂曲奇但仍然想要一块含脂肪的曲奇（当然添加了一些全谷物的面粉）的心情吧，其实他完全可以吃那块曲奇。

确定脂肪需求量

在保证糖和蛋白质的需求后，饮食中的脂肪含量应能满足剩余的日常能量需求。美国运动医学学会、营养和饮食学会及加拿大营养师学会建议，对于活动量较大的人群和运动员，脂肪大致占每天能量摄入的20% ~ 35%。这些建议说明运动员的脂肪摄入标准和大众是一样的，但运动员因为训练目标比较个性化，其脂肪摄入量也就有所变动。按能量需求比例精准摄入脂肪可能会有些复杂，因为这要求运动员知道他每天的能量需求。由于可以从脂肪中获取更高比例的能量，并同时满足身体对糖和蛋白质的需求，这个比例可能会被错误地理解。

例如，一名体重为75千克的耐力运动员每天的能量需求是4500千卡，饮食中，由脂肪提供每天能量的38.7%，并能满足身体对糖和蛋白质的需求（糖约为8克/千克体重，蛋白质约为1.2克/千克体重）。同样的，一名体重为55千克的运动员进行技巧性训练时，能量需求为2500千卡，糖和蛋白质的需求均为5克/千克体重，以及超过40%的脂肪供能。你可以依据表4.2来估计你每天的脂肪的摄入量。

表4.2   两名运动员每天的脂肪摄入量（体重分别为75千克和55千克，能量需求分别为4500千卡/天和2500千卡/天）

全部能量需求量	4500千卡/天（A）	2500千卡/天（A）
估算糖需求量	假设为8克/千克体重，600克/天×4千卡/克=2400千卡/天（B）	假设为5克/千克体重，275克/天×4千卡/克=1100千卡/天（B）
估算蛋白质需求量（见第5章）	假设1.2克/千克体重，90克/天×4千卡/克=360千卡/天（C）	假设1.2克/千克体重，66克/天×4千卡/克=264千卡/天（C）
估算脂肪提供的能量 A-B-C	4500千卡/天 –2400千卡/天 –360千卡/天=1740千卡/天（D）	2500千卡/天 –1100千卡/天 –264千卡/天=1136千卡/天（D）

续表

估算脂肪摄入量 （D÷9千卡/天）	1740千卡/天÷9千卡/克 =193克/天（E）	1136千卡/天÷9千卡/克 =126克/天（E）
估算脂肪供能比例 （D÷A）×100%	1740÷4500×100% =38.7%	1136÷2500×100% =45.4%

注：三大能量物质和能量密度，即每消耗1克营养物质可以提供的能量。糖、蛋白质：4千卡/克，脂肪：9千卡/克。

如果你问吃太多或太少脂肪是否会有危险，显然答案是肯定的，尽管在某种程度上这是由你的运动、训练等级和饮食偏好决定的。如果饮食中含有大量脂肪或蛋白质，则不能提供充足的糖以转化为糖原并储存，而且饱和脂肪酸含量过高的饮食还可能引发心血管疾病。虽然我们不推荐高脂饮食，但运动员也不应该严格限制脂肪摄入（能量脂肪比值小于10%）。一些临床研究显示，低脂饮食有助于控制血糖，还有促进冠状动脉血栓清除的作用。这些对于训练高强度的运动员是有意义的，还可能会使适量运动者和瑜伽爱好者远离心脏病和糖尿病。

为了健康，平衡"好脂肪"和"坏脂肪"

为了将脂肪作为能量来源，素食运动员也要明确不同种类的脂肪对健康的影响。很长时间以来，我们都知道摄入过多的饱和脂肪酸对我们的健康是不利的，直到最近我们才知道摄入不同类型的脂肪对健康是有影响的。美国公共健康信息认为，摄入过多脂肪会影响健康，其实准确的说法应该是摄入过多的饱和脂肪酸会影响健康。让我们回顾一下脂肪的类型和它们来源于哪些食物。你的目标当然是摄入"好脂肪"，并且限制"坏脂肪"。正确地选择脂肪有利于身体健康，降低身损伤和患炎症的风险。这些内容将会在第11章中进行更深入的讨论。大量的流行病学和临床研究（包括护士健康情况研究和我们最近的健康指南）显示，食用"聪明脂肪"比不食用脂肪更有利于身体健康，能够预防冠心病等慢性疾病。

"坏家伙"——饱和脂肪酸和反式脂肪酸

你只要关注新闻报道和饮食趋势，就会知道一些关于饱和脂肪酸和反式脂肪酸的信息（小贴士 4.1）。饱和脂肪存在于动物制品和热带植物油中，需要限制摄入，因为它们会提高心血管疾病、中风及其他血管疾病的患病风险。尽管不是所有科学论文和媒体都聚焦于饱和脂肪酸，但几百项研究结果显示，饱和脂肪酸提高了人体内的胆固醇水平，特别是不好的低密度脂蛋白胆固醇。2015—2020 美国营养指南、美国糖尿病协会（ADA）都建议饱和脂肪酸要限制在能量摄入量的 10% 以内。同时，美国心脏病学会和美国心脏协会（AHA）强调，如果存在胆固醇水平升高，饱和脂肪酸摄入量应小于能量摄入量的 5%。

反式脂肪酸来源于氢化油加工过的食物，这些脂肪既会升高低密度脂蛋白胆固醇水平，也会降低高密度脂蛋白胆固醇水平。大部分健康机构建议在饮食中摄入尽可能少的反式脂肪酸。

美国人日常饮食中的反式脂肪酸主要来源于氢化油加工，包括包装食品（牛奶中也有少量）。一种观点认为食品加工厂可以将氢化油替换为富含饱和脂肪酸的椰子油或棕榈油。也有证据显示，棕榈油中的棕榈酸增加了一些人发生心脏房颤的风险。起酥油的主要成分是棕榈油和充分氢化的棕榈油。起酥油和其他类似的产品也许不含反式脂肪酸（含量小于 0.5 克 / 汤匙），但含有饱和脂肪酸（3.5 克 / 汤匙）。这健康么？可能不怎么健康。因此，从现在开始，要仔细阅读食品的标签。

作为一个有高能量需求的运动员，你可以比你的同伴摄入更多的饱和脂肪酸（如果你遵守摄入量少于总能量 10% 的准则）。但在我看来，不管有多大的能量需求，加工食品中的反式脂肪酸摄入得越少越好。运动员要仔细检查食品标签，看自己是否食用了氢化物或饱和脂肪酸，包括椰子油和棕榈油。自然食物中的脂肪才是明智的选择。

对于素食运动员来说，尽管保持饱和脂肪酸的摄入量在总能量的 10% 以下是明智的，但除非你的胆固醇水平升高了，否则没有必要计算你的饮食中饱和脂肪酸的含量。另外，评估你每天的饮食和食品制造商生产的食物中包含多少饱和脂肪酸，还要限制过度加工的食品的摄入，

食物脂肪的分类

食物脂肪：我们食物中的大部分食物脂肪存在于甘油三酯中。甘油三酯的主要分子是甘油和三个脂肪酸，因而叫作甘油三酯。脂肪酸是由碳、氢和氧组成的一类化合物，根据碳链长度的不同又分为短链脂肪酸和长链脂肪酸。大部分食物中的脂肪酸都为长链脂肪酸（碳链上的碳原子数为 14 ～ 22 个），但有一些食物中的脂肪酸是短链脂肪酸（碳链上的碳原子数为 4 ～ 6 个）和中链脂肪酸（碳链上的碳原子数为 8 ～ 12 个）。

饱和脂肪酸：包括碳链含氢原子的脂肪酸，这种分子结构使它们在常温下非常稳固。一般情况下，动物脂肪中有 40% ～ 60% 是饱和脂肪酸，植物脂肪中有 10% ～ 20% 是饱和脂肪酸。而在商业加工食品中，反式脂肪酸的含量较高。

单不饱和脂肪酸：是指含有一个双键的脂肪酸。单不饱和脂肪酸在动物性食物和植物性食物中都存在，其中含量最高的是橄榄油、大部分坚果、花生和牛油果。食物中最常见的单不饱和脂肪酸是油酸。

多不饱和脂肪酸：是指含有 2 个或更多双键的脂肪酸。在多不饱和脂肪酸分子中，距羟基最远端的双键在倒数第 3 个碳原子上称为 ω-3，在第 6 个碳原子上称为 ω-6。

ω-6 脂肪酸：在这种多不饱和脂肪酸的分子中，距羟基最远端的双键在第 6 个碳原子上，常见形式是亚油酸。在常见的植物性食品中含量非常高，如葵花子、大豆等。亚麻油酸也是一种常见的 ω-6 脂肪酸。花生四烯酸是在动物性食品中常见的一种 ω-6 脂肪酸，被用来合成免疫活性物质（花生酸衍生物）。在人体内，亚麻油酸可以转化为花生四烯酸。

ω-3 脂肪酸：在这种多不饱和脂肪酸的分子中，距羟基最远端的双键在倒数第 3 个碳原子上。亚麻酸存在于特定的植物性食品中，如亚麻子、亚麻子油、大麻油、大豆油和英国胡桃等。二十碳五烯酸（EPA）和二十二碳六烯酸（DHA）存在于大部分脂类鱼中，如三文鱼、鲟鱼、条纹鲈鱼，以及鱼油胶囊。从藻类中提取的素食版 ω-3 脂肪酸现已上市，吸收更好，还可以提高血液中 EPA 和 DHA 的浓度。研究显示，α-亚麻酸在体内可以转化为 DHA 或 EPA，这是一个缓慢且有限制的过程，但当血液中的 ω-6 浓度较低时，它的转化率将会提高。

氢化脂肪酸和反式脂肪酸：氢化脂肪酸是在食品加工厂中，在高温和高压条件下往食品中加入氢催化而成的。这是因为液体油转变为固体时，不饱和脂肪酸转变成了饱和脂肪酸。在一些不饱和脂肪酸转变为饱和脂肪酸的过程中，产生了反式脂肪酸。反式脂肪酸存在于植物起酥油及薄脆饼干、曲奇等零食中。希望它们可以尽早从我们的食物中消失。

中链甘油三酯：中链甘油三酯是有 8～12 个碳链的饱和脂肪酸，存在于乳脂、椰子油和棕榈仁油中。中链甘油三酯是水溶的，这和长链甘油三酯非常相似，所以更容易被快速消化和吸收。中链甘油三酯经常被推荐给有消化问题的人群。研究还未发现中链甘油三酯对运动员有益。

或将其替换成加工程度较低的食品。例如，将人造黄油替换为橄榄油或其他风味冷榨油，如菜籽油，而不是新推出的号称不含反式脂肪酸的植物起酥油。

如果你是一个喜欢起酥油的素食者，要限制全脂乳制品中饱和脂肪酸的过度摄入。如果你的胆固醇水平升高了，你需要估计饱和脂肪酸的最高限制数值并乘以你的能量需求的 5%～6%，再除以 9（9 千卡/克）。例如，你的能量需求是 2800 千卡，那么你的饱和脂肪的摄入量应该是 15.6～18.7 克。

"好伙伴"——单不饱和脂肪酸和 ω-3 脂肪酸

富含充足的单不饱和脂肪酸和 ω-3 脂肪酸的饮食可以保护心脏，并有效避免患其他心血管疾病的风险，因而被广泛推荐，特别是全健康饮食，如地中海式饮食。单不饱和脂肪酸在饮食中可以降低低密度脂蛋白胆固醇水平、降低血压、防止低密度脂蛋白氧化、减少血栓、保护血管，并降低患其他心血管疾病的风险。

ω-3 脂肪酸存在于植物和鱼类食品中。它有助于降低甘油三酯、减少炎症，并能提高免疫功能，最关键的是，它有助于降低慢性疾病的患病风险。

增加"好伙伴"的建议和减少"坏家伙"的建议不同。一些公共健康机构的指南强调摄入单不饱和脂肪酸，而最近的指南则强调摄入蔬菜、水果、全谷物、低脂乳制品、豆类、鱼类、家禽和坚果。美国健康营养协会提倡地中海式饮食（包含丰富的单不饱和脂肪酸），这可使 2 型糖尿病患者获益，提高 ω-3 脂肪酸的摄入量，从而保护心脏和提供其他健康益处。对于素食运动员来说，ω-3 脂肪酸也是推荐的。因为 ω-3 和其他不饱和脂肪酸伙伴（ω-6 脂肪酸）是类花生酸的前体。类花生酸是很多生化功能的重要而强效的调控因子，如血液凝固、血压、心血管扩张、免疫功能及炎症反应。显然 ω-3 脂肪酸比 ω-6 脂肪酸更优。

大家并没有认识到素食者和运动员获取丰富 ω-3 脂肪酸的重要性。最近的几项研究显示，ω-3 脂肪酸对免疫调节十分重要，并且能够减少训练过程中的肌肉损伤，但证据仍是初步的。目前，对于素食运动员，应确保在日常饮食中 ω-3 脂肪酸的摄入量略高于膳食营养素参考摄入量（DRI）的推荐值，即女性 1.1 克 / 天，男性 1.6 克 / 天。

为了达到要求，可以选择含单不饱和脂肪酸和 ω-3 脂肪酸的食物来代替饱和脂肪酸和 ω-6 脂肪酸含量高的食物。橄榄油富含单不饱和脂肪酸，ω-3 脂肪酸的植物来源主要有核桃、亚麻子、奇亚籽、亚麻芥籽、芥花籽、大麻籽和它们的油脂。可使用橄榄油、牛油果、亚麻酸油烹饪，用亚麻酸油、葡萄籽油或轻橄榄油烤制食品。在你的正餐和点心中，尝试加入核桃等坚果以及健康的油；同时，减少谷物、棉花籽油、奶油、起酥油和大部分人造黄油。如果你觉得你会从 ω-3 脂肪酸中获益，请考虑富含 DHA 和 ω-3 脂肪酸的植物性食物。

为"聪明脂肪"努力

与选择含糖的食物相似，在健康的素食中添加简单加工的全脂食物对于健康和提升运动表现非常重要。想得到"聪明脂肪"，你需要做两件事。首先，享受食用油脂和含脂肪的素食。含脂肪的食物味道鲜美，并且让你的味蕾对谷物、蔬菜和水果更加敏感。其次，你需要考虑脂肪的健康问题。限制"坏脂肪"的摄入，并在饮食中增加更多的"好脂肪"。如果你喜欢吃布里奶酪、椰子咖喱酱，以及奶酪蛋糕等有奶油的食物，不要剥夺自己的喜好，记住，你可以偶尔享用这些食物。总之，不要因摄入脂肪而有负罪感。

这就是说，你可以更自由地选择"聪明脂肪"，包括单不饱和脂肪酸和 ω-3 脂肪酸，并且限制亚麻酸含量高的食物。你可以将坚果作为零食，在谷物中加上亚麻子或亚麻子油，使用葡萄籽油或橄榄油烹调，并尝试使用不同的油甚至是新的油。增加牛油果和椰子是扩展食谱的好方法。当你不用超市里的普通精炼油后，你会发现不同的油有自己独特的味道。一些油适宜在高温烤和炒时使用，橄榄油可以在烤和炒时增加食物的口味，烤制榛子油和亚麻子油更适合搭配可加工的食物和沙拉。（表4.3）

接下来的章节我们将会学习蛋白质的相关知识。

表 4.3 植物油的特性和推荐用法

种类	特性和推荐用法
牛油果油	高温制造（精炼时），适合炸、烧烤和炒菜。烟点为 265 ℃～271 ℃
芥花籽油	适合煎、炸、烤和炒菜。通常有较高的烟点，为 204 ℃～218 ℃
亚麻子油	不需要加热，在已经完成烹饪的菜肴中使用，如沙拉、主食、汤，或者混入果汁、沙拉酱中。适宜与豆腐、大蒜、洋葱一起搭配使用。需要冷藏。烟点为 107 ℃
葡萄籽油	适用于各种烹饪方式，短时间的中热煎炸、烤和快炒最佳。烟点为 204 ℃～218 ℃
榛子油（烤制）	用在沙拉、酱汁、汤中能有独特的味道和芳香，尤其适合与苦菜搭配。为了得到最好效果，要在菜肴完成后加入。烟点为 221 ℃
大麻籽油	提供果味的口味并且可以用于大部分菜肴的制作；为了保护必要脂肪酸，不要用于煎炸。烟点为 165 ℃
橄榄油	适用于大部分素食的制作，包括沙拉、酱汁，也可以抹在面包上。轻橄榄油适用于烤制食物。烟点为 160 ℃（未精炼）、204 ℃～215 ℃（精炼）以、242 ℃（轻）。不要使用未精炼的油在高温下煎炸
花生油	未精炼的适用于炒菜，精炼的适用于煎炸和炒。烟点为 160 ℃（未精炼）、227 ℃（精炼）
南瓜子油	一种不透明的油，有浓郁的烤南瓜的味道可以淋在根茎类蔬菜上（如果需要，可以加一点奶酪）。为了达到最好的效果，建议用于成品菜
芝麻油	非常适合做亚洲菜和沙拉酱。精炼的可以用于炒菜。使用未精炼的和烘烤的芝麻油有浓郁的味道，可以让油的味道进入成品菜。烟点为 177 ℃（未精炼）、210～232 ℃（精炼）
芝麻酱油	菜肴的配料，可用于鹰嘴豆泥[①]、塔布利[②]、汤、谷物和沙拉等，并与调味料混合
核桃油	最适合短时间的中火烹饪、烘焙，也可以试试淋在蔬菜、烤坚果、沙拉和水果松饼上，让油的味道成为菜品的一部分。烟点为 160 ℃～204 ℃

注：各种油的烟点是一个近似值，不同来源的油，其烟点可能略有不同。油加热不应超过烟点，即油开始分解和冒烟的温度，加热到这个温度以上会分解掉必需的脂肪酸，并发出异味。玉米油、豆油、红花油和葵花子油因其共同性和高水平的 ω-6 脂肪酸而未收入本表。许多特种油最好存放在较

低温度下。

①鹰嘴豆泥（hummus），用鹰嘴豆和芝麻酱制作的豆泥。

②塔布利（tabouli），中东风味沙拉，混有碾碎的干小麦、欧芹、番茄、绿洋葱、薄荷、橄榄油和柠檬汁。

5 素食增肌

她是 NCAA[①] D2 级院校足球队招募的新生。因为从小就是素食者，她有些担心大学食堂里的饭菜。她小的时候主要参加俱乐部足球比赛，在高中的前两年还是越野队成员。后来，在和另一个顶级俱乐部的比赛中，她受伤了——前交叉韧带撕裂。之后，她花了一年半的时间进行力量训练，并配合理疗师进行康复，做好了参加大学足球比赛的准备。在我们谈话期间，她说到了人们发现她是素食者时的典型反应。

"他们的第一反应总是：你怎么获得蛋白质？"她告诉我，她已经学会了回应，"不需要吃肉也可以获得蛋白质。"她的蛋白质来源是豆类、谷物、豆腐和鸡蛋。我对她的饮食进行评估，发现她超出了一般人群的建议蛋白质摄入量（0.8 克 / 千克体重），但并不总是能达到运动员的建议蛋白质摄入量（1.2 ~ 2.0 克 / 千克体重），这通常发生在她训练不足的日子里，如果她选择了许多自己喜欢的水果、面包和谷物，也会出现蛋白质摄入量相对较少的情况。尽管她并没有出现运动表现方面的问题，我们还是制订了一些方案帮助她摄取更多的蛋白质。

——D. 埃内特·拉森－迈耶

---

① NCAA（National Collegiate Athletic Association），美国大学体育协会，是由美国上千所大学院校参与结盟的非营利性体育组织。协会内院校会员划分为一级（D1，351 所，32%）、二级（D2，308 所，28%）和三级（D3，443 所，40%）。——译者注

对于运动员来说，通过吃肉来获得力量和胜利的习惯已有 2000 多年的历史。古奥林匹克运动员（包括传说中的摔跤手克罗托内的米洛，公元前 532 年—公元前 516 年连续 5 次古代奥运会冠军）的膳食中都含有大量的肉类，以"增强体力"。直至 20 世纪，运动员（包括著名的哈佛赛艇队和耶鲁赛艇队队员）和体力劳动者还都尽量摄入大量蛋白质，因为当时人们普遍认为蛋白质是锻炼的主要能量来源。此外，在许多文化中，人们相信摄入动物的肌肉能够使运动员获得该动物的力量和能力。

直到今天，这样的观点依旧存在，许多教练和运动员仍然相信，要培养出强壮且"有肌肉"的运动员，需要摄入大量蛋白质，特别是动物蛋白。尽管蛋白质确实在运动员的健康和运动表现中起着至关重要的作用，但素食（包括纯素食）完全可以满足运动员的蛋白质需求。本章将介绍蛋白质在饮食中的作用，并探讨如何在不吃肉的情况下轻松地增加肌肉和力量。

蛋白质的基础知识

食物中的蛋白质是维持生命所必需的营养，为人体大多数组织（包括骨骼肌、肌腱、激素、酶、红细胞和免疫细胞）的构成提供氨基酸。氨基酸也可以作为能量来源。部分氨基酸可以在糖异生过程中转化为血糖，这在长时间运动中和饥饿时对人体十分重要。组成人体蛋白质的氨基酸有 20 种，每一种在结构上都是不同的，但都包含至少 1 个含氮原子的氨基，并与碳原子、氢原子和氧原子连接。

人体对蛋白质的需求，实质上是对氨基酸和氮的需求。人体自身无法合成的氨基酸有 9 种（称为必需氨基酸），但只要从饮食中摄取了足够的氮，就能够合成其余 11 种氨基酸。（表 5.1）这 20 种氨基酸以不同的方式排列组合，在人体内合成蛋白质。不管是人体的蛋白质，还是我们吃的食物，其氨基酸的排列都是独特的。相似物种（如人和动物）倾向于生成氨基酸排列相似的蛋白质，而如果物种间差异很大的话（如植物和哺乳动物），则氨基酸排列的区别也大。

表 5.1　必需氨基酸和非必需氨基酸

氨基酸种类	氨基酸名称
必需氨基酸：不能由人体合成，必须通过饮食获得	异亮氨酸[①]、亮氨酸[①]、赖氨酸、蛋氨酸、苯丙氨酸、苏氨酸、色氨酸、缬氨酸[①]、组氨酸
条件必需氨基酸：可由人体合成，但数量有限，在人体生长期需要饮食补充	精氨酸、谷氨酰胺、脯氨酸、半胱氨酸、甘氨酸、酪氨酸
非必需氨基酸（也称可分配氨基酸）：可以由人体合成，不一定要通过饮食获得它们	丙氨酸、天冬氨酸、丝氨酸、谷氨酸、天冬酰胺

注：①支链氨基酸。

通常情况下，激素或生长因子向细胞内的 DNA 发出信号，开始合成人体内的蛋白质，启动基因转录，并最终完成蛋白质合成。在运动引起骨骼肌蛋白质构建（或合成）时，关键信号是被称为哺乳动物雷帕霉素靶蛋白（mTOR）的分子。抗阻运动和摄入蛋白质都能激发此信号。

人体可以合成非必需氨基酸，却只能通过饮食摄取必需氨基酸。如果通过饮食摄入的必需氨基酸无法满足人体所需，那么在蛋白质合成时根据人体的需要及其比例关系，不足情况最为严重的氨基酸被称为限制性氨基酸。

通常，单一植物性食物所提供的蛋白质无法促进肌肉生长，原因在于单一植物通常不能满足人体蛋白质合成所需的全部营养。例如，玉米中的色氨酸含量低；大米中的赖氨酸和苏氨酸含量低；而小麦中的赖氨酸含量低；除大豆外，大多数豆类中的蛋氨酸或色氨酸含量低，或两者含量都较低。但是通过合理搭配饮食，摄入不同的植物蛋白，以及乳制品、鱼类、家禽或肉类蛋白质，就可以轻松地为人体生长和肌肉发育提供足够的氨基酸。

确定蛋白质需求量

作为运动员，你的蛋白质需求量有可能高于不运动的人，这取决于你的运动量和当前的训练计划。如果你是健身爱好者或每周参加几次休闲运动的人，遵循膳食营养推荐供给量（RDA），即 0.8 克／千克体重蛋白质，基本就可以满足需求。

在休息期，或在非赛季进行轻量维持训练时，你对蛋白质的需求量也是如此。这是因为 RDA 已经比平均蛋白质需求量（0.6 克／千克体重）高 2 个标准差，完全可以满足 97.5％ 的健康人的营养需求。但是，如果你每周进行 8 ～ 40 个小时的剧烈运动，蛋白质需求量就有可能是 RDA 的 2 倍，尤其是开始新赛季或新的训练计划时，或者需要大量增肌时。

基于已发表的、大多数针对男性运动员的蛋白质需求量的研究结果，可以发现运动营养学家的共识，即建议运动员每天的蛋白质需求量为 1.2 ～ 2.0 克／千克体重。尽管有人认为女性运动员的需求量可能低一些，但性别的差异目前还需要进行更多的研究。

训练期间需要更多的蛋白质，原因在于人体需要更多的氨基酸以促进肌肉蛋白的合成、修复运动引起的肌肉纤维的微损伤（耐力运动员应该对此更有体会），并在线粒体中促进酶和其他蛋白质的合成。因此，进行力量和耐力训练时都需要额外补充蛋白质。最近的研究还发现，蛋白质不仅是合成肌肉的重要成分，还可以通过和 mTOR 分子作用，触发蛋白质合成。亮氨酸是这一触发信号的关键。

此外，能量和糖摄入不足会使人体增加对蛋白质的需求。在长时间的耐力运动中，糖原储存低的运动员消耗的蛋白质可能是糖原储存高的运动员的 2 倍，这主要是因为氨基酸被转化为葡萄糖以维持血糖。在运动前或运动中（或两者）适当补充糖（具体将在本书第 9 章中进行讨论）就可以避免这种现象。无论是否运动，如果你在为了减轻体重或减脂而限制热量摄取，则对蛋白质的需求量可能会更高。

素食者观点：你确定自己摄入了足够的蛋白质吗

作为素食者，最难的事情之一就是向人们解释你可以从素食中获得足够的蛋白质。有关素食的讨论总是围绕蛋白质，这实在有些令人沮丧。有些素食的拥护者（包括医生和其他健康人士）会干脆直接地说"蛋白质问题根本不是问题"或"我从来没遇到过缺乏蛋白质的素食者"，因为他们实在厌倦了回答这类问题。这种反应可能有些极端，而且并不准确，因为有些素食者确实需要多加注意才能获取足够的蛋白质。

还有一部分人的蛋白质摄入量达到了建议的标准，但实际上总量并不够，因此会出现一些症状，如精力不足、肌肉减少、总有饥饿感。因此，纯素食运动员摄入的蛋白质应首先达到建议摄入量（1.2 ~ 2.0 克/千克体重），然后再进行调整。建议摄入量只是基于一系列的人体需求，和实际情况并不一定吻合。更多地了解蛋白质有助于你了解和满足自己的需求，并且可以向人们解释你是如何摄取了足够的蛋白质的。

目前没有研究发现素食运动员对蛋白质的需求有特殊之处。但有人提出，与非素食者相比，素食者需要多摄入 10% 的蛋白质，以消除植物蛋白比动物蛋白消化率低的影响。然而并非所有植物蛋白的消化率都一样低，例如，大多数大豆制品中的蛋白质比全食食品和其他熟的豆科植物中的蛋白质更易消化。

根据美国国家科学院医学研究所食品与营养委员会发布的蛋白质膳食营养素参考摄入量（DRI），食用植物蛋白补剂、鸡蛋和乳制品的素食者不需要额外补充蛋白质。

最后，必须指出的是，并非所有科学家都认为运动员的蛋白质需求量高于普通人群。尽管许多研究表明，人体对蛋白质的利用率和需求量

肌肉发育所需的氨基酸可以来自大豆蛋白以及各种富含蛋白质的素食（图片由拉玛丽·博姆朗提供，香侬·布罗德里克摄）

随着训练的开始而增加，但是这些研究大多数是短期的，没有考虑到人体对训练的适应，因此，训练开始时，人体对蛋白质的需求量可能只是暂时增加，适应训练后会逐渐恢复到基线。

例如，20 世纪 70 年代初进行的一项长期研究发现，刚刚开始训练的自行车运动员会经历负氮平衡，表明他们的蛋白质需求量超过了之前不运动的状态。但这种负氮平衡经过 20 天的训练后会逐渐恢复，而这期间选手的饮食并没有变化。最新发布的 DRI 显示，科学家认为，没有足够的证据表明健康的成年人进行抗阻和耐力运动时需要额外补充蛋白质。

不过，自本书第一版出版以来，大量研究发现，运动员适时补充蛋白质对合成和修复肌蛋白（包括肌纤维蛋白和线粒体蛋白）十分重要。

我们将在第 9 章进一步讨论在进行抗阻运动和有氧运动时蛋白质的摄入时机。

你可以使用表 5.2 来估算自己每天的总蛋白质需求量。

表 5.2　评估你每天的总蛋白质需求量

你的体重	___ 千克（A）
按照你当前的训练表现选择蛋白质需求量的范围，要点如下： • 0.8 克 / 千克体重（健康成年人 RDA） • 1.2 克 / 千克体重（运动员 RDA 的下限）[①] • 2.0 克 / 千克体重（运动员 RDA 的上限）[①]	___ ~ ___ 克 / 千克体重 （B1）（B2）
将 A 乘以 B1 即可得蛋白质需求量的下限	___ 克 / 千克体重（C1）
将 A 乘以 B2 即可得蛋白质需求量的上限	___ 克 / 千克体重（C2）
将蛋白质总量除以你通常进餐和吃零食的次数以获得每餐蛋白质的量 （请注意，将你每天需要的蛋白质分三餐或多餐摄入，可以更有效地合成肌蛋白）	___ ~ ___ 克 / 天 ÷_____（进餐和吃零食次数）/ 天

注：①由美国运动医学会、美国营养与饮食学会以及加拿大营养师协会制定的指南。

满足蛋白质需求

目前来看，即使你的蛋白质需求量较高，你依然可以轻松地从素食中获取，只要你的饮食中包含足够的能量和多种蛋白质。"素食者必须在同一餐中摄入某些特定植物蛋白组合"这一观念早在 20 世纪 90 年代就被否定，至少对于成年的非运动员来说这是毫无必要的。当前的膳食建议是，在一天中食用各种含有蛋白质的素食。

不需要每餐都强调氨基酸平衡，因为一餐中的限制性氨基酸可以被肠道、骨骼肌和血液中的少量游离氨基酸缓冲（至少在短期内）。这些游离氨基酸来自上一餐或零食，以及体内消化酶和代谢掉的肠细胞（它们像皮肤细胞一样脱落）。此外，尽管大多数素食的部分氨基酸含量较低，但在大多数文化中，符合饮食习惯的含蛋白质的素食组合（如豆类和大米的搭配）能够为人们提供互补的必需氨基酸。

　　许多植物蛋白的搭配都可以提供高质量蛋白质（表 5.3）。另外，对于素食者和半素食者来说，食用少量的乳制品、鸡蛋、鱼和家禽也可以补充必需氨基酸，进而可以提高植物蛋白的质量。

表 5.3　提供必需氨基酸的天然食品组合

单一食品	举例
藜麦、大豆食品、橡子	炒豆腐、烤大豆、豆腐奶昔、膨化大豆蛋白、丹贝①、混合蔬菜加藜麦、烤橡子
食品组合	举例
谷物加豆类	米饭加豆类、豆汤配蔬菜和全麦饼干、豆类玉米饼、花生酱三明治
谷物或蔬菜加牛奶或大豆	奶酪意大利面、带乳制品或大豆酸奶油的烤土豆、奶油蔬菜汤、米布丁
豆类加坚果	豆类和坚果、鹰嘴豆泥、小扁豆和坚果丸子
其他	甜玉米和番茄、甜椒或小麦胚芽，椰肉和苹果，大豆分离蛋白粉和芝麻面粉、葵花子面粉或螺旋藻，毛豆和橙汁或椰枣

　　注：①丹贝（tempeh），又称田北，源于印度尼西亚的一种大豆制品，以大豆为原料，经过脱皮蒸煮，接种田北菌，繁殖发酵而制得的豆豉。

　　虽然如此，过去 10 年左右的大量研究也表明，运动员在高强度训练后应尽快食用含蛋白质的点心或餐食，因为此时人体的氨基酸库可能正在被损伤。高质量蛋白质包括大豆蛋白粉（特别是添加了芝麻或葵花子的），牛奶、酸奶或鸡蛋中的蛋白质，两种或更多种富含蛋白质的素食的组合（表 5.3，如鹰嘴豆泥、花生酱三明治或豆类玉米饼）。你可能已经将含有这些蛋白质的食品作为零食了。

　　不用担心你的蛋白质摄入量不足。对运动员的调查研究一致发现，大多数运动员因为总能量摄入较多，蛋白质摄入量往往超过平均推荐量，甚至超过他们自己的蛋白质需求量，素食和纯素食运动员也是如此。素食者通常从蛋白质中获取 12.5% 的能量，纯素食者从蛋白质中获取 11%

的能量。根据以上数据，如果你是一名体重 176 磅（约 80 千克）的男性运动员，每天摄入 3600 千卡，素食将提供 1.41 克 / 千克体重的蛋白质，纯素食将提供 1.2 克 / 千克体重的蛋白质。如果你是 110 磅（约 50 千克）的女性体操运动员，每天摄入 2200 千卡，素食将提供 1.38 克 / 千克体重的蛋白质，纯素食将提供 1.21 克 / 千克体重的蛋白质。

如果你还是担心自己的蛋白质摄入量不足，可以使用表 5.4 和表 5.5 进行自我评估，食品标签上的信息也会对你有帮助。记住，要计算面包、麦片和谷物食品中的蛋白质，你可能会发现这些加起来并不少。如果你发现自己的蛋白质摄入量小于估计需求，试着在日常饮食中添加 1 ~ 3 份富含蛋白质的素食。

比如，在水果零食之外添加豆浆，在意大利面条酱中加入扁豆，在炒面中加入豆腐，或在沙拉中加入鹰嘴豆。另外，若是选择龙碗 ① 或早餐碗，可以加入豆类、坚果或腌制的豆腐。你还可以尝试用鹰嘴豆粉烹饪，以及在烘焙食品中加入白豆泥或黑豆泥。如有必要，也可以将植物蛋白粉放入奶昔、烘焙食品和蘸酱中。

运动员蛋白质摄入不足，通常是由于摄入糖过多，或者吃得太少造成的。富含蛋白质的素食有豆类、豆腐、面筋、藜麦、大豆分离蛋白粉及豌豆分离蛋白粉，此外还有仿肉类食物，如素食热狗、素食汉堡和由大豆或霉菌蛋白制成的"鸡肉"。如果你不喜欢富含蛋白质的素食或对它们过敏，可能就需要注意自己的蛋白质摄入量，也可以考虑咨询了解素食的注册营养师。

---

① 龙碗，亚洲风味的主食沙拉碗，装有糙米、煎豆腐、蔬菜等，食用时淋上酱汁，健康又好吃。
　——译者注

表 5.4　部分食物和饮料的蛋白质含量

食物	分量	蛋白质／克
面包、谷物、米饭、意大利面	1 盎司	2 ~ 3
中等硬度的奶酪和硬奶酪	1 盎司	7
干酪	1/4 杯	7
大豆奶酪或素食奶酪	1 盎司	6
鸡蛋	1 个（大）	7
去皮毛豆	1/2 杯	7
大麻籽	3 汤匙	9.5
鹰嘴豆泥	1/3 杯	7
豆类蔬菜（熟）	1/2 杯	7
杏仁奶	1 杯	1
牛奶	1 杯	8
米浆	1 杯	1
豆浆	1 杯	7
豌豆分离蛋白粉	2 汤匙	因品牌而不同
多数坚果	2 汤匙	7
花生酱	2 汤匙	7
藜麦（熟）	1 杯	11
霉菌蛋白无肉丸子	4 个	14
霉菌蛋白饼	1 块	11
霉菌蛋白土耳其式烤"肉"	1/5	15
素食蛋白棒	1 条	8 ~ 20
素食蛋白粉	1 大勺（33 克）	20
种子（如奇亚籽、大麻籽、南瓜子、葵花子）	1 盎司	6 ~ 9

续表

食物	分量	蛋白质／克
豆腐奶酪	1/4 杯	7
大豆分离蛋白粉	1 盎司	21
丹贝	1 杯	31
组织化植物蛋白①（熟）	1/2 杯	8
软豆腐	1 杯	10
硬豆腐	1 杯	20
Vegemite 牌酵母酱	1 茶匙	1.5
Veggemo 牌豌豆蛋白乳制品饮料	1 杯	6
大多数蔬菜（熟）	1/2 杯	2 ～ 3
素食汉堡肉	1 片（重量不同）	6 ～ 16
素食汉堡肉（Griller 牌、Morning Star Farms 牌）	1 片（96 克）	23
"不可能汉堡"中的素食汉堡肉（原料为大豆、小麦、土豆蛋白和基因工程酵母豆血红蛋白）	1 片（85 克）	20
植物肉	1/2 杯	7 ～ 11
素食鸡肉或鸡块	1 片或 6 块	7 ～ 15
素食热狗	1 个	9 ～ 12
酸奶	1 杯	8
希腊酸奶	1 杯	20 ～ 24
大豆酸奶	1 杯	8

注：1. 数据来源于《糖尿病患者膳食计划换算清单》，2003 年；美国农业部国家标准营养数据库（https：//ndb.nal.usda.gov/ndb/）；食品标签。

2. 单位换算请参考附录 F。

①组织化植物蛋白（textured vegetable protein, TVP），即人造肉、素肉。

小麦面筋	4 盎司	21

表 5.5　蛋白质摄入量日志示例

食物	蛋白质 / 克
1½ 杯玉米片	4 ～ 6
1 杯 1% 脂肪的牛奶	8
12 盎司 1½ 橙汁	0
2 片白面包	4 ～ 6
2 汤匙花生酱	7
1 罐（约 2 杯）水果加糖浆	0
一大把（约 1 杯）葡萄	0
2 盎司果冻糖	0
1/3 杯麦片	2 ～ 3
1/4 杯杏仁	14
2 杯素辣豆酱（1 杯豆和 1 杯洋葱碎，与青椒、番茄酱混合）	14
2 盎司切达奶酪	14
15 片苏打饼干	4 ～ 6
总量	71 ～ 78

注：1. 这是一名 141 磅（64 千克）女性排球运动员在非赛季训练期间每天的蛋白质摄入量。她的蛋白质摄入量目标若基于 0.8 克 / 千克体重的 RDA，应为每天 51 克。尽管她的摄入量可能超出需求，但在训练强度增加时，她仍需要增加蛋白质摄入量，这应该通过增加能量摄入而自然发生。例如，除了日志中的食物，她可以添加 1/2 杯豆类和另一份谷物（含 10 克蛋白质）。

2. 单位换算请参考附录 F。

3. 食物中蛋白质的含量请参考表 5.4 和食品标签。

过量摄入蛋白质

肌肉力量和质量可以通过训练得到提升，同时也取决于你的基因。

食物中的蛋白质只能提供合成人体内蛋白质的原料和促进神经内分泌连接。因此，如果饮食中缺少能量或蛋白质，你将无法获得应有的训练效果（即肌肉力量和肌肉质量的提升）。即便你过量摄入氨基酸，也不会神奇地使肌肉力量或功能性肌肉增加。如果真的靠多吃就能增肌，那么常年不运动的男性也可能有施瓦辛格一般的身材了。

20 世纪 90 年代初，加拿大麦克马斯特大学做过一项著名的研究。研究对象是男性力量型运动员和久坐者，在 13 天的时间里，他们被随机分组，分别采用 3 种蛋白质含量不同的饮食。第一种饮食提供的蛋白质以 RDA 为标准（0.8 克 / 千克体重），第二种提供的蛋白质与给运动员的建议一致（1.4 克 / 千克体重），第三种则提供过量蛋白质（2.4 克 / 千克体重）。

研究发现，与其他两种饮食相比，第一种饮食不能为力量型运动员提供足够的蛋白质，从而影响了运动员体内蛋白质的合成。然而，第三种饮食并没有比第二种饮食让运动员增加更多的肌肉。另外，第一种饮食为久坐的男性提供了足够的蛋白质，然而，即使这一人群增加蛋白质摄入量，也未使其体内的蛋白质合成增加。

最近对 49 项研究（共包括 1800 多名参与者）的荟萃分析也发现了相似的结果。在长时间的抗阻训练中，每天摄入 1.62 克 / 千克体重的蛋白质可以增加肌肉体积、肌纤维面积以及肌肉力量（以一次重复次数的最大重量为标准）。

但是，更高的蛋白质摄入量（大于 1.62 克 / 千克体重）并没有更多的益处。另一项荟萃分析发现，人体将大豆或乳清作为蛋白质的来源时，力量和去脂体重的增加与摄入其他蛋白质没有不同。

多摄入的蛋白质去哪里了？很简单，如果你摄入了过多的蛋白质，氨基团在体内分解，剩下的将被用作能源或转化为脂肪储存起来。从新陈代谢和生态角度来看，这都是能源的浪费。习惯性的高蛋白质摄入（即大于 2 克 / 千克体重）是否会对身体造成长期的伤害还有待确定，但一些医学专业人士表示，它可能会给肾脏（负责排除多余氮的器官）和肝脏带来额外的负担，特别是在蛋白质来自肉类和乳制品时。一项研究发现，阿特金斯高蛋白饮食会增加发生肾结石和骨钙流失的风险。

最新研究还表明，将蛋白质的摄入分散在一天的饮食中（而不是像许多美国人那样集中于一顿或两顿大餐中），对参加高强度训练的运动员和老年人有好处。这些研究发现，将20～30克蛋白质（或0.25～0.3克/千克体重）均匀分布在三餐或四餐以及零食中与将其集中在一顿或两顿大餐中相比，前者可以更有效地刺激肌肉蛋白质合成。这意味着在早餐、午餐、晚餐和零食中加入含蛋白质的食物对素食运动员来说可能是有益的模式。我们将在第12章继续探讨将蛋白质纳入均衡饮食模式的方法。

蛋白质补剂

素食者和纯素食运动员可以通过饮食来满足身体对蛋白质的需求。然而，为了方便起见，许多素食运动员有时会在饮食中添加含蛋白质的营养饮料或营养棒，如大豆分离蛋白、豌豆蛋白、亚麻蛋白、乳清蛋白。大型公司和零售商都出售此类产品。利用这类产品不是不可以，但它们不应该取代真正的食物和正餐，哪怕有些营销广告试图说服你这样做。

一些证据显示，经过严格加工的分离蛋白质可以更快地被消化，并更好地促进蛋白质在机体内的储存（至少在短期内），但没有证据显示这一效应可以长期帮助训练有素的运动员增长肌肉或力量。事实上，最近一项小鼠实验研究发现，在运动对延长肌肉蛋白质合成的促进作用中，吸收较慢的乳蛋白酪蛋白与吸收较快的乳清蛋白形成了很好的互补，使得天然形式的乳蛋白成为更好的蛋白质来源。

食用分离蛋白也有悖于健康素食的理念，因为这种饮食方式忽略了蛋白质的典型摄入方式——与其他食物的混合食用。即使单独食用蛋白质有一点道理，但为了只含有大豆、豌豆或乳清的蛋白质棒而不断地放弃泰国煮豆腐、鲜美的豌豆汤和新鲜法式面包上的奶酪，也让人感到惋惜。

这些加工过的食品有其营养成分，但不应该经常用来代替真正的食物。考虑到生产过程中使用的基因工程以及产品的外观、味道，包括像真正的肉一样"出血"，我们中的许多人也很难接受诸如"不可能汉堡"

这样的仿肉类产品。

通过训练获得肌肉力量和质量需要足够的蛋白质,而素食可以轻易地提供你需要的全部蛋白质。然而,过量地摄入蛋白质并不会促进肌肉的增长,甚至可能增加人体对钙的需求量。

6 骨骼健康

　　韦罗妮卡是一位纯素食者，她因为开始跑步训练以及想要改善饮食而对营养咨询产生了兴趣。她认为每天摄入1000毫克钙的营养建议是受了乳品行业的影响，这个数字被人为抬高了。她指出国际建议的钙摄入量低于这个数字，而且坚信钙和骨骼健康对纯素食者来说不是问题。她的这种想法源于一个误区——动物蛋白会从骨骼中"提取"钙，因此避免食用肉和乳制品可以保护骨骼。这个说法在几十年前的素食界相当流行，但后来的研究证实它其实是错误的。其他研究还指出，素食者的骨密度较低，因为他们没有摄取足够的钙质。

　　我向韦罗妮卡介绍了相关研究，并探讨了帮助她达到推荐的钙摄入量的方法。我们还谈到了草酸盐，一些看似高钙的食物由于其低吸收性而不是可靠的钙质来源，如菠菜。最后，我们谈到了影响骨骼健康的多种因素和营养素，这些因素和营养素对于限制或避免食用动物性食品的人十分重要（本章将详细讨论这些问题）。韦罗妮卡高兴地结束了我们的咨询课程，她了解了适合自己的保持骨骼健康的方法，还学到了有利于跑步的运动营养知识。

——马特·鲁希尼奥

　　骨骼健康的重要性毋庸置疑。作为运动员，我们知道，如果没有健康的骨骼，我们就无法参与运动，运动训练又能够帮助我们维持肌肉和骨骼的健康。然而，我们却好像没有对促进骨骼健康的营养给予足够的关注。有些运动员忽视了骨骼问题，还有一些运动员则认为获取足够的钙就足够了（我也曾经这样认为）。许多素食者不吃乳制品，并且认为与钙和骨骼相关的研究受到了乳制品产业的影响。这种想法最终可能会影响健康。

有关长期素食者和纯素食者的钙摄入量的研究结果好坏参半。一些研究表明，奶素食者的骨密度更高，女性绝经后的骨流失更少。其他研究则发现，素食者可能有高骨转换率的风险，这可能导致骨分解（再吸收）增加和骨矿物质密度降低。这些研究结果（和个人）之间的差异可能是总体饮食模式、生活习惯及食物选择（包括关键营养素不足）引起的。即骨骼问题可能是由影响骨骼健康的各种因素导致的，不一定仅仅与素食或纯素食有关。本章旨在帮助素食运动员和其他素食者了解骨骼代谢和骨骼健康的基础知识，以及如何在坚持素食的同时促进骨骼健康。

骨骼健康基础知识

大多数人认为，骨骼只是坚硬的构成人体的骨架以及使肌肉收缩的杠杆，事实上，骨骼是一种活体组织，会缓慢地主动分解和置换，这一过程被科学家称为骨骼更新或骨骼重塑。在骨骼更新过程中，新的骨结构代替了现有的骨结构。儿童和青少年发育中的骨骼以及成年人的骨骼都在不断更新。据估计，成年人的骨骼大约每 10 年完成一次更新。这一过程对修复微损伤、保持骨骼健康以及保持体内正常的钙水平必不可少。

例如，骨骼的主要功能除了支撑我们的身体，还有维持血钙水平。如果骨骼不能作为随时可以使用的钙储备源，我们的肌肉（包括心肌）将无法正常收缩，我们体内的酶也将无法正常工作，后果可能十分严重。此外，骨骼重塑对于防止微骨折的积累（包括应力性骨折）也可能是必需的。

骨骼重塑的方式非常神奇。有两种关键的骨细胞——破骨细胞和成骨细胞——在骨骼重塑过程中起到关键作用。破骨细胞通过一系列反应（统称为骨吸收）侵蚀骨骼表面，形成小腔。成骨细胞分布于这些小腔腔体部位，合成新的骨基质（称为骨形成）。新的骨基质会被钙、磷和其他矿物质矿化，形成新的骨组织。如果人体内的骨吸收和骨形成正常进行，就可以保持骨骼健康。如果骨吸收的速率大于骨形成，则会导致骨质流失。

从结构上讲，骨骼组织主要由胶原蛋白（赋予骨骼抗张强度和结构框架）和磷酸钙矿化复合物（强化骨架）组成。胶原蛋白原纤维和磷酸钙晶体（通常称为羟基磷灰石晶体）的结合使骨骼坚硬而有弹性，可以承受重量和压力。

然而，骨骼组织又不只是如此。成年人的骨骼主要由两种组织构成——骨小梁和骨皮质。骨小梁约占骨骼的20%，主要存在于中轴骨骼（脊椎、躯干和头部）、扁骨和长骨末端。每时每刻我们体内大约有1/5的骨小梁都在进行主动重塑。骨皮质占骨骼的80%，大约5%的骨皮质表面处于主动重塑状态。骨皮质主要存在于长骨中，如手臂和腿部的骨骼。

常见的骨折部位有较多的骨小梁。骨小梁有更多的代谢活性细胞和血液供应，因此更新率较高。这也使得骨小梁对控制日常钙沉积和钙流失的激素更加敏感。也就是说，一旦血钙水平开始下降，骨小梁中的矿物质就更加容易流失。

每当钙的排出超过沉积量时，骨小梁的骨质就会流失，骨质流失通常在人们30岁开始，即使经常运动和饮食健康的人也会如此。骨皮质也会流失钙质，但通常速度较为缓慢。骨皮质流失钙质通常在40岁开始，虽缓慢但会一直持续。

影响骨骼健康的因素

锻炼、激素水平和营养等多种因素可以影响骨骼更新和绝对骨密度，进而影响骨骼健康。带有承重、冲击性和负荷性的运动（如跑步、竞走、跳绳、行军、体操和举重）有助于提高骨密度和强度，我们还不清楚为什么这些项目会产生这样的效果，一种流行的理论是，骨骼作为压电晶体发生反应，将机械压力（来自地面或强大的肌肉收缩）转化为电能。

这样产生的电流可以刺激成骨细胞的活性，从而刺激骨形成。刺激作用似乎与机械压力的大小及施加频率有关，但可能因激素信号而被抑制。例如，有些运动员也存在骨密度过低的情况，以月经不调或雌激素水平降低的女性最为常见。总的来说，骨密度越高越好，因为骨矿物质含量越高，骨折发生率越低。

激素

影响骨骼重塑和骨骼健康的激素主要包括甲状旁腺激素（PTH）、维生素 D、降钙素和雌激素。但是，其中几种激素的主要作用不是维持骨骼健康，而是控制血液中的钙含量，从而影响骨骼的矿物质含量和骨密度。PTH 主要就起到这种作用。血钙水平一旦开始降低，PTH 就会刺激钙从骨骼释放到血液。PTH 还可以激活维生素 D，向肾脏发出信号，以保留更多的钙，减少尿液中钙的排出，并通过维生素 D 间接向肠道发出信号来增加钙的吸收。而降钙素会降低破骨细胞活性，从而降低血钙浓度，抑制骨吸收，增加尿液中钙和磷的排出。

性激素包括雌激素和睾丸激素（或称雄激素），也有促进骨骼更新的作用。雌激素和雄激素都控制造骨细胞的增殖，而雌激素（可能还有雄激素）还抑制引起骨分解的破骨细胞。雌激素缺乏会在每个重塑周期加快骨骼重塑的速度。月经不调（通常是由于雌激素紊乱引起）会增加女性运动员发生应力性骨折和非应力性骨折的风险。患有雄激素缺乏综合征的老年男性和青年男性都存在骨密度降低和骨质疏松的风险。

骨骼营养，不仅仅是钙

多种营养素对骨骼健康都有重要影响。由于乳制品行业的大力宣传，大多数美国人都知道钙对骨骼健康的意义，认为不喝牛奶就无法补钙。从某种意义上说，我们已经被洗脑，习惯性地把骨骼健康与牛奶结合在一起。

然而事实上，许多饮食因素都会影响骨骼健康。摄入钙、镁、多种维生素（维生素 A、维生素 B_{12}、维生素 C、维生素 D、维生素 K）、类黄酮和总蛋白对骨骼健康有利，而摄入过多磷、咖啡因、酒精和动物蛋白则对骨骼健康不利。还有其他一些营养素（如氟化物）被认为可以优化骨骼健康，但前提是适量摄入。这一节我们将分析各种营养素，并探讨如何选择有益于骨骼健康的素食。

钙

钙是人体内含量最多的矿物元素，是骨骼合成、肌肉收缩、神经冲动传递和酶激活过程所必需的营养素。钙对骨骼健康起着关键作用，因为钙是由羟基磷灰石组成的骨骼晶体的最大组成部分。

多项研究发现钙与骨密度直接相关。例如，最近的一项荟萃分析发现，在儿童期或青春期通过乳制品、钙强化食品或营养补剂摄取较多钙质，可促进增加骨骼矿物质的含量，并有可能提高峰值骨量。已达到峰值骨量的女性，如果从食物和补剂中摄取足够的钙质，也可以延缓成年初期骨矿物质流失，并减少更年期的骨质流失（流失比例平均是 0.014% vs 1%）。

但是，许多运动员可能不知道，除了摄入量，钙的平衡还受其他因素的影响，包括肠道的钙吸收差异，以及尿液和粪便中的钙排出。在摄入方面，我们摄入的钙 20% ~ 40% 被肠道吸收，但是人体对不同食物中的钙的吸收率差异很大。在排泄方面，20 世纪 90 年代初的一项规模小但设计严谨的研究发现，高钠和高蛋白饮食会增加尿液中钙的排出量。该研究发现，尽管饮食中的钠和蛋白质对增加钙排出的影响非常小，但过量动物蛋白和钠的综合作用可能更加明显。在研究中，8 名非运动型的男性采取了 4 种不同的饮食方式（每种维持 1 周）：①低钠低蛋白饮食（钠 3200 毫克、蛋白质 1 克 / 千克体重）；②低钠高蛋白饮食（钠 3200 毫克、蛋白质 2 克 / 千克体重）；③高钠低蛋白质饮食（钠 7100 毫克、蛋白质 1 克 / 千克体重）；④高钠高蛋白饮食（钠 7100 毫克、蛋白质 2 克 / 千克体重）。结果显示，与低钠低蛋白饮食（与素食接近）相比，高钠高蛋白饮食（典型的西方饮食习惯）伴随的尿钙排出量几乎增加了 1 倍（152 毫克 vs 257 毫克）。如果要补偿高钠高蛋白饮食额外损失的 105 克钙，就需要每天额外摄取 263 ~ 525 毫克钙（假设钙的吸收率为

20%~40%）。

基于这些发现，有人提出，很少或根本不食用动物性食物的素食者和纯素食者的钙需求可能低于膳食营养素参考摄入量（DRI）的推荐值。该观点认为，素食者需要的钙质较少，是由于纯素食中钠和动物蛋白的含量通常较低，即摄入的含硫氨基酸较少（这种氨基酸是造成钙浪费的主要因素），因此纯素食者尿液中钙的排出量少于非素食者。

与此相关的另一个问题是，潜在的肾脏酸负荷（与儿童骨骼中的矿物质含量呈负相关）会因摄入的动物蛋白中的含硫氨基酸较多而加剧，而素食富含的碱性盐则有助于降低肾脏酸负荷。但目前还没有明确的证据支持这一观点。因此，作为运动员，最好的选择是争取达到 DRI 中 19~50 岁成年人的每天推荐的钙摄取量（1000 毫克）。50 岁以上的女性每天应争取摄入 1200 毫克钙，而 9~18 岁的女性每天应摄入 1300 毫克钙。

一些证据表明，闭经（至少 3 个月没有月经）的运动员每天可能需要 1500~2000 毫克钙来维持骨骼健康。对运动员来说，钙摄入量低可能导致应力性骨折和骨密度降低，特别是闭经运动员。然而，没有证据表明运动训练会增加人体对钙的需求。

男性运动员或月经正常的女性运动员每天食用几份乳制品或 5~6 份含钙的素食就可以满足钙需求。富含易吸收的钙的素食在表 6.1 中列出，包括低草酸盐绿叶蔬菜（羽衣甘蓝、西蓝花、大白菜、小白菜）、高钙豆腐、芝麻酱、某些豆类、钙强化橙汁、杏仁和黑糖蜜等。

研究表明，以上大多数食物中的钙的吸收率与牛奶一样好，甚至高于牛奶（吸收率为 32%）（表 6.2）。也有证据表明，不同品牌的钙强化橙汁（可能还有其他果汁）中的钙的吸收率也有差异，苹果酸柠檬酸钙的吸收率比磷酸三钙和乳酸钙高近 50%。钙强化豆浆、大多数豆类、坚果和种子中的钙的吸收率较低，为 17%~24%。高草酸盐和高植酸盐的食物（如新鲜大黄[①]、菠菜、瑞士甜菜和甜菜叶）中的钙的吸收率也

---

① 大黄是多种蓼科大黄属的多年生植物的合称。此处指欧美人作为配菜的可食用大黄，不同于中药大黄。——译者注

较低。

　　其实你完全没有必要对无乳制品的饮食方式感到紧张。德国的一项临床研究表明，精心选择的无乳制品饮食完全可以保持体内的钙平衡。这项研究测量了 10 天内 8 名成年人的钙平衡和骨骼重塑情况，这 8 名成年人均为达到能量平衡的乳制品素食者和纯素食者。

　　研究人员发现，尽管纯素食者的钙摄入量（843±140 毫克）比乳制品素食者的钙摄入量（1322±303 毫克）低，但他们都能够维持钙平衡和适当的骨骼更新率。在研究中，纯素食者的钙来源是天然的、大部分吸收良好的食品和富含钙的矿泉水，并不包含钙强化食品、黑糖蜜和羽衣甘蓝。若加入这些食物，则纯素食者可以轻松地获取更多钙质。

　　尽管素食可以维持体内的钙平衡，但运动量大的素食者可能会发现，摄入钙强化食品或钙补剂来满足钙需求更为方便。碳酸钙和柠檬酸钙是补剂中吸收率较高的成分，其中碳酸钙通常较便宜。与传统观点不同，体内铁元素充足的成年人长期补充碳酸钙并不会影响体内铁储存的状况。但最好在饭后数小时服用钙补剂（如在睡前服用）而不是随餐服用。因为骨骼健康也需要维生素 D，所以建议钙和维生素 D 同时补充。

表 6.1　部分素食的钙含量、钙磷比和镁含量

食物	分量	钙／毫克	钙磷比	镁／毫克
谷物				
钙强化营养面包	1 片（1 盎司）	43	1.5：1	7
全麦面包	1 片（1 盎司）	20	0.3：1 ～ 0.5：1	24
加钙麦片	1 盎司	125 ～ 1000	>1：1	因品牌而不同
蔬菜和豆类，包括黄豆				
甜菜叶	1 杯（熟）	164	2.8：1	98
黑豆	1 杯（熟）	46	0.2：1	120

续表

食物	分量	钙/毫克	钙磷比	镁/毫克
西蓝花	1 杯（熟）	62	0.6：1	32
白菜	1 杯（熟）	158	3.2：1	19
卷心菜头	1 杯（熟）	46	4.2：1	12
鹰嘴豆	1 杯（熟）	80	0.3：1	79
绿叶甘蓝	1 杯（熟）	266	4.7：1	38
羽衣甘蓝	1 杯（熟）	94	2.6：1	23
小扁豆	1 杯（熟）	38	0.1：1	71
芥菜叶	1 杯（熟）	104	1.8：1	21
秋葵	1 杯 （熟，切片）	62	2.4：1	58
斑豆	1 杯（熟）	79	0.3：1	86
红芸豆	1 杯（熟）	50	0.2：1	80
南方豌豆	1 杯（熟）	41	0.2：1	91
黄豆	1 杯（熟）	175	0.4：1	148
红薯	中等大小 （烤）	43	0.7：1	31
高钙硬豆腐	1/2 杯	861[①]	3.6：1	73
高钙常规豆腐	1/2 杯	434[①]	3.6：1	37
萝卜叶	1 杯（熟）	197	4.7：1	32
水果				
钙强化葡萄汁	1 杯	350	9.5：1	30
钙强化橙汁	1 杯	350	7：1 ~ 8：1	27
坚果和种子				
杏仁	1 盎司	70	0.5：1	78

续表

食物	分量	钙/毫克	钙磷比	镁/毫克
腰果、花生、山核桃、松子、葵花子	1盎司	5～20	>0.1：1	22～71
南瓜子	1盎司	12	0.04：1	151
芝麻酱	1汤匙	64	0.6：1	14
核桃	1盎司	28	0.3：1	45
乳制品				
钙强化杏仁奶	1杯	482[1]	20：1	16
钙强化米汤	1杯	283[1]	2.1：1	26
钙强化豆奶	1杯	368[1]	1.6：1	39
豌豆蛋白牛奶	1杯	585	不适用	不适用
脱脂牛奶	1杯	306	1.2：1	27
2%脂肪牛奶	1杯	285	1.2：1	27
切达奶酪	1盎司	204	1.4：1	8
马苏里拉奶酪	1盎司	207	1.4：1	7
瑞士奶酪	1盎司	224	1.4：1	11
素食（杏仁、米）奶酪替代品	1盎司	225[1]	不适用	不适用
其他				
矿泉水	1杯	24～40	不适用	不适用
糖蜜	1汤匙	41	6.8：1	48
黑糖蜜	1汤匙	200	不适用	极少

注：1. 数据来源于美国农业部国家营养数据库标准和食品标签。

2. 单位换算请参考附录F。

①因品牌而异。

表 6.2 食物中的钙的吸收率

食物	钙在肠道中的吸收率
小白菜、西蓝花、白菜、甘蓝、羽衣甘蓝、秋葵、萝卜叶、植物蛋白、黑糖蜜	大于50%
牛奶、高钙豆腐、钙强化橙汁（含苹果酸柠檬酸钙）	约30%
钙强化豆浆、大多数坚果和种子、大多数豆类、钙强化橙汁（含磷酸三钙盐 / 乳酸钙）	20%
菠菜、瑞士甜菜、甜菜叶、大黄	小于或等于5%

维生素 D

健康的骨骼还需要维生素 D。维生素 D 是一种多功能营养素，既是维生素，又可以充当激素。人暴露在阳光下可以让皮肤制造维生素 D_3——紫外线 β 射线（接近正午时比例最高）将皮肤细胞膜中的胆固醇转化为维生素 D_3。然后，维生素 D_3 在人体内循环至肝脏，在肝脏中转变为其主要储存形式——羟基维生素 D_3（骨化二醇），随后根据需要，骨化二醇被肾脏和其他身体组织激活，成为激素活性形式——二羟基维生素 D_3（骨化三醇）。

骨化三醇的主要作用是维持血液中的钙水平，这样可以促进肠内钙的吸收，从而有助于提供足够的钙和磷以促进骨形成。据估计，当维生素 D 不足时，膳食钙吸收率仅为 10% ~ 15%，而当维生素 D 充足时，膳食钙吸收率超过 30% [血清 25-（OH）D 浓度大于 75 纳摩尔 / 升]。多项随机临床试验的结果都表明，维生素 D 和钙对于骨量积累和骨骼健康至关重要。还有证据表明，运动员如果缺乏维生素 D，将增加发生应力性骨折的风险。

针对运动人群的大量研究表明，有些运动员可能缺乏维生素 D。维生素 D 缺乏症可能表现为原因不明的肌肉疼痛或无力，以及钙平衡受损。

容易缺乏维生素 D 的人群包括钙强化食品或营养补剂摄入量低、在阳光下的时间少（特别是生活在远离赤道、接近南北极和极端气候中的运动员）、仅限室内训练、肤色深、脂肪过多，以及长期使用防晒用品的运动员。维生素 D 存在于有限的食物中，主要包括钙强化牛奶、某些品牌的植物奶、钙强化橙汁、早餐谷物、人造黄油，以及富含脂肪的鱼类。（表 6.3）。

表 6.3　部分富含维生素 D 的食物

食物	分量	维生素 D/ 国际单位
营养麦片（每日推荐摄入量的 10%）	3/4 杯	40 ~ 50
麦片谷物棒（每日推荐摄入量的 10%）	1 条	40
鸡蛋	1 个	25
人造黄油（强化维生素 D）	1 汤匙	60
蘑菇、香菇（晒干）	1 盎司	400 ~ 500[①]
牛奶（强化维生素 D、脱脂、低脂和全脂）	1 杯（熟）	98
米浆（强化维生素 D）	1 杯（熟）	100[①]
豆浆（强化维生素 D）	1 杯（熟）	100[①]
橙汁（强化维生素 D）	1 杯（熟）	100

注：1. 维生素 D 的每天推荐摄入量（DV）为 600 国际单位。但是，维生素 D 理事会认为 DV 应该增加。

2. 单位换算请参考附录 F。

① 可能是维生素 D_2 的来源，而不是 D_3。

白种人每周身着运动短裤（全部或部分躯干裸露）暴露于阳光下 5 ~ 30 分钟（时间长短取决于肤色和是否容易晒伤），就可以在春末、夏季和早秋获取足够的维生素 D。而在冬天，最好通过食物或补剂来补充维生素 D。如果你皮肤黝黑，更应该这样做，因为研究表明，肤色深的人可能无法通过日光照射产生足够的维生素 D。有证据表明，素食者和纯素食者可能因饮食习惯而增加患维生素 D 缺乏症的风险，但肤色、日照强度和营养补剂等因素似乎比饮食习惯对体内维生素 D 的水平的影响更大。

目前人们尚未明确运动员的维生素 D 的具体需求量。在国际奥委会最近发布的指南中,内分泌学会建议每天摄入 1500 ~ 2000 国际单位(IU)维生素 D,体格魁梧和肌肉较多的运动员可能需要更多。由于该摄入量远高于从天然或补充食品中可以获得的量,建议食用含有维生素 D_3(胆钙化固醇)的维生素 D 补剂,但你也可能仅仅在冬天才需要。作为素食者,你应该知道有些膳食补剂和强化食品中使用的维生素 D_3 来自动物性食物。

你可以考虑来源于地衣(而不是羊毛脂)的维生素 D_3 和酵母麦角固醇辐射产生的 D_2。不过有研究表明,服用更高的剂量(4000 国际单位以上)时,麦角钙化醇形式的维生素 D_2(通常称为素食维生素 D)的功效可能不如维生素 D_3。研究还发现,补充维生素 D_2 可能会降低维生素 D_3 的循环浓度。

镁

镁是骨骼中含量排名第三的矿物质(仅次于钙和磷),也参与骨骼矿化过程。与钙一样,骨骼中的镁先储备起来,在需要时提供给身体。饮食中镁的摄入量和血液中镁的浓度均与骨矿物质含量、骨强度标志和整体骨骼健康呈正相关。

一项针对白人女性的为期 1 年的大型随机临床研究发现,以接近 RDA(每天 300 毫克)的标准补充镁,可以增加臀部和腰椎的骨矿物质含量。

另一项 2000 多名男性和女性参加的关于健康、老龄化和身体成分的研究发现,从食物和补剂中摄入更多的镁与更高的骨密度相关。然而,研究也发现,膳食镁与骨骼健康之间的关系仅在白种人中显著,在黑种人中并不显著,研究人员推测这是由于人体钙调节或营养报告方面的差异所致。

真正的镁缺乏症很少见,但对美国人而言,由于富含镁的全谷物、豆类、坚果、种子和叶类蔬菜的摄入量不足,以及加工食品的过量摄入,大众体内的镁含量普遍不够理想。

对运动员的调查也发现,他们的镁摄入量普遍不足,特别是限制能量摄入项目（如摔跤、芭蕾舞、体操）的运动员。但是总体上，素食运动员在膳食镁的摄入上可能占优势，因为种子、坚果、豆类、未磨碎的谷物、深绿色蔬菜和黑巧克力中的镁含量很高，而精制食品和乳制品的镁含量较低。表 6.1 列出了部分食品的镁含量，表 11.2 还列出了富含镁的 20 种主要素食。附录 E 中有 DRI 建议的镁摄入量参考。

氟化物

氟化物对骨骼和牙齿的矿化十分重要。在骨骼中，氟化物进入羟基磷灰石晶体中，取代了一些特定的"羟基"基团，使得骨骼更不易分解（或更能抵抗破骨细胞的攻击）。氟化物进入发育中的牙齿矿化结构中，有助于牙齿对酸性矿物质的抵抗。牙齿发育后，氟化物会混入唾液中，有助于预防蛀牙。

美国疾病控制与预防中心（CDC）已将水的氟化定为 21 世纪 10 个最重要的公共卫生项目之一。在美国，氟化物最重要的来源是绿茶、红茶、海鲜以及氟化水。其他食物中没有发现氟化物。摄入口腔保健产品也可以为牙齿和骨骼补充氟化物。

一些研究发现，补充氟化物或许有助于绝经后骨质疏松症患者的骨密度增加，但长期采用氟化物提升骨骼健康目前还在试验阶段。关键原因之一，是为了促进口腔健康，建议在供水中添加氟化物量为百万分之一（每升水中有 1 毫克氟化物），但这尚不足以促进骨细胞生长（提高成骨细胞活性）和预防骨质疏松性骨折。人们似乎需要大量摄入氟化物（百分之四）才能明显增加骨密度，但即使达到这一剂量，似乎也不能降低发生骨质疏松性骨折的风险。而如此高的剂量可能带来副作用，如牙釉质氟中毒导致的牙齿变色、产生白斑和牙齿结构变脆。过量氟化物还可能对骨骼有害，形成体积大且位置异常的矿物晶体而降低骨骼的强度和质量。

目前没有严格的标准来保证人们获得足够但不过量的氟化物，所以你需要做的第一步是确保饮用和用于烹调的水中的氟化物含量适当。在美国，估计有 72% 的公共供水是氟化水，但各州情况又有不同。

氟化物浓度以百万分率表示（每升水中含 1 毫克氟化物），氟化物通常以百万分之一的比例添加到自来水中。然而，CDC 最新的建议是百万分之零点七，这样可以在防止蛀牙的同时预防牙釉质氟中毒。

因此，考虑到所在地水中的氟含量，你可能需要调整水源甚至调整口腔保健产品的选择，以确保氟化物摄入量接近推荐摄入量（AI），即成年女性的摄入量为 3 毫克 / 天，成年男性的摄入量为 4 毫克 / 天。比如，你的自来水中的氟化物含量为 1.2 毫克 / 升，并且你在早上锻炼期间摄入了 2 升自来水（1.2 毫克 / 升 ×2 升 =2.4 毫克），另外全天咖啡和饮用水一共摄入了 1.5 升自来水（1.2 毫克 / 升 ×1.5 升 =1.8 毫克），那么你摄入的氟化物将超过推荐值，你就应避免使用含氟牙膏。如果你只喝瓶装水，请注意许多瓶装水都不含氟，但也有部分品牌的水含氟。若使用家用净水系统，水的氟化物含量也可能有很大差异。

磷

磷是骨骼中含量第二高的矿物质，在能量调节和酸碱缓冲中均有作用。但是，与钙不同，饮食中的磷的吸收率很容易达到 60%～70%，因此，磷摄入过多（而不是不足）容易危害骨骼健康。磷摄入过多会提高 PTH 和骨化三醇水平，最终导致骨骼中钙和磷的流失。有关过量磷损害骨骼健康的研究目前存在争议，但有研究表明，长期摄入大量的磷可能导致骨质流失。

哈佛大学的研究人员对经常运动的青春期女性进行了研究，发现饮用富含磷酸盐的可乐与骨折发生有着密切的联系。在弗雷明汉进行的骨质疏松症研究发现，可乐饮用者的髋部平均骨密度比不喝可乐者低 4%～5%，而其他苏打水对骨骼并没有这样的影响。

另一项对老年素食者和非素食男女的流行病学研究发现，摄入磷过多不利于骨骼健康。一些研究还发现了含磷的食品（包括可乐）对人体的特殊影响。在一项对年轻男女的研究中，参与者被要求在 28 天内食用低钙、含磷酸盐的加工食品，或在 10 天内每天饮用 2.5 升可乐或牛奶。食用加工食品的女性参与者 PTH 水平持续升高，但骨转换标志物没有变化，饮用可乐的男性的骨转换和骨质流失的标志物很明显。

大多数食物中都含有磷，但在西方人的饮食中，磷主要来自谷物、肉类、豆类、坚果、种子、乳制品、苏打水，以及加工食品（包括肉类）中的磷添加剂（主要是磷酸盐）。表 6.1 列出了部分含钙食物的钙磷比，在绿叶蔬菜、乳制品和钙强化大豆中，该比例很高，在谷物、坚果和种子中的比例则较低。钙与磷的理想比例尚不明确，目前推荐为（1 ~ 1.5）：1。

大多数美国人从加工食品和苏打水中摄入的磷过多，而日常摄入的钙又不足，导致美国人的饮食中平均钙磷比不理想。想解决这个问题，简单的做法是多摄入绿叶蔬菜（其中除了富含我们讲过的营养素，还有较高的钙磷比）、避免饮用过多的苏打水（尤其是可乐）、避免摄入其他含磷酸盐的加工食品，并尽量从多种素食中获取钙质。

维生素 K、维生素 C、维生素 A 和维生素 B_{12}

维生素 K、维生素 C、维生素 A 和维生素 B_{12} 也会影响骨骼健康。维生素 K 作为合成骨特异性蛋白（骨钙蛋白）的必需维生素，越来越受到人们的重视。骨钙蛋白由成骨细胞产生，参与骨形成。维生素 K 包含一族维生素，包括维生素 K_1（叶醌）和维生素 K_2（甲萘醌）。像维生素 D 一样，维生素 K 可以从食物和非食物中获得，如肠道细菌可产生维生素 K_2，但是，很难确定肠道中的细菌每天能产生多少维生素 K_2。

维生素 K_1 的食物来源包括绿叶蔬菜、牛油果、大多数十字花科蔬菜（如西蓝花、抱子甘蓝、卷心菜和花椰菜）以及植物油和人造黄油。维生素 K_2 的食物来源包括发酵食品和部分奶酪。尽管目前对于维生素 K 对骨骼健康的作用的了解有限，但膳食维生素 K 似乎对骨形成峰值有影响，并可以降低骨折发生的风险。

一项对超过 7 万名女性护士进行的健康研究发现，维生素 K 摄入量较低的人发生髋部骨折的风险更高。对于儿童和青少年，摄入充足的维生素 K 有助于减少骨转换和提高全身骨密度。然而，近期的临床研究并没有发现补充维生素 K_1 或维生素 K_2 可以改善主要部位的骨密度。

现有的证据还不足以建议定期补充维生素 K 来预防骨质疏松性骨折，但是，充足的维生素 K（以及健康的肠道菌群）十分重要。作为一名运动员，这是吃绿叶蔬菜和发酵食品的原因之一。另外，请注意，定期使用抗生素会减少肠道中产生维生素 K 的细菌的数量。你可能还会注意到，现在市场上许多针对女性的钙补剂都含有维生素 K 和维生素 D。

维生素 C 和维生素 A 对骨骼健康也有重要作用，但这一点却经常被忽视。维生素 C 参与胶原蛋白的合成，而胶原蛋白是人体所有结缔组织（包括骨骼、牙齿、皮肤和肌腱）的基质。维生素 A 的作用主要是它在细胞生长、细胞分化和骨吸收（骨生长和重塑的重要步骤）中的功能。尽管似乎只有严重缺乏维生素 C 或维生素 A 才会影响成年人的骨骼健康，但素食运动员也应该知道这两种维生素对骨骼健康的影响。表 7.4 列出了富含维生素 C 的食物，表 8.5 列出了富含维生素 A 的食物。

维生素 B_{12} 对骨骼健康的影响很少被人提及，但它可能也有重要的作用。维生素 B_{12} 的摄入量不足可能导致健康的青少年和老年人的骨密度降低，并增加老年人罹患骨折和骨质疏松症的风险。素食者和纯素食者如果不定期摄取充足的维生素 B_{12}，就非常可能发生维生素 B_{12} 不足（我们将在本书第 8 章进一步讨论）。轻度至中度的维生素 B_{12} 缺乏症也可能导致骨吸收增加，这可能是同型半胱氨酸的代谢物（维生素 B_{12} 缺乏的标志）浓度升高所引起的。该过程还会刺激破骨细胞分解骨，并抑制成骨细胞合成骨。

其他营养素

咖啡因、酒精、大豆和其他素食食品中的异黄酮等其他营养素也可能影响骨密度和骨骼健康。流行病学研究发现，摄入咖啡因会增加肾脏对钙的排泄，并可能导致骨密度降低。但是，长期摄入咖啡因的作用似乎很微弱。在 30 年间每天喝 10 杯（2360 毫升）咖啡导致骨量减少仅 1.1%。在未接受雌激素替代疗法的绝经女性中，每天喝 2 杯（472 毫升）咖啡会使不经常喝牛奶（或者说钙摄入不足）的女性的骨质流失加速。但在 19 ~ 26 岁的年轻女性中，未发现咖啡因摄入量和臀部或脊柱的绝对骨密度相关。

众所周知，酒精摄入过多会抑制成骨细胞合成新骨，导致骨质流失。酗酒者可能会在短短几年内发生骨质流失。目前尚不确定对骨骼造成影响的具体酒精摄入量，但有证据表明，每天喝 3 ~ 4 杯酒的人发生骨质流失的风险会增加。少量酒精可能会促进骨形成。

黄酮类化合物，包括豆制品中的异黄酮类化合物，可能对骨骼的长期健康有益。类黄酮存在于多种素食中，包括水果、蔬菜、药草、香料和食用精油。有关大豆类黄酮的研究最多。一项针对 50 ～ 60 岁的苏格兰女性的大规模观察性研究发现，饮食中黄酮类化合物总摄入量与脊柱和骨的总骨密度呈正相关。儿茶素家族的类黄酮（存在于绿茶、葡萄酒、可可粉和李子干中）与骨密度的相关性最明显。

关于黄酮对骨骼健康的作用，研究最深入的种类是大豆异黄酮。异黄酮在结构上与雌激素相似，在人体内能与雌激素受体结合。对亚洲人的观察性研究发现，食用大豆有助于降低髋部的骨折发生率，但是对年幼（小于 10 岁）女性的效果比绝经后的女性更明显。然而对西方女性的临床研究结果并不明确。临床随机对照试验的荟萃分析显示，摄入大豆异黄酮（约 82 毫克 / 天）可以在短期内（6 ～ 12 个月）使脊柱的骨密度提高 2.4%，但为期 2 ～ 3 年的随机对照试验结果显示，绝经后的女性易骨折部位的骨密度没有变化。这些不同的结果可能是遗传差异或异黄酮的摄入形式不同所致。亚洲人的饮食中通常包含完整的大豆食品（包含多种植物化学物质），而西方人习惯于食用提纯的大豆异黄酮。

除了大豆，研究发现其他水果和蔬菜（如李子干、蓝莓和洋葱）中的黄酮类化合物也可能对骨骼有保护作用。对绝经后女性的研究发现，每天摄入 5 个李子干（共 50 克）可能会抑制骨吸收并抑制骨质流失，降低主要易骨折部位的骨密度降低的可能性。

目前看来，最好的选择是吃多种类的素食，包括李子干和大豆类食物（如果你喜欢的话），但不要依靠某一种"神奇"食品来增强骨骼。表 6.4 列出了部分大豆食品中大豆异黄酮的含量。

表6.4　部分大豆食品中大豆异黄酮的含量

食物	分量	大豆异黄酮／毫克
熟大豆	1杯（熟，172克）	112
大豆乳酪	1盎司	1～2
全脂大豆面粉	2茶匙（10克）	18
豆奶	1杯（236毫升）	6
大豆蛋白（水提取）	1盎司	27
大豆蛋白（酒精提取）	1盎司	3
大豆分离蛋白	1盎司	26
大豆能量棒	1条	因品牌而有所不同
大豆片	1盎司	15
大豆热狗	1个（70克）	1
丹贝（未烹饪）	1/2杯（83克）	50
软豆腐	1/2杯（124克）	28
硬豆腐	1/2杯（126克）	29
豆腐酸奶	1杯（240克）	80
大豆蛋白素食汉堡肉	1个（70克）	4

注：总异黄酮量数据来源于美国农业部精选食品异黄酮含量数据库（版本2.0，2008）。

骨骼健康和素食

素食运动员是否会面临骨骼健康问题取决于许多因素，如遗传、活动量、训练和食物选择。总体而言，目前对奶素食者和纯素食者的研究表明，如果钙摄入充足并且饮食中含有良好的蛋白质来源（足够的蛋白质对骨骼具有保护性），素食者的骨密度与非素食者的骨密度没有显著区别。

一项对生食素食者的研究发现，与标准美国饮食习惯的对照组相比，生食素食组人群的骨密度低且饮食中的蛋白质含量低，只占到能量摄入的9%。而30多年前美国、加拿大进行的一项大规模调查则发现，素食似乎能够帮助老年女性减少骨质流失，但男性没有同样的效果。该研究还发现，年轻的蛋奶素食者和非素食者的骨骼质量没有差异，在50岁之后，差异开始出现，但到89岁时，非素食者的骨量减少了35%，而素食者的骨量仅减少了18%。

一项较新的对2700名年龄在20～79岁之间的男性和女性的研究发现，素食者/纯素食者的骨密度与非素食者没有显著区别。素食者/纯素食者的髋部和脊椎的骨密度比非素食人群低4%左右，但这一差异在临床上没有意义。

最近一项关于儿童和青少年食用素食对峰值骨量的影响的研究发现，素食者可能具有更高的骨转换率，其骨转换标志物可能也因为饮食的原因有细微差别。尚未有研究评估素食对运动员骨骼健康的影响。从总体上来看，现有的研究表明，素食者应避免总能量和影响骨骼健康的营养素（包括钙、维生素D和蛋白质）的缺乏，同时确保摄入足够的保护性营养素（包括镁、维生素K和植物化学物质）。

保持骨骼健康，你的关注点应该是确保摄入足够的钙，获取可靠的维生素D，以及避免从苏打水和其他加工食品中摄入过多的磷酸盐。小贴士6.1给出了提高骨骼健康水平的建议。此外，还要考虑到你的训练情况，女性运动员还应确保自己的月经正常（相关内容请参阅本书第2章）。

跑步、跳跃和抗阻训练的负重运动有益于增加骨密度，这对跑步、球类、舞蹈、体操和举重运动员来说是个好消息。但如果你是游泳或自行车运动员，就无法受益了。非负重项目的运动员，无论运动表现和健康水平如何，都需要将常规的负重运动纳入训练（包括赛季和非赛季），哪怕只是快走几英里或一周跳几次绳。

从个人经验上来讲，我曾是业余长途自行车运动员，那时每周也要慢跑6～10英里（10～16千米）。这样做的目的之一是利用负重运动来诱发电效应以增肌，但最终我发现这是很好的交叉训练。事情的后续是我成了跑步运动员，我们以后有机会再讲这件事。

摄入适当的素食可以在不加乳制品的情况下保持骨骼健康，也可以维持人体正常的铁状态，这些内容我们在下一章继续讨论。

如何提高骨骼健康水平

• 摄入充足的能量和优质蛋白质，膳食应包括多种水果、蔬菜、香草和天然香料。

• 每天从各种食物中摄取吸收率好、富含钙的植物性食品和乳制品（如果你选择摄入乳制品的话）。

• 维持血液中的维生素 D 水平。白种人身着短裤在户外花 5 ～ 30 分钟晒太阳即可实现。如果你肤色较深，或者居住地冬天较长，请食用富含维生素 D 的食品或维生素 D 补剂。内分泌学会建议，晒太阳少的人群应每天摄入 1500 ～ 2000 国际单位的维生素 D_3（比 RDA 多）。

• 定期（最好每天）摄入绿叶蔬菜。绿叶蔬菜是钙的优质来源，还含有维生素 K 和维生素 A。绿叶蔬菜中的磷含量也很低。

• 减少摄入汽水、无糖可乐，以及其他添加磷酸盐的食品。但是，不要因为钙磷比而限制部分素食，因为其中许多（如坚果、种子、谷物和豆类）是其他营养素（包括镁）的优质来源。

• 检查你的饮用和烹饪用水是否含有足够的氟化物。请记住，氟化物太多和太少都会危害骨骼健康。

• 摄入足够的能量。能量和蛋白质摄入不足会损害骨骼健康，也会影响其他重要营养素的摄取，包括钙和镁。

• 每天摄入足够的维生素 B_{12}（我们将在第 8 章具体讨论）。

• 每天摄入的含咖啡因饮料不要超过 2 杯（472 毫升）。如果你已经有缺钙的情况，即使这个量也会进一步增加钙流失。用富含儿茶素的绿茶代替某些咖啡饮品可能有益于骨骼健康。

• 考虑将含有异黄酮的全大豆制品加入膳食。尽管研究尚无定论，但这些食物中的类黄酮可能有益于骨骼健康。

• 适量饮酒。过量饮酒不仅影响你的运动表现，还会损害骨骼健康。

7 铁的摄入与吸收

　　伊莱恩是一名专业舞蹈演员和瑜伽老师，她最开始只是接触素食，之后成为一名纯素食者，并逐渐以生食为主。后来她尽管仍保持着积极锻炼的习惯，却开始将禁食纳入日常，有时会持续好几天。最初她感到精力充沛，并且可以像之前一样跳舞和做瑜伽。但一次在和感冒斗争了一个多星期后，她感到筋疲力尽。她觉得维生素 C 可能会对她有帮助，于是就尽量多吃水果。但她不知道的是，她这样做未能满足身体对包括铁在内的其他营养物质的需求，并最终耗尽了体内储存的铁。

　　当化验结果显示她的血液中血清铁蛋白（一种含铁的蛋白质，在血液中作为铁含量的关键性标志物）含量极低之后，伊莱恩向我寻求帮助。幸好她愿意在自己的饮食中添加多种食物。之后我们讨论了富含铁的素食有哪些以及她作为一个大运动量的女性对铁的需求量。我们制订出一个能够满足她对于食物需求的计划，她愿意在其中加入铁补剂，使她体内的铁含量得到迅速恢复。随着营养的补充，她现在可以通过吃扁豆、菠菜、瑞士甜菜、毛豆、黑糖蜜和无花果这些富含铁的食物来维持她的活动水平。她的饮食原先就包含大量蔬果，所以并不需要再额外吃这些促进铁吸收和维持体内铁水平的食物。

——马特·鲁希尼奥

如果你是素食者或素食运动员，大概率会被人提醒需要注意铁的摄入量。事实上，几乎你阅读的每一条信息都暗示着素食者和素食运动员需要服用补剂或者在饮食中加入一些肉类以达到正常的铁摄入量。尽管你应该认真对待缺铁的问题，但请放心，只吃素食也可以保证足够的铁摄入量。本章将讲解铁代谢的基础知识，以及为什么铁对运动员那么重要，并且给出通过素食增加铁摄入量和铁吸收的建议。

铁为什么重要

每一个活细胞——不管是植物细胞还是动物细胞——都含有铁。在你的身体里，大多数铁是血红蛋白（见于红细胞）和肌红蛋白（见于肌肉细胞）的一部分。血液中的血红蛋白将吸入肺中的氧气带到全身的各个组织，而肌红蛋白在肌肉中储存氧气，以便在运动中使用。肌红蛋白对有氧运动的肌肉纤维，也就是慢肌纤维特别重要。事实上，正是肌红蛋白使得肌肉在耐力活动中呈现微红色，这可能有助于解释为什么胸部有白色肌肉的鸡只能飞几米，而胸部有深红色肌肉的鸭子却能飞几个小时。同时，肌红蛋白对于潜水的鸟类和哺乳动物也很重要，如鸭子和我最喜欢的潜鸟，肌红蛋白使它们能潜水很长一段时间而不需要呼吸。

血红蛋白和肌红蛋白中的铁是关键，它因为特殊的化学特性而能帮助血红蛋白携带氧，然后在组织需要时释放，帮助肌红蛋白储存氧，并在有氧代谢需要时释放到肌肉中。正如在第 2 章中所讨论的，细胞，特别是工作的肌肉细胞，需要有规律的氧供应来产生能量，还需要含铁的血红蛋白帮助消除在使用糖和脂肪提供能量时释放的碳和氢，从而形成二氧化碳和氢。因此，在运动过程中，当富含血红蛋白的红细胞在肺部和运动肌肉之间穿梭，带来新鲜氧气并带走二氧化碳时，有足够的铁储存尤为重要。

除了携带氧气和二氧化碳的重要作用外，铁还是生能途径中多种酶的辅基。在生成新细胞、激素（如甲状腺激素）、神经递质和氨基酸的过程中也需要铁，而且铁还有助于合成新的 DNA。

　　铁对人的身体非常重要，它被称为"身体的黄金"，作为一种珍贵的矿物质被身体储存。铁被肠道吸收后，一种叫作转铁蛋白的蛋白质将其护送到我们体内的许多组织中。只有少量的没有被护送的铁存在于血液中。铁主要作为铁蛋白和含铁血黄素这两种蛋白质的组成部分储存在肝脏和骨髓中。

　　一些铁也储存在脾脏和肌肉中，少量的贮存铁蛋白也在血液中循环。

素食者观点：　不吃动物性食物获得铁比你想象的容易

　　纯素食者也可以获得足够的铁，尽管研究表明他们体内的铁储存量处于正常范围内的较低水平。正如我们在本章中所讨论的，"铁储存量虽然低但足够"不一定是一个问题，因为它与一些疾病的低风险有关。我们担心的是，如果铁摄入量持续下降，预防缺铁的机会就会减少。在这种情况下，纯素食者可能比蛋奶素食者有优势，因为鸡蛋和乳制品几乎不含铁，事实上，它们可能还会抑制身体吸收同一餐中从其他食物中摄入的铁。用全植物食品代替鸡蛋和乳制品的能量可能会增加铁的总摄入量。2017年的一项系统性研究发现，纯素食者的铁摄入量比素食者和非食者高。

　　不吃动物性食物时，铁的需求是可以满足的，而素食的某些成分可以提高铁的吸收，这是提高铁摄入量的关键一步。几乎所有水果和蔬菜中都含有维生素C，它可以使非血红素铁的吸收率增加5倍。此外，维生素A和类胡萝卜素似乎可以减少多酚类和植酸盐（存在于全谷物中）对铁吸收的抑制作用。在铁补剂中加入维生素A比单独补铁更能降低贫血的发生率。将富含铁的食物与各种水果和蔬菜结合起来是确保充足摄入铁和增加铁吸收的重要方式。

血清铁蛋白可以用来评估人体内铁的储存水平（或含量），因为血清中的铁含量通常反映了肝脏中铁的储存量。然而，由于剧烈运动或者疾病而引发炎症时，血液中的铁蛋白也会增加。因此，铁蛋白并不总能反映出运动员在高强度训练中体内铁含量的真实状况，因为低铁蛋白含量可能被炎症错误地升高，使一个铁耗尽的运动员显示出正常的铁含量水平。

铁被吸收进血红蛋白分子，存在于骨髓的红细胞生成过程中。红细胞通常可以存活 3 ~ 4 个月。当它们死亡时，脾脏和肝脏会将铁回收，并送回骨髓储存和再利用。通过这种方式，铁被真正地储存和回收利用。皮肤、头皮和胃肠道的细胞脱落以及流汗都会伴随少量的铁流失。然而，铁流失最多的是出血和月经。正常情况下，男性和非月经期女性每天平均流失约 1 毫克铁，月经期女性每天平均流失约 1.4 ~ 1.5 毫克铁，因为月经失血量较高。这些日常流失的铁必须通过饮食来补充。

运动员在训练中可能会因为消化道出血、红细胞破坏、尿失禁和大量出汗而流失铁。胃肠道出血是一个公认的问题，常见于耐力跑运动员、自行车运动员和铁人三项运动员，并被认为与定期使用阿司匹林和抗炎药物有关，这些药物可能会对肠道内壁产生毒性作用，使其变得粗糙和出血。红细胞破坏的现象称为溶血，可能是由长时间跑步或行走时脚与地面重复接触的压力引起的，或者是由强烈的肌肉收缩使血细胞快速穿过血管而引起的。这种过度的力量会使一些红细胞破裂，这虽然不致命，但是会增加铁的流失。尿液中血红蛋白的流失称为血尿症，通常伴随着溶血，这是肾脏储存破裂血细胞所释放的血红蛋白的能力暂时下降而导致的。肌肉细胞在高强度训练中破裂会导致储存的肌红蛋白释放，膀胱内皮受到刺激会导致尿液中的红细胞丢失，这些都会造成尿液中铁的流失。任何给膀胱带来压力的运动，包括长时间跑步和怀孕期间的跑步，都可能造成血尿。最后，对于一些运动员来说，长时间出汗导致的铁流失也不容忽视，尽管这一点并不是所有的专家都认同。研究表明，在运动的第一个小时，出汗导致的铁流失可能很严重（每升汗液的铁流失量可高达 0.4 毫克），但这会随着运动时间的延长而减少。据估计，在 2 个小时的运动中，铁的流失约占男性 RDA 的 3%，约占女性 RDA 的 1%。虽然很少有研究对运动员的铁流失总量进行累积评估，但从耐力训练运

动员中收集的数据表明，从粪便、尿液和汗液中流失的铁，男性约为 1.75
毫克 / 每天，女性约为 2.3 毫克 / 每天。这些数字高于非运动员男性和女
性的估计的平均铁流失（分别为 1.0 毫克 / 每天和 1.4 毫克 / 每天。）

此外，最近的研究发现了一种铁调节激素（铁调素），它对人体十
分重要。这种激素在铁浓度升高时被释放，这是对与运动训练相关的炎
症刺激的反应，并且会降低饮食中铁的吸收。铁调素的释放有助于解释
为什么一些运动员在大负荷训练时容易缺铁（除了上面讨论过的可能增
加的铁损耗），但最近来自澳大利亚彼得·皮尔实验室的一项研究发现，
运动员体内的铁含量既影响铁调素的基线水平，也影响训练后其反应的
大小。这表明铁调素的释放可能是人体调节铁吸收和循环的潜在机制，
以回应对铁的需求。目前尚不清楚的是，与传统的美国饮食的运动员相比，
素食运动员的铁调素水平是否更低。一项针对儿童的研究发现，儿童素
食者和儿童非素食者体内的铁调素水平没有区别。

运动员的铁需求

一个健康的人每天的铁需求量因性别和年龄而异，详见附录 E。
总的来说，女性的铁需求量高于男性，而且无论男女，生长期的铁需求
量都比其他阶段要高。成年男性 RDA 为 8 毫克，成年月经期女性 RDA
为 18 毫克。考虑到肠道对铁的吸收率较低，推荐摄入量大约是之前讨
论的平均每天损失量的 10 倍。饮食中的铁只有 10% 被人体吸收。然
而，铁的推荐摄入量既没有考虑到运动员在高强度训练中可能出现的额
外损失，也没有考虑到植物性食物中的铁吸收率较低这一因素。稍后将
讨论人体对食物中铁的吸收，据估计，人体对动物肉制品中的铁的吸
收率为 15% ~ 35%，对素食中的铁的吸收率为 1% ~ 23%。美国 RDA
指出，运动员在训练中的铁需求量可能比不定期进行剧烈运动的人高
30% ~ 70%，这样才能弥补他们每天的铁流失，然而考虑到人体对素食
中铁的吸收率较低，素食者的铁摄入量可能要比非素食者高 80%。

虽然要根据这些建议推断出素食运动员的铁摄入量很难，但你的铁

需求量可能高于 RDA，特别是在高强度训练期间，而且铁的需求量可能会因你的食物选择而有所不同。你也应该认识到，在运动员和素食者身上会出现某种程度的适应，从长远来看，这会提高你吸收和储存铁的能力。有研究提供了这种现象的例子。一项研究发现，持续 10 周以植物性食品为主的低铁利用率饮食的男性，能够通过增加铁吸收和减少粪便中铁的流失来部分适应。另一项关于男性跑步者的研究发现，男性长跑运动员的铁吸收率明显高于对照组，这被认为是一种适应性反应。铁的吸收也会受到人体铁含量的影响，铁含量较低的人吸收铁的能力较强——虽然这并不是提高身体吸收更多铁的最佳方式。至于铁调素是否在这一适应过程中发挥作用，目前尚不明确。

最后要说明的是，进行高原训练的运动员和快速生长的年轻运动员也可能暂时增加对铁的需求。运动员在高原适应初期铁摄入不足也可能延长适应期，最终降低高原训练的质量。在进行高原训练时，身体必须通过增加富含血红蛋白的红细胞来适应空气压力降低，而生长速度突增则会明显提高身体对铁的需求。如果不调整铁的摄入量，这两种情况都会消耗体内的铁储备，从而导致缺铁。

缺铁的后果

很简单，如果你的日常饮食中没有足够的铁来弥补铁流失，则你的身体通过运输足够的氧气来产生能量的能力就会受到损害。归根结底，不论是在运动场上还是在生活中，缺铁都会导致乏力，就是感觉身体不想动。

身体缺铁过多会导致血红蛋白的合成停止，血液中的血红蛋白浓度低于正常范围，也就是贫血，从而使运动员的表现受到影响。还必须认识到，在缺铁的早期阶段，肝脏和身体中的铁水平降低，即使血红蛋白仍在正常范围内（小贴士 7.1），有氧能力、运动表现和有氧训练适应能力也可能已经受到损害。例如，在康奈尔大学进行的一项为期 6 周的研究中，研究人员随访了 42 名缺铁但不贫血的女性。最开始这些女性都未受过运动训练。研究人员首先让她们骑行 9.3 英里（15 千米），以确定她们完成的时间，并通过测量血清转铁蛋白受体浓度来评估其体内的铁水平（随着组织铁储存量的减少，转铁蛋白受体浓度会升高）。其中一半人每天服用含有 100 毫克硫酸亚铁的铁补剂，另一半人服用安慰剂。经过 4 个星期的骑行训练，这些女性再次骑行 9.3 英里的距离。有趣的是，那些在训练开始时组织铁含量较低但血红蛋白水平正常的女性（训练时不允许使用铁补剂）并没有缩短完成骑行的时间（即没有提高运动成绩）。这清楚地表明，铁的缺乏阻碍不了训练带来的身体素质的提高。而拥有正常铁储备的对照组，无论是服用铁补剂的女性还是服用安慰剂的女性，都获得了预期的成绩提升。

在宾夕法尼亚州立大学进行的一项研究表明，中度铁耗竭可能会损害人的认知功能。该研究的研究对象为体内铁水平较低的年轻非运动员女性，在使用 16 周铁补剂或安慰剂的前后进行了几项认知功能测试。研究结果显示，铁补剂组女性的注意力、记忆力和学习能力均有明显提高，而使用安慰剂组的女性则没有。这说明铁对运动和日常生活都有影响。

在没有贫血的情况下，与铁缺乏相关的障碍被认为是由于身体各组

小贴士 7.1

缺铁的阶段

当体内的铁储备耗尽、各组织的铁供应受到明显限制时，就会出现缺铁。如果不加以纠正，缺铁会导致缺铁性贫血，这是一种由血液中低血红蛋白浓度定义的疾病。缺铁通常有 3 个阶段。

第一阶段：全身铁水平降低。这一阶段可由血清铁蛋白浓度的降低来确定。血清铁蛋白浓度通常与总体铁储存量相关。然而，在这个阶段可能会出现不同程度的铁耗尽。通常，当肝脏中的铁储存量较低时，运动成绩的下降并不明显，但当骨骼

肌或其他组织中的铁储存量减少时，运动成绩就可能下降。如果你怀疑自己的铁水平低，请让你的医疗服务提供者测量你的血清转铁蛋白受体和血清铁蛋白的浓度。然而，请记住，耐力运动员的血清铁蛋白通常会偏高，而且它本身并不能很好地反映运动员体内铁储存的情况。

第二阶段：红细胞形成减少。这个阶段发生在铁的供应不足以支持生成红细胞时。这一阶段可由高水平的血液标志物锌卟啉（ZPP）来确定。当铁不能稳定获得时，锌以ZPP形式代偿。为了帮助诊断你是否处于这个阶段，医生可能会测量你的转铁蛋白饱和度和ZPP。转铁蛋白是一种在血液中携带铁的蛋白质。如果检测结果显示这种蛋白质含铁少于15%，表明缺铁。

第三阶段：缺铁性贫血。在这个阶段，血红蛋白浓度受到影响，下降到正常范围（女性的正常范围是120～150克/升，男性的正常范围是140～165克/升）以下，从而阻碍红细胞生成，导致贫血。不过对于生活在高海拔地区的运动员来说，其血红蛋白浓度的正常范围会稍微高一些。

织中含铁的酶的水平降低引起的。这些酶参与了许多肌肉和脑细胞的能量生成过程。作为一个素食运动员，必须认识到，即使是轻微的缺铁也可能损害身体和精神。轻度缺铁（体内的铁储存耗尽）不能通过常规的血红蛋白浓度检测发现，而是需要测量额外的铁含量标志物。

轻度缺铁可能不会引发典型的缺铁性贫血的症状，如疲劳、虚弱、嗜睡、体温调节异常、免疫功能受损等。这些典型的症状通常要到血红蛋白浓度下降，发生贫血时才会出现。

缺铁的风险因素

坦白地说，几乎每个人都有缺铁的危险。缺铁是世界范围内最常见的营养缺乏症（尤其是育龄妇女），也是美国等工业化国家中唯一普遍存在的营养缺乏症。令人震惊的是，世界卫生组织估计全球有 8 亿妇女和儿童患有贫血，其中有近一半是因为缺铁。缺铁风险最高的人群包括女性运动员、长跑运动员、铁人三项运动员、素食者和经常献血者。

然而，关于素食运动员缺铁的研究很有限。在我们不知道有没有贫血的情况下，素食运动员是否比他们吃肉的队友有更大的缺铁风险，目前尚不清楚。最近的一项荟萃分析公布了 24 项对于普通人群的研究的数据，分析发现，素食者的血清铁蛋白浓度明显低于非素食者对照组。一项针对女性跑步运动员的研究也发现了类似的结果。在这项研究中，遵循改良素食饮食方式的运动员体内的铁水平低于他们的非素食队友，虽然二者的铁摄入量是接近的。一些专门测量贫血血液标志物的小型研究发现，素食者患缺铁性贫血的情况并不比一般人群更常见。当然，任何运动员或素食者如果限制食物摄入量（从每 1000 千卡的食物中摄入大约 6 毫克铁）或者食物选择不当，都可能患上缺铁性贫血。

话虽如此，作为一名运动营养师和素食运动员，30 多年来，我的职业和个人经验告诉我，通过选择健康的饮食，不需要依赖铁补剂或偶尔吃鸡胸肉（当然，半素食者不算在内），也是可以达到正常的人体铁水平的。除了极少数的几个星期，我已经超过 25 年没有使用含铁的补剂了。让人有些尴尬的是，我作为营养师在实习期间发生了贫血。但这之后我明白了如何增加铁的摄入量和提高铁的吸收率。我仅依靠素食饮食保持体内正常的铁水平，同时坚持平均每周骑行 150 多英里（240 多千米），还参加了 2 次马拉松训练，并且在怀单胎和双胞胎期间坚持跑步。我拒绝服用产前维生素，因为我确信自己吃得很好，并且定期检查了自己体内的铁水平。应该说明的是，我很幸运，从来没有经历过消化道出血、血尿或月经过多导致的严重铁损失。我的两个女儿是素食者，爱运动，整个童年时期都不需要铁补剂。然而，在经历了与青春期生长速度突增相关的血清铁蛋白浓度降低和跑步成绩下降之后，她们都进行了短期的铁补充（是的，由她们的母亲开的处方）。她们都在繁重的训练期间定期服用含铁的多种维生素。我相信，关键在于吃得好，不限制能量的摄入，只有当身体有额外的铁需求或损失时才需要额外补充铁。需要进一步指出的是，根据文献和我自己的经验，采用健康饮食的素食运动员的血清铁蛋白浓度（即铁水平）似乎保持在临床医生所说的低正常（或略高于临界值）的范围内，但这不是一件坏事。在正常范围的低水平维持铁的存储可能有助于素食者减少患癌症和其他慢性疾病的风险。

然而，在血清铁蛋白浓度低正常的情况下，素食运动员偶尔可能需要铁补剂，如献血后、处于生长高峰期或失血量较大的月经期，或者从海拔 0 米地区搬迁到海拔 2200 米的地区后。这是因为素食运动员体内的平均铁储存量比普通食肉运动员要低。

确保足够的铁摄入量和铁吸收

对于运动员来说，铁耗竭通常是由于能量不足和铁摄入量低，但也可能受到运动过度损耗的影响。对于素食者来说，铁水平较低被认为是食物中铁的生物利用率较低造成的，而不是由于绝对铁摄入量少。因为研究总体上显示，素食者的铁摄入量与非素食者相当，或略多于非素食者。因此，为了避免体内的铁储存不足，你应当在日常饮食中加入富含铁的食物，并确保摄入的铁被很好地吸收。首先，你需要了解含铁丰富的植物有哪些，以及促进和抑制铁吸收的饮食因素。之后，只需要确保你做出了正确的选择，并且可以满足你的能量摄入需求。

首先，良好的铁通常存在于全谷物和富含铁的谷物、谷类食物和面食、根绿色和叶绿色蔬菜、干果、豆类、坚果和种子中，详见表 7.1。如果你的素食搭配均衡，并且不限制能量摄入，那么你已经摄入了足够的铁。如果你认为你的食物种类可能有所欠缺，可以添加更多的富含铁的食物。你也可以尝试用老式的铁锅来烹饪，或者把"铁鸡蛋"或"铁石头"放到汤和酱汁中。从铁锅、"铁鸡蛋"或"铁石头"中获得的铁可以增加煮熟的食物中的铁含量，尤其是当煮熟的食物呈微酸性的时候（如番茄酱）。这是世界范围内的素食者们使用的一个老方法。然而，"铁鸡蛋"在美国很难找到，你可以尝试在网上购买。

其次是确保你摄入的铁被吸收。你可能知道，在素食、鸡蛋和乳制品中的铁以一种叫作非血红素铁（nonheme）或元素铁的形式存在，这种形式不易被人体吸收（1% ~ 23% 的铁可被吸收），而肉类中的铁以血红素铁的形式存在（大约 25% 的铁可被吸收）。血红素铁指的是肌红蛋白形式的铁和血红蛋白形式的铁（就像人体一样），这就是红肉的铁含量高于白肉的原因。事实上，血红素铁更容易被吸收，因为它被身体当作蛋白质处理，不受食物成分和胃肠道分泌物的影响。而非血红素铁必须通过消化酶将其从各种植物结构的结合中分解出来，以特定的化学形式（Fe^{2+}）进入小肠。非血红素铁受到许多化学反应的"攻击"，包括氧化及与其他食物成分的结合，这一过程将阻碍铁的吸收。唯一的例外可能是在豆血红蛋白中发现的铁（一种天然存在于大豆根部的血红蛋白），由于一些神奇的基因工程，这种铁给素食汉堡带来了肉味。

表 7.1   常见素食的铁含量

食物	分量	铁 / 毫克
谷物		
铁强化面包	1 片或 1 盎司	0.7 ~ 1.2
全麦面包	1 片	0.8
麦片（即食和强化）	1 份（1 盎司）	2.0 ~ 22.4
糙米和野生稻	1 杯（熟）	1.0
燕麦片	1 杯（熟）	1.6
铁强化意大利面	1 盎司（生）	0.7 ~ 1.2
藜麦	1 杯（熟）	2.8
蔬菜和豆类		
甜菜叶[①]	1 杯（熟）	2.7
黑豆	1 杯（熟）	3.6
西蓝花[①]	1 杯（熟）	1.1
抱子甘蓝[①]	1 杯（熟）	0.7
大白菜	1 杯（熟）	1.8

食物	分量	铁／毫克
绿叶甘蓝①	1 杯（熟）	2.2
鹰嘴豆	1 杯（熟）	4.7
羽衣甘蓝	1 杯	1.2
扁豆	1 杯（熟）	6.6
芥菜叶①	1 杯（熟）	1.0
豌豆（绿色）	1 杯（熟）	2.4
斑豆	1 杯（熟）	3.6
土豆①	1 个（中，烤）	2.2
红腰豆	1 杯（熟）	5.2
南方豌豆（黑眼豆）	1 杯（熟）	4.3
黄豆	1 杯（熟）	8.8
菠菜	1 杯（熟）	6.4
红薯①	1 个（中，烤）	1.1
瑞士甜菜	1 杯（熟）	4.0
豆腐、硬豆腐（加钙）	1/2 杯	3.4
普通豆腐（加钙）	1/2 杯	6.7
番茄①	1 杯（生）	0.5
萝卜叶①	1 杯（熟）	1.2
素食汉堡（花园汉堡牌）	1 块（100 克）	1.5
素食汉堡（格里勒牌）	1 块（96 克）	3.7
素食汉堡（不可能汉堡）	1 块（85 克）	3
冬南瓜①	1 杯（熟）	0.9 ~ 1.4
水果		
杏干	5 份	0.9

续表

食物	分量	铁／毫克
葡萄干	1/4 杯	0.7
覆盆子冻干①	1 杯	1.6
草莓①	5 个（大）	0.4
西瓜①	1 块	0.7
坚果和种子		
杏仁	1 盎司	1.2
腰果	1 盎司	1.7
奇亚籽	1 盎司（干）	2.2
花生	1 盎司	0.6
山核桃	1 盎司	0.7
松子	1 盎司	1.6
南瓜子	1 盎司	4.2
葵花子	1 盎司	1.1
芝麻酱	1 盎司	1.3
核桃	1 盎司	0.8
其他		
糖蜜	1 汤匙	0.9
黑糖蜜	1 汤匙	3.6

注：1. 数据来源于美国农业部食品成分数据库。

2. 单位换算请参考附录 F。

①也是维生素 C 的良好来源。

　　各种食物因素可以影响人体对植物中铁的吸收率（表 7.2、表 7.3）。维生素 C 有助于人体从大多数的植物性食物中吸收铁。研究表明，摄入 25 ~ 75 毫克的维生素 C［大致相当于 ½ 杯（118 毫升）果汁的维生素 C 含量］可以使同一餐食物中铁的吸收量增加 3 ~ 4 倍。摄入其他有机酸，如柠檬酸、苹果酸、酒石酸、富马酸、醋酸和乳酸，也可以增加铁的吸收量，但效果都不如维生素 C。

过量摄入植酸盐、植物多酚、麸皮、可可、咖啡、茶（包括一些草本茶）、大豆和牛奶蛋白，以及高钙、高锌和其他矿物质含量较高的食物，会抑制铁的吸收。幸运的是，许多自然加工过的食物，如浸泡的豆子和发酵的豆制品，有助于减少这些因素的抑制作用（表 7.2、表 7.3）。同样幸运的是，许多富含铁的蔬菜和水果也富含维生素 C（表 7.4）。此外，一些常见的食物组合，如豆类和番茄酱、炒豆腐和西蓝花、橙汁配烤面包或麦片，也有助于铁的吸收。然而，我们喜欢的许多食物和饮料往往会抑制铁的吸收。热茶和冷茶就是一个典型的例子。茶叶中的单宁酸会与肠道中的铁紧密结合，从而减少可供吸收的铁的含量。解决这个问题的方法是在两餐之间食用这些有抑制铁吸收作用的食品。另外，含有果汁的饮料，包括柠檬水，可以促进铁的吸收。关于增加铁的摄入量和吸收量的总结见小贴士 7.2。

表 7.2 促进铁吸收的饮食因素

因素	来源
维生素 C	柑橘类水果和果汁、甜瓜、浆果、菠萝、番茄、甜椒、西蓝花、土豆（表 7.4）
有机酸（如醋酸、柠檬酸、富马酸、苹果酸和酒石酸）	水果、蔬菜、醋
乳酸	酸菜
视黄醇和类胡萝卜素（尚未证实）	深绿色、红色和橙色的水果和蔬菜
用特定加工方法制作的食物	发酵和烤的面包，浸泡和发芽的豆类、谷物和种子，发酵的大豆食品（味噌、豆豉、纳豆），用葡萄糖酸衍生物凝固制作的丝状豆腐
含硫氨基酸	许多植物蛋白食物
组织蛋白因子（TPF，也称肉类蛋白质组分）	肉食（TPF 是在肉、家禽和鱼中发现的血红素以外的一种因子，可促进同一餐中其他食物中非血红素铁的吸收）

表 7.3　影响铁吸收的食物及因素

食物	抑制因素（已知因素）	促进因素（已知因素）
麸皮、全谷物、豆类、坚果和种子	植酸盐	发酵和烘烤的面包（水解植酸盐），浸泡和发芽的豆类、谷物及种子
大豆制品	大豆（植酸盐或蛋白质）	某些发酵的大豆食品（味噌、豆豉、纳豆），用葡萄糖酸衍生物凝固制作的丝状豆腐
茶、咖啡	多酚类物质（单宁）	—
某些蔬菜、某些草药茶、红酒	多酚化合物	—
富含钙的抗酸剂、磷酸钙、补剂	钙、锌、镁及其他矿物的补剂	—
鸡蛋、牛奶	鸡蛋或牛奶蛋白质，因子未知	—
香料	—	促进因素尚未确定

表 7.4　部分食物中维生素 C 的含量

食物	分量	维生素 C/ 毫克
芦笋	1 杯（熟）	44
甜菜叶	1 杯（熟）	36
西蓝花	1 杯（熟）	101
抱子甘蓝	1 杯（熟）	71
卷心菜（所有品种）	1 杯（熟）	20 ~ 45
哈密瓜	1 杯	59
花椰菜	1 杯（熟）	56
绿叶甘蓝	1 杯（熟）	35
蔓越莓汁鸡尾酒	1 杯	90

续表

食物	分量	维生素 C/ 毫克
葡萄柚	1/2 个	39
葡萄柚汁	1 杯	94
蜜露	1 杯	31
羽衣甘蓝	1 杯	53
猕猴桃	1 个（中）	71
球茎甘蓝	1 杯（熟）	90
柠檬汁	1 个柠檬	31
杧果	1 杯	46
芥菜	1 杯（熟）	35
秋葵	1 杯（熟）	26
橙汁	1 杯	97 ～ 124
橙子	1 个（中）	70
木瓜	1 杯	87
豌豆（新鲜或冷冻）	1 杯（熟）	77
青椒	1 杯（熟）	120
红辣椒	1 杯（熟）	233
菠萝	1 杯	56
芭蕉（生）	1 个（中）	33
土豆	1 个（中）	19
覆盆子	1 杯	32
草莓	1 杯	98 ～ 106
橘子	1 个（中）	22
番茄汁或蔬菜汁	1 杯	44 ～ 67
番茄酱	1 杯	66
生番茄或罐头番茄	1 杯	22 ～ 23

续表

食物	分量	维生素C/毫克
萝卜叶	1 杯（熟）	40
西瓜	1 块	23
冬南瓜	1 杯（熟）	19

注：1. 数据来源于美国农业部食品成分数据库。

2. 单位换算请参考附录 F。

小贴士 7.2

增加铁的摄入量和吸收量

　　列出你的饮食中富含铁的食物，如果你对这些食物摄入不足，应每天多吃其他的富含铁的食物（表 7.1）。如果需要，可以用铁煎锅或者用"铁鸡蛋""铁石头"来烹饪。记住，作为一个素食运动员，你的铁需求可能会比其他人更高。

　　大多数食物中都含有维生素 C 或其他有机酸。可以考虑那些富含维生素 C 和铁，以及两者都富含的食物的组合。加一小杯柑橘汁，或者在食物上面加上切碎的辣椒、番茄、番茄沙司或酱汁，或者加一点调味醋，这样的做法很少会出错。最近的一项研究发现，当豆腐与 295 毫升橙汁混合食用后，人体从豆腐中吸收的铁会显著增加。另一项研究发现，饮用 150 毫升柠檬水可以提高对面粉中铁的吸收率。扁豆中铁的吸收率低，但可以很容易地通过将富含维生素 C 的食物加入食谱中来改善。

　　评估你定期摄入的铁抑制剂，尽量限制摄入，或者在两餐之间摄入。例如，牛奶或冰茶不要与豆角煎饼或扁豆汤同食，而用柑橘汁代替饮料可以提高这顿饭中铁的吸收率。或者，只喝水，在食物上面撒上番茄碎或者淋一点点醋。喝茶或牛奶的时候，可以吃一些铁含量较低的小吃。此外，豆腐搭配蔬菜或水果也是很好的。早餐时，不要一边喝茶或咖啡，一边吃富含铁的谷类食品、全麦吐司或麸皮松饼。相反，喝一杯橙汁或者吃一碗新鲜的甜瓜可以提高铁的吸收率。根据你的训练计划和喜好，茶或咖啡应该在你吃完富含铁的早餐之前或之后的1小时左右饮用。

添加铁补剂

关注自身铁状况的运动员会首先尝试通过调整饮食增加铁的摄入和吸收。然而，有时素食运动员可能需要铁补剂来维持或稍微补充铁储备，如不喜欢豆类、坚果、种子或者对它们过敏的运动员就很难摄入足够的铁。

从事高强度耐力训练的女性运动员如处于月经期，在比赛前和比赛期间也很难维持体内的铁水平。当然，如果被诊断为缺铁或缺铁性贫血，则应该按照医生的指导使用铁补剂（通常需要使用几个月）。

如果你想补充铁，应该首先同你的私人医生或团队医生，或者注册营养师商量，以确保你确实处于铁耗尽或缺铁状态。你的医生可以通过检查血清铁蛋白水平或血清铁结合能力来确定你的铁状态是否真的不足（小贴士7.1）。一些医生也可能会检查你的锌卟啉或血清转铁蛋白受体浓度，这对运动员来说可能是更好的反映铁水平的指标，但也取决于成本和可实施性。

很重要的一点是，多年来我已经认识到，与疲劳相关的问题并不仅仅是铁缺乏造成的。铁水平低只是导致疲劳和运动表现不佳的众多因素之一，但运动员和教练通常会只想到这一点。同样，运动会引起血容量增加，导致耐力运动员血红蛋白、红细胞比容和红细胞浓度降低，但不会引发出现敏感的铁状态或特异性标志物（小贴士7.3）。不建议自行使用铁补剂，除非是以复合维生素的形式。对于遗传易感人群，不必要的铁补剂可能会导致胃部不适（铁补剂的副作用之一），或在不知不觉中导致血色沉着病（一种铁过载引起的疾病），还可能引发炎症，虽然这一点还需要更多的研究来证明。

你真的贫血吗

你自己感觉很好，为了另一件事去看医生，却惊讶地发现自己血红蛋白偏低，并被告知你可能患有贫血。

如果你是一名耐力运动员或刚刚开始了一个新赛季的运动员，你可能会经历被称为稀释性贫血或运动性贫血的过程。这种类型的贫血并不是真正的贫血，而是由运动时血浆液体的正常增加所引起的。在赛前或比赛季节（特别是天气炎热时），耐力运动员会出现稀释性贫血现象。对于一些运动员来说，这种现象通常在赛季开始时出现，但是当红细胞生成赶上体液的增加时，它就消失了。在这种情况下，许多铁水平的标志物，包括血红蛋白、红细胞比容和红细胞浓度被误认为降低，不能准确地反映铁水平。另外，耐力运动员的血清铁蛋白可能升高，也同样无法准确地反映体内的铁储存。

稀释性贫血不需要担心，因为它不会损害你的运动能力和健康。然而，应该确定你是稀释性贫血，而不是真正的贫血。可以通过检查血清铁蛋白浓度来明确，或者，最好是在你停止训练两三天后再复查。训练带来的血容量增加是短暂的，休息几天就会恢复正常。不要担心，一旦恢复锻炼，你的血浆量就会再次增加，这是有益的，可以帮助你在运动出汗时更长时间地维持体液量。通常，运动员在经历体液增加时，身体会发生有趣的变化。例如，在休赛期，你的戒指会突然变小，或者运动手表的带子必须松开一两个槽。

如果需要使用铁补剂，低剂量可能是最好的选择，因为其引起的副作用较小。服用铁补剂的副作用包括胃部不适、肠腹痛、便秘和腹泻。好在现在有不同剂量和制剂的铁补剂，难以接受口服铁补剂的运动员应该和医生讨论其他方法。通常情况下，从低剂量的铁补剂开始，逐渐达到目标剂量，或选择在进餐时、餐后或者就寝时服用，可能会让你感觉更舒适。如果医生认为合适，你也可以换不同的剂型或制剂（如注射制剂）。补充完耗尽的铁储存后（这可能需要几个月），你可以转为服用复合维生素片，并开始注意膳食补充，最终可以放弃服用复合维生素。或者，你也可以在需要时间歇性服用小剂量的铁补剂（如在月经期间或献血后），而不是定期服用。间歇性补充的主要优势是减少服用高剂量铁补剂带来的副作用。然而，间歇性补充在一些专业人士看来是有争议的，而且还没有具体的方案。

铁过多的问题

研究表明，血液中高水平的铁与许多慢性疾病的患病风险增加有关，包括心脏病、帕金森病、癌症等。铁可能刺激自由基的产生，自由基可以攻击身体中许多稳定的分子，自由基的攻击可促进氧化低密度脂蛋白（LDL）颗粒的形成（可增加患心血管疾病和其他血管疾病、肿瘤，甚至神经细胞死亡的风险）。此外，在美国和许多国家，遗传性血色素沉积症（一种铁代谢异常性疾病）的发病率很高，但人们对此认识还不够。在遗传性血色素沉积症患者中，即使是运动员，过量补充铁也会增加铁过载的风险。这些人体内过量的铁储存可能是肝病、皮肤色素沉着、糖尿病、心脏病、心律失常、关节炎和性腺功能减退的根本原因。

很明显，身体中铁过量的危害极大。但除非你服用铁补剂，否则素食者不容易出现这个问题。

希望在阅读本章之后，你可以理解如何提高素食中铁的吸收率，并在不需要额外补充的情况下使体内的铁达到正常水平。下一章要讲述如何在饮食方面做出更好的选择，以避免对维生素和矿物质补剂的依赖。

8 摆脱复合维生素依赖

一位大学网球运动员来找我，咨询他饮食的营养质量。这位网球运动员青少年时期生活在德国，曾是一名素食者，在体检发现一些异常后，他的父母开始鼓励他吃肉。但他近期已经停止吃肉，准备重新开始吃素，同时他说："这一次我想做得更好。"

这位网球运动员的饮食评估结果表明，他的饮食中含有充足的能量和糖（主要来自谷物食品），同时还包括一些蔬菜和水果。当时他还在吃鱼，已经尝试了几种肉类类似物（主要是素食汉堡），但没有吃过多豆类食物（加工大豆除外）。他还坚持服用一种复合维生素。总体而言，我觉得他的饮食不算太差，可以通过增加食物的种类来改善营养。我们探讨了补充各种素食的重要性，包括五颜六色的水果和蔬菜，以及豆类食物和坚果。

我给他寄去了《素食概要》（*Vegetarian in a Nutshell*，素食资源组织出版的一份资料），并希望他增加水果和蔬菜的摄入量，同时尝试摄入一些含有豆类的食物。我的长期计划是帮助他发现新的食物，并将这些食物融入他的饮食，这样这位网球运动员就会对自己的食物选择更有自信，从而减少对复合维生素补剂的依赖。

——D. 埃内特·拉森－迈耶

你可能听说过"很多素食者、运动员和上年纪的人士需要服用某种维生素和矿物质的补剂来维持营养状态"这种说法。这是因为补剂制造商现在喜欢把目标对准老龄化人群（包括任何感觉自己正在变老的人）。他们会说素食者由于无肉饮食而需要服用维生素和矿物质补剂；运动员需要服用补剂则是因为在训练期间营养物质的分解和排泄增加，造成了过多的营养流失；老年人也需要通过服用补剂维持身体健康、延缓衰老。

然而，这种说法忽视了一个简单的事实，素食者（和许多半素食者）比非素食者更有可能选择富含多种维生素和矿物质的食物，特别是他们可能更注意选择对的食物。这种说法还忽略了一点，即与缺乏运动的人相比，运动员摄入了更多的能量和更多的食物，因此更有可能满足机体对维生素和矿物质的需求。总的来说，除了铁、核黄素、维生素 C 和钠之外，几乎没有证据表明运动员比不运动的人对维生素和矿物质的需求更高。尽管一些素食运动员需要密切关注某些重点营养物质的摄入，但这种需要更多的是基于对食物选择和能量摄入的需求，而不是由素食饮食方式造成的。

本章将告诉你如何通过均衡的饮食来满足机体对维生素和矿物质的需求，而不必依赖于不必要的维生素和矿物质补剂。尽管你可能还不能完全放弃每天服用复合维生素和矿物质补剂的习惯，但本章提供的信息应该有助于你理解维生素和矿物质是如何影响健康和运动的，并帮助你了解如何选择更正确的食物以满足你对主要维生素和矿物质的需求。铁和骨骼健康相关的营养素在本章不是重点，因为在前几章已有详细介绍。

维生素和矿物质的基础知识

摄取适量的维生素和矿物质对健康和运动很重要。维生素和矿物质都是多项身体功能的关键调节物质，其中许多对锻炼和运动至关重要。与宏观营养素（糖、蛋白质、脂肪和水）不同，维生素和矿物质被归为微量营养素，因为人体对维生素和矿物质的需求量要少得多。宏观营养素的需要量以克为单位，而微量营养素的需要量以毫克或微克为单位。微量营养素的功能也与宏观营养素不同。宏观营养素提供能量来源，维持细胞水合，构成机体功能所需的主要结构；而微量营养素有助于机体在许多过程（如产生能量和维持骨骼健康）中更好地利用宏观营养素。

许多维生素和矿物质也在免疫功能中发挥作用，帮助保护细胞免受氧化损伤。

我们每天对宏观营养素和微量营养素的需求量取决于体内的营养素是耗尽还是储存起来以供使用和再利用，以及营养素是否储存在体内、储存量有多少。例如，糖用于提供能量，而铁被储存起来并重复利用。因此，运动员每天需要近 500 克的糖；经期女性每天需要 18 毫克的铁，成年男性每天需要 11 毫克的铁。我们摄入的矿物质只有一小部分被人体吸收，而且营养需求也受到肠道对矿物质吸收效率的影响。那么维生素和矿物质有什么区别呢？

维生素属于食物中的有机物质，有机意味着它们含有碳、氢和氧元素。维生素通过催化作用以促进许多重要的生化反应。如果没有维生素的催化作用，我们会因许多化学反应发生得太慢而无法生存。维生素是必须通过日常饮食摄入的，因为身体不能生产维生素。目前已知有 13 种维生素：4 种脂溶性维生素（维生素 A、维生素 D、维生素 E 和维生素 K）和 9 种水溶性维生素（维生素 C 和 8 种 B 族维生素）。一般来说，人体储存的脂溶性维生素足够维持数月使用，但储存的水溶性维生素只能维持几周。

再说一下矿物质。矿物质不是有机的，更多的是作为酶的结构或辅助成分，而不是催化剂。有 15 种矿物质被认为是人体所必需的，它们是钙、磷、镁、铁、钠、钾、氯化物、锌、碘、铜、硒、铬、锰、氟化物和钼。也有证据表明砷、硼、镍、硅和钒在生理过程中发挥作用，但目前对它们的了解还不够充分，没有确定的膳食营养素参考摄入量（DRI），只有建议的上限值。

从素食中获取维生素和矿物质

大多数素食运动员可以通过饮食来满足对维生素和矿物质的需求，但这需要摄入各种有益健康并且提供足够的能量的食物，包括全谷物、豆类食物、绿叶蔬菜和其他蔬菜以及水果。如果可以的话，还需摄入乳制品和鸡蛋。然而，由于忙碌的训练、工作或学校事务，一些运动员做出了不当的膳食选择，导致许多维生素和矿物质的摄入量不足。其他人也可能面临维生素和矿物质缺乏的风险，仅仅是因为他们为了保持体重而限制食物摄入量，并且食物的种类选择也不正确。体操、舞蹈、跳水、花样滑冰、摔跤甚至长跑等运动的运动员通常都有类似的情况。大量数据表明，运动员的铁、钙、锌和镁的摄入量往往不足，特别是女性运动员。类似的情况也出现在素食者和纯素食者中，B族维生素、铁、锌、维生素D、钙和碘有时会缺乏。

补充维生素和矿物质的更好的食物

无论补剂制造商和维生素"专家"想让你相信什么，你都应该知道，通过选择恰当的食物来改善你的营养状况才是最好的方法。唯一的例外是维生素D，合理的日光照射比饮食更能有效补充（详见第6章）。大自然希望我们吃东西，食物不仅含有维生素和矿物质，还含有许多已知和未知的有助于营养素吸收和利用的成分。这些通常被称为植物化学物质的成分甚至可以降低患慢性疾病的风险，如柑橘类水果以及蔬菜中有能帮助身体吸收维生素C的生物黄酮，还有许多抗癌物质（如异黄酮、吲哚、多酚、异硫氰酸盐、番茄红素、槲皮素、鞣花单宁、白藜芦醇、萝卜硫素和有机硫化合物）。抗癌物质能捕获自由基，干扰参与癌症恶化过程的细胞生成（小贴士8.1）。

小贴士 8.1

自由基和抗氧化剂

自由基是在人的正常生理过程中产生的，这个过程包括在休息期间，特别是在运动期间消耗糖、脂肪和蛋白质产生能量的氧化反应（详见第2章）。环境因素如紫外线、空气污染和烟草烟雾也会令人体产生自由基。自由基带来的问题是，由于其不稳定性，它会攻击和破坏细胞蛋白质、位于细胞膜中的不饱和脂肪酸，甚至 DNA。自由基破坏 DNA 和基因相关物质的能力解释了为什么它们可能致癌。此外，自由基被认为是运动带来的蛋白质氧化的因素，并可能导致肌肉疲劳和酸痛。

饮食中的抗氧化剂可以稳定自由基，防止氧化应激反应。抗氧化剂可能对认知能力减退、衰老、癌症、关节炎、白内障和心脏病有预防作用。虽然不少研究已经一次又一次地证明大量摄入水果和蔬菜对许多年龄相关性疾病有预防作用（包括癌症和心脏病），但具体的原因还不清楚。已知的维生素和矿物质抗氧化剂包括 β 胡萝卜素、其他类胡萝卜素、维生素 C、维生素 E、铜和硒。研究还发现，植物中的一类化学物质（称为植物化学物质）可能有预防癌症的作用。虽然具体的机制还在研究中，但众所周知，抗氧化维生素能有效清除和消灭自由基，而在这个过程中，抗氧化维生素经常会被氧化并失去活性。维生素 C 对身体中由水组成的成分尤为重要，而维生素 E 则对细胞膜很重要，铜和硒是参与人体自身自由基防御系统的酶的重要辅助因子。

目前还不清楚抗氧化剂是否会影响肌肉恢复和运动能力的提高。虽然研究证实抗氧化补剂可以减少脂质过度氧化，但它们似乎不能提高运动能力。天然富含各种抗氧化剂和植物化学物质的素食是否会促进恢复和减少剧烈运动造成的氧化损伤还需要进一步研究。例如，一项研究发现，在一轮剧烈运动之前饮用含有黑葡萄、覆盆子和红醋栗的浓缩汁可以减少氧化应激，可能还会减少肌肉损伤。还有研究发现，食用其他水果和蔬菜汁，包括酸樱桃汁、石榴汁、黑加仑汁或浓缩汁，可以减少运动引起的氧化应激，可能还会减少肌肉酸痛和损伤。所以，继续吃那些全谷物以及五颜六色的水果和蔬菜吧。

补剂制造商从一种水果或蔬菜中分离出一种化合物并将其放入药片中，这种药片可能会吸引那些宁愿服用补剂也不吃菠菜的人，但这违背了自然。事实上，研究已经发现补充单独的维生素往往不会产生与食用蔬果相同的保护效果，例如，服用 β 胡萝卜素补剂就被证明是增加了（不是降低了）肺癌和心血管疾病的患病风险。一项包含了 68 个随机研究的荟萃分析发现，服用 β 胡萝卜素以及维生素 A 和维生素 E 补剂不仅对健康没有好处，还可能增加死亡风险。令人惊讶的是，服用叶酸补剂还会增加冠状动脉支架置入术后心脏病患者发生动脉闭塞的风险。但是，摄入大量富含这些维生素、矿物质和其他营养物质的水果、蔬菜，似乎可以预防大多数慢性病。由浓缩水果和蔬菜提取物制成的补剂同样不能提供食用完整天然食物所带来的益处。这些补剂缺乏可溶性 / 不溶性纤维及其他成分，而这些成分有助于保持肠道功能正常，并有促进肠道健康和调节血糖的作用。

减少对补剂的依赖

最重要的是，即使是真正的食物纯提取物，也无法带来与摄入真正食物相同的益处。事实上，你自己、种植者和食品经销商，都可能让食物中的营养成分因烹饪、加工或不恰当的储存而流失或破坏，但我们可以尽量避免这种营养的流失或损坏。为了保持食物的营养成分，应多选择本地种植的食物，并在购买后趁新鲜尽快食用。做饭时不要蒸煮过度，若煎炒，应使用最少的水或油，并尽可能用小火。同时，新鲜的农产品和谷物应储存在避光阴凉的地方，最好放在密封的容器里，这样更有助于保存它们的营养成分。

学习和了解主要营养素的优质来源，并食用各种含有这些营养素的食物，应该能满足你的营养需求，甚至让你对素食有足够的安全感，从而消除你对补剂的依赖。以下将介绍对运动量大的素食者很重要的几种维生素，以及素食中含量较低的维生素。

B 族维生素

B 族维生素由 8 种维生素组成：硫胺素（维生素 B_1）、核黄素（维生素 B_2）、烟酸、生物素、泛酸、维生素 B_6、叶酸和维生素 B_{12}。总的来说，这些维生素是糖、脂肪和蛋白质释放能量的催化剂（辅酶），也是身体所有细胞发育、生长和修复的催化剂。因此，一些（但不是全部）B 族维生素的需要量与能量摄入量有关。

对运动员的综合调查研究发现，在一些女性运动员的饮食中，核黄素、叶酸和维生素 B_6 含量经常偏低，很可能是水果、绿叶蔬菜、豆类和乳制品的摄入量不足造成的。临床研究还指出，限制能量摄入或做出不当饮食选择的运动人群有缺乏硫胺素、核黄素和维生素 B_6 的风险。

遵循素食饮食方式、不限制能量摄入的运动员应该很容易满足他们对大多数 B 族维生素的需求，这些维生素广泛分布在素食中（表 8.1）。事实上，许多 B 族维生素（如叶酸）的最佳来源都是植物性食物而不是动物性食物。然而，维生素 B_{12}（可能还有核黄素）是潜在的例外。这两种维生素对运动员很重要，而在几乎不含乳制品和动物性成分的素食中，这两种维生素的含量往往都很低。

核黄素（维生素 B_2）

核黄素对黄素蛋白（一种酶）的合成很重要，而黄素蛋白参与糖和脂肪的消耗分解，进而产生能量。研究表明，核黄素需求量随着运动的开始而增加，也可能随着训练量的突然增加而增加，如在季前赛开始时。虽然核黄素广泛存在于食品中，但主要来源是牛奶、其他乳制品、肉类和鸡蛋。例如，一杯 8 盎司（236 毫升）的牛奶就含有 20% 的核黄素建议每日摄取量。一些研究发现，纯素食者比非素食者摄入的核黄素更少，可能有更大的缺乏风险。很少或不食用乳制品的纯素食和素食运动员应该更多地摄入含有核黄素的素食，这在增加训练量或限制能量摄入时尤为重要。

核黄素的优质植物来源包括全谷物、营养面包、麦片、豆类、豆腐、坚果、种子、香蕉、芦笋、深绿色叶菜、牛油果和海菜（如海藻、海带、墨角藻和红藻）（表 8.2）。最近在完成 100 英里（161 千米）美国西部

各州耐力跑的超级马拉松运动员中进行的双盲、安慰剂对照的试验研究
发现，两种单一、高剂量（100毫克）的核黄素补剂可以减少肌肉疼痛
和酸痛，并改善赛后恢复。虽然还需要更多的研究，但一些运动员可以
考虑短期服用核黄素补剂。

表8.1　人体所需要的B族维生素和维生素C

维生素	运动员推荐摄入量	主要素食来源	过度摄入带来的问题
硫胺素（维生素B₁）	DRI为男性1.2毫克，女性1.1毫克；运动员的推荐量为0.6毫克/1000千卡	全谷类食物、营养面包、谷物、豆类	未知毒性
核黄素（维生素B₂）	DRI为男性1.3毫克，女性1.1毫克；运动员的推荐量为0.6毫克/1000千卡	牛奶和乳制品、全谷类食物、绿叶蔬菜、豆类食物（表8.2）	未知毒性
烟酸	DRI为男性16毫克，女性14毫克；运动员的推荐量为0.6毫克/1000千卡	全谷类食物、营养面包、谷物、豆类	头痛、恶心、脸红、皮肤灼烧和瘙痒
生物素	成人适量摄入量（AI）为30毫克	豆类食物、牛奶、蛋黄、全谷类食物、大多数蔬菜	未知毒性
泛酸	成人AI为5毫克	牛奶、鸡蛋、豆类食物、全谷类食物、大多数蔬菜	未知毒性
维生素B₆	DRI为19～50岁成人1.3毫克；由于蛋白质摄入量增加，运动员可能需要比DRI更高的摄入量	蛋白质食品、豆类食物、绿叶蔬菜（表8.4）	神经感觉丧失、步态异常

续表

维生素	运动员推荐摄入量	主要素食来源	过度摄入带来的问题
叶酸	DRI 为 400 微克	绿叶蔬菜、豆类食物、坚果、全谷类食物（表 8.3）	影响维生素 B_{12} 缺乏症的检测结果
维生素 B_{12}	RDA 为 2.4 微克	只存在于营养补剂或强化素食食品中	未知毒性
维生素 C	DRI 为男性 90 毫克，女性 75 毫克；运动员可能需要 100 毫克	水果和蔬菜，特别是甜椒、柑橘类水果、花椰菜（表 7.4）	腹泻、肾结石、坏血病（当停止大剂量摄入时）、铜吸收减少

表 8.2　部分素食和乳制品中核黄素、锌和铜的含量

食物	分量	核黄素／毫克	锌／毫克	铜／微克
谷物等同物				
营养面包	1 盎司切片	0.09	0.20	70
全麦面包	1 盎司切片	0.06	0.55	80
强化谷物食品	1 份（1 盎司）	0.42	1.20 ～ 3.80	不同食物含量不同
蔬菜和豆类食品，包括大豆				
芦笋	1 杯（熟）	0.25	1.10	370
牛油果	1/4 个	0.06	0.30	100
甜菜叶	1 杯（熟）	0.42	0.72	360
黑豆	1 杯（熟）	0.10	1.90	360
西蓝花	1 杯（熟）	0.10	0.35	95

续表

食物	分量	核黄素／毫克	锌／毫克	铜／微克
大白菜	1 杯（熟）	0.11	0.30	40
羽衣甘蓝叶	1 杯（熟）	0.20	2.50	70
鹰嘴豆	1 杯（熟）	0.09	0.30	580
羽衣甘蓝	1 杯（熟）	0.09	0.30	200
扁豆	1 杯（熟）	0.15	2.50	500
芥菜	1 杯（熟）	0.09	0.15	120
青豌豆	1 杯（熟）	0.24	1.90	280
斑豆	1 杯（熟）	0.11	1.70	370
红腰豆	1 杯（熟）	0.10	1.90	430
南方豌豆（黑眼豆）	1 杯（熟）	0.10	2.20	460
黄豆	1 杯（熟）	2.00	0.50	700
硬豆腐（加钙）	1/2 杯	0.13	2.00	480
常规豆腐（加钙）	1/2 杯	0.06	1.00	240
青菜	1 杯（熟）	0.10	0.20	360
水果				
香蕉	1 根（中等）	0.09	0.20	90
坚果和种子				
杏仁	1 盎司	0.23	0.95	330
腰果	1 盎司	0.06	1.60	630
花生	1 盎司	0.03	0.90	190
山核桃	1 盎司	0.04	1.30	330
松子	1 盎司	0.06	1.80	380
南瓜子	1 盎司	0.09	2.10	390
葵花子	1 盎司	0.07	1.50	520

续表

食物	分量	核黄素 /毫克	锌 /毫克	铜 /微克
芝麻	1 汤匙	0.07	0.70	240
核桃	1 盎司	0.04	0.90	450
牛奶、豆奶和奶酪				
高钙豆奶	1 杯	0.53	0.50	200
脱脂牛奶	1 杯	0.45	1.00	30
2% 脂肪牛奶	1 杯	0.45	1.10	30
切达干酪	1 盎司	0.11	0.90	9
硬山羊奶酪	1 盎司	0.34	0.45	180
低水分马苏里拉奶酪	1 盎司	0.09	0.90	8
帕尔玛奶酪	1 盎司	0.09	0.80	9

注：1. 数据来源于美国农业部食品成分数据库。

2. 表中大多数蔬菜和豆类是指那些已经煮熟、沥干的、无盐的蔬菜和豆类，大多数坚果是指干烤品种，不添加油和盐。核黄素的推荐摄取量为 1.6 毫克 / 天，锌为 15 毫克 / 天，铜为 900 微克 / 天。

3. 单位换算请参考附录 F。

维生素 B_{12}

充足的维生素 B_{12} 对运动员来说是至关重要的。维生素 B_{12} 是辅酶复合体的一部分，辅酶复合体在 DNA 的合成和红细胞的生成，以及神经纤维周围保护性鞘（称为髓鞘）的形成中起着重要作用。维生素 B_{12} 对于纯素食者和准素食者尤为重要，其活性形式钴胺素只存在于动物性食物中。因此，无论是素食运动员，还是那些很少食用乳制品或鸡蛋的人，都有维生素 B_{12} 水平低的风险。纯素食运动员应该每天食用维生素 B_{12} 强化食品，也可以服用含有维生素 B_{12} 的补剂或多种维生素。素食运动员如果乳制品或鸡蛋的摄入量有限制，或两者的摄入量都有限制，也应该考虑补充维生素 B_{12}。例如，一杯 8 盎司（236 毫升）的牛奶能提供约 40% 的 RDA 的维生素 B_{12}，而 1 个鸡蛋和 1 盎司（约 28 克）低水分、部分脱脂的马苏里拉奶酪提供 20% ~ 25% 的 RAD 的维生素 B_{12}。维生素 B_{12} 的素食来源包括红星（Red Star）T6635 营养酵母、强化素食牛奶、早餐麦片、人造黄油和一些肉类类似物（素肉），韩国紫菜也被报道是维生素 B_{12} 的来源。运动员应该仔细检查自己喜欢的食品品牌的营养标签，或联系制造商获取营养信息。

我没有如介绍其他营养素时一样列出食品中的维生素 B_{12} 的含量，因为不同品牌和产品的食品，其维生素 B_{12} 的含量也不同，还可能会定期变化。例如，美国农业部食品成分数据库中，晨星农场牌的素食汉堡几乎能提供每天营养摄入量（DV）100% 的维生素 B_{12}，素食早餐（Veggie Breakfast）牌香肠提供 DV 的 50% 的维生素 B_{12}（这两个产品都不是纯素食），而花园汉堡（Garden Burger）牌素食汉堡中不含维生素 B_{12}。红星 T6635 营养酵母是维生素 B_{12} 的可靠来源，2 茶匙（10 毫升）就几乎能满足成人 RDA（2.4 微克），撒在许多食物上都能使味道更加丰富。海苔和小球藻并不是容易被吸收的维生素 B_{12} 的可靠来源。

由于缺乏维生素 B_{12} 会造成不可逆转的神经损伤，纯素食者（和接近纯素食的素食者）应考虑让自己的个人或团队医生定期监测自己体内的维生素 B_{12} 情况。随着年龄的增长，高龄运动员肠道的维生素 B_{12} 吸收率会降低，因此可能有患维生素 B_{12} 缺乏症的风险，他们也可能需要监测自己体内的维生素 B_{12} 情况。还需注意，叶酸在素食中含量丰富，而维生素 B_{12} 缺乏的典型症状（通常表现在红细胞中）可能会由于摄入大量的叶酸而被掩盖。

其他 B 族维生素

对于素食运动员来说，维持体内足够的其他 B 族维生素水平通常不是问题，除非限制能量摄入或不吃谷物和豆类（如豌豆、小扁豆）食品，因为这些食物是大多数 B 族维生素的极好来源。不过，不妨简单地讨论一下叶酸和维生素 B_6，特别是女性运动员应该留意这个问题。

虽然叶酸在素食者和纯素食者的饮食中极可能含量非常丰富，但也应该进一步讨论，因为叶酸在预防癌症、心血管疾病和怀孕期间胎儿缺陷方面至关重要。"膳食叶酸"是一个通用术语，包括自然形成的叶酸（聚谷氨酰胺叶酸）以及用于营养食品和膳食补剂的叶酸。与维生素 B_{12} 一样，叶酸对 DNA 合成和新细胞形成有重要作用。由于美国成年人普遍缺乏叶酸，政府规定，每 100 克强化谷物产品（如意大利面、早餐谷物和面粉）必须添加 140 微克叶酸。膳食叶酸首先是在绿叶蔬菜中发现的，它因此得名，"folate"（叶酸）这个词来源于拉丁语 "folium"（叶子）。

　　天然叶酸最丰富的来源是豆类和深绿色叶菜。表 8.3 列出了叶酸的 21 种主要素食来源。不过，大多数水果和蔬菜中都含有不同数量的叶酸，在美式饮食中，橙子是叶酸的常见来源。叶酸最丰富的来源是全谷物食品，包括即食早餐谷物、面包、大米和面食，能提供每日必需叶酸的 15% ~ 100%。素食运动员即使不吃营养强化食品，也可能很容易满足叶酸的摄入量需求，但应记住，叶酸很容易被高温和氧化破坏（例如在切割后），还可能与药物发生作用（包括抗酸剂和阿司匹林）。在斯洛伐克进行的一项研究的结果可能也适用于美国，该研究进一步表明叶酸摄入量可能是季节性的。在冬季和早春，非素食者中观察到的叶酸缺乏症发生率更高。此外，与天然叶酸（50% 生物可利用性）相比，合成叶酸（85% ~ 100% 生物可利用性）似乎更容易吸收。因此，补充合成叶酸对于怀孕的女性很重要，对于那些不爱吃水果、蔬菜和豆类的素食运动员来说也很重要。

表 8.3　叶酸的 21 种主要素食来源

食品	分量	叶酸／微克
冷冻毛豆	1 杯（熟）	482
扁豆	1 杯（熟）	358
南方豌豆	1 杯（熟）	358
斑豆	1 杯（熟）	294
秋葵	1 杯（熟，薄片）	269
菠菜	1 杯（熟）	263
海军豆	1 杯（熟）	256
芦笋	1 杯（熟）	243

食品	分量	叶酸／微克
红芸豆	1 杯（熟）	230
绿色大豆	1 杯（熟）	200
北方大豆	1 杯（熟）	181
羽衣甘蓝	1 杯（熟）	177
芜菁叶	1 杯（熟）	170
西蓝花	1 杯（熟）	168
鹰嘴豆	1 杯（熟）	161
球芽甘蓝	1 杯（熟）	157
青豆	1 杯（熟）	156
红甜菜	1 杯（熟）	136
豌豆	1 杯（熟）	127
木瓜	1 杯（切碎）	116
玉米罐头	1 杯（熟）	115

注：1. 数据来源于美国农业部食品成分数据库。

2. 成人的叶酸 RDA 为 400 微克，许多即食早餐谷类食品的叶酸含量接近 RDA。

3. 单位换算请参考附录 F。

维生素 B_6 也值得进一步探讨。如果女性存在限制能量摄入或饮食选择不当的情况，不管运动量大小，通常会导致维生素 B_6 摄入不足，需要补充。有证据表明，运动可能会增加身体对维生素 B_6 的需求量。有研究显示，维生素 B_6 对抑郁症、经前期综合征（PMS）、关节炎、腕管综合征、睡眠障碍和哮喘患者有益，但维生素 B_6 补剂受到的评价褒贬不一，大多是负面的。与其他的 B 族维生素不同，长期补充维生素 B_6 超过 RDA 的 2～3 倍，可能会引起神经系统症状。因此，最好的办法是不使用维生素 B_6 补剂，尽量通过饮食摄取足够的维生素 B_6。维生素 B_6 广泛存在于食物中，最好的来源是蛋白质食物，包括素食蛋白质（表 8.4）。

表 8.4　维生素 B_6 的 20 种素食来源

食品	分量	维生素 B_6/ 微克
即食营养谷物	1 盎司（3/4 ~ 1⅓ 杯）	0.50 ~ 3.60
鹰嘴豆	1 杯（熟）	1.14
巧克力麦芽混合营养饮料	3 茶匙	0.92
富含营养的长粒半熟米	1 杯（熟）	0.84
土豆碎	1 杯	0.74
烤土豆	1 个	0.63
西梅汁	1 杯	0.56
香蕉	1 杯（切片）	0.56
炖梅干	1 杯	0.54
大蕉	1 个	0.54
自制土豆泥	1 杯	0.52
胡萝卜汁	1 杯	0.50
红薯罐头	1 杯（熟）	0.48
球芽甘蓝	1 杯（熟）	0.45
自制切片土豆	1 杯	0.44
菠菜	1 杯（熟）	0.44
红辣椒	1 杯	0.43
番茄酱	1 杯	0.43
黄豆	1 杯（熟）	0.40
斑豆	1 杯（熟）	0.39

注：1. 数据来源于美国农业部食品成分数据库。

2. 年龄在 19 ~ 50 岁之间的成人，维生素 B_6 的 RDA 为 1.3 毫克。

3. 单位换算请参考附录 F。

维生素 C

维生素 C 对健康和机体功能有重要作用。其中最著名的可能是它在预防坏血病和胶原蛋白合成方面的作用。坏血病是一种因维生素 C 缺乏而引起的疾病，其特征是牙龈松软和肌肉无力。胶原蛋白对于身体结缔组织如软骨、肌腱及骨的生成和维持是必不可少的。卡尼汀能将长链脂肪输送到线粒体以产生能量，卡尼汀和肾上腺素、去甲肾上腺素和皮质醇等多种激素的合成都需要维生素 C。维生素 C 还有助于非血红素铁的吸收，是一种有效的抗氧化剂，有助于捕获自由基，保持维生素 E 的活性形态。

人体缺乏维生素 C 会导致疲劳、肌肉无力、毛囊和牙龈周围不明原因的瘀伤和出血，还会引起结缔组织的反复损伤，从而降低人的运动能力。

素食运动员的日常饮食中可能含有丰富的维生素 C。维生素 C 存在于大多数水果和蔬菜中，包括甜椒、番茄、土豆、浆果和柑橘类水果（表 7.4），同时也是许多水果和果汁产品的添加剂。对不运动人群的调查发现，素食者的维生素 C 摄入量最高，通常是推荐摄入量的 2 倍，他们的血浆中维生素 C 的浓度比非素食者要高。一些人认为，运动员可能需要更多的维生素 C 用来对抗雾霾、环境污染物以及运动中产生的自由基对身体细胞的损害，然而很少有证据支持这一观点。在美国，维生素 C 的推荐摄入量是成年女性 75 毫克 / 天，成年男性 90 毫克 / 天。

许多运动员服用维生素 C 补剂，相信它可以预防感冒和其他急性疾病，并有助于运动后的恢复，这一点在耐力或超耐力运动后尤为重要。在南非进行的一项研究（该研究经常被引用）中，研究人员随机分配接受耐力训练的男性在 26 英里（42 千米）跑步比赛前的 3 周内服用 600 毫克维生素 C 补剂或安慰剂。两组运动员的维生素 C 基础摄取量都超过 RDA 的 5 倍，即大约 500 毫克。在比赛后的 14 天里，服用维生素 C 补剂的运动员发生上呼吸道感染的人数（33%）比服用安慰剂的运动员要少（68%）。最近的一项荟萃分析评估了维生素 C 补剂剂量大于 200 毫克时对预防和治疗普通感冒的效果。这项研究包括 11 000 名受试者，经过 29 次试验，最终发现高剂量维生素 C 补剂不能减少普通感冒的发生，但确实能缩短感冒症状的时间。然而，在 5 个不同的研究中，总共有近

600 名承受短期极端身体压力的运动员（马拉松运动员和滑雪运动员）通过补充维生素 C 将患感冒的风险降低了 35% ～ 64%。目前的研究结果还不一致，一项对超级马拉松运动员的研究发现，补充维生素 C（1500毫克 / 天，连续 7 天）不会影响竞技比赛期间或之后的氧化反应和免疫反应。

维生素 C 还可以促进胶原蛋白的修复，并捕获运动中产生的自由基，从而促进高强度训练后的身体恢复。然而，证明补充维生素 C 可以防止肌肉损伤或氧化应激的研究很少。北卡罗来纳大学格林斯伯勒分校进行的一项研究发现，在一组相对健康的非运动员男性中，每天以中等强度跑步 30 分钟后，连续 2 周每天补充 500 毫克或 1000 毫克维生素 C，可以降低血液中的氧化应激标志物。另一项研究（对象是接受耐力训练的老鼠和人）发现，每天补充维生素 C（人类受试者补充量为 1000 毫克 / 天）阻止了一些细胞对运动预期的适应，并抑制了训练引起的反应。对于素食运动员来说，结论可能只是简单地坚持吃水果和蔬菜，特别是在大运动量训练期间，并避免服用维生素 C 补剂。有证据表明，每天摄入 200毫克的维生素 C（以植物为基础的饮食很容易获得）能让血浆和白细胞完全饱和，额外的摄入量不会带来更多的好处。

维生素 A 和类胡萝卜素

维生素 A 对视力、基因表达、生长和免疫功能都很重要。维生素 A只存在于动物制品中，但很容易通过胡萝卜素和类胡萝卜素合成，它们合成了水果和蔬菜中美丽的红色、橙色或黄色色素。一些深绿色的水果和蔬菜也含有类胡萝卜素，但它们的颜色被叶绿素的绿色掩盖了。对不同运动群体的调查研究表明，大多数运动员很容易摄入足够的维生素 A，但限制能量摄入的运动员可能面临维生素 A 不足的风险。素食者通常能摄入足够的维生素 A，其血液中 β 胡萝卜素和其他类胡萝卜素的水平也很高。素食运动员的胃口更大，所以很容易达到或超过维生素 A 的RDA，并有大量的健康类胡萝卜素循环在他们的血液中。你只要吃一根胡萝卜就可以满足维生素 A 的 RDA，而胡萝卜甚至不是维生素 A 含量最高的食物（表 8.5）。

没有证据表明少量摄入维生素 A 或类胡萝卜素会影响运动表现。然而，在植物性食物中发现的天然类胡萝卜素可能会降低患多种癌症和一些与年龄有关的疾病的风险，包括黄斑变性（一种可能导致失明的眼病）。富含类胡萝卜素和其他抗氧化剂的饮食也可以减轻与高强度训练相关的氧化损伤的严重程度（小贴士 8.1）。确保类胡萝卜素摄入量充足的最佳策略是每天吃深绿色和红色、橙色的水果和蔬菜。富含 β 胡萝卜素、叶黄素和玉米黄质的食物包括绿叶蔬菜、南瓜、红薯、胡萝卜和南瓜，鸡蛋可能也是一个重要的来源。番茄红素的良好来源是番茄制品、西瓜和粉红葡萄柚。每天服用抗氧化剂补剂可能会补充一些类胡萝卜素，但不太可能直接从补剂中获得足够多的营养效益。不建议服用大于 RDA 的维生素 A，因为过量补充维生素 A 会导致头痛、恶心、疲劳、肝脏和脾脏损伤、皮肤脱皮和关节疼痛。补充类胡萝卜素不会有同样的毒性作用。

表 8.5　维生素 A 的十大素食来源

食品	分量	RAE[①] / 微克
带皮或去皮煮红薯	1 杯（捣碎）	2581
胡萝卜汁	1 杯	2256
南瓜罐头	1 杯	1906
冷冻胡萝卜	1 杯（熟）	1235
烤冬南瓜	1 杯	1144
生胡萝卜	1 杯（切碎）	1069
切碎的罐装菠菜	1 杯（熟）	1049
冷冻切碎的羽衣甘蓝	1 杯（熟）	978
冷冻切碎的甘蓝	1 杯（熟）	956
冷冻切碎的芥菜	1 杯（熟）	882

注：1. 数据来源于美国农业部食品成分数据库。

2. 维生素 A 的 RDA 为男性 900 微克的 RAE，女性 700 微克的 RAE（分别为 3000 国际单位和 2333 国际单位）。

3. 单位换算请参考附录 F。

① RAE，维生素 A 活性当量，用于解释预形成的维生素 A 和 β 胡萝卜素。

维生素 E

维生素 E 是一种我们还不太了解的营养物质，它是 8 种天然存在的化合物的统称，分为 γ - 生育酚和 α - 生育酚两类。它最活跃时以一种名为 RRR- α - 生育酚的形式存在。维生素 E 的主要功能是保护细胞中的多不饱和脂肪免受自由基的氧化损伤。这包括保护肌肉细胞周围的细胞膜和细胞的能量"发电站"——线粒体。

科学家目前确定，人体对维生素 E 的需求量不会因体育锻炼而增加。然而，有人提出，因为运动员要满足较大的能量消耗，摄入的多不饱和脂肪较多，所以他们需要更多的维生素 E 以预防氧化。运动员还可能通过在训练初期增加维生素 E 的摄入获益，用以增加肌肉细胞中的维生素 E 的储存。膳食中维生素 E（γ - 生育酚和 α - 生育酚）的主要来源包括蔬菜、坚果和种子油、小麦胚芽和全谷物（表 8.6）。有些坚果中的维生素 E 含量较高，但有一些则不高，这就凸显了种类的重要性。动物性食物通常缺乏维生素 E。

评估饮食中维生素 E 的含量和非运动员血液中维生素 E 的水平的研究显示，素食者可能比非素食者摄入的维生素 E 更多，血液中维生素 E 的水平也更高。然而，有人提出应该通过观察血液中生育酚与胆固醇的比值来评估维生素 E 的水平，因为很大一部分 α - 生育酚是作为低密度脂蛋白（LDL，"坏"胆固醇）的一部分运输的（素食者通常 LDL 胆固醇水平较低）。研究表明，素食者血浆中的 α - 生育酚与胆固醇的比值要高得多，而 α - 生育酚能够防止 LDL 氧化。研究还表明，素食者血液中维生素 E 的绝对浓度普遍超过预防癌症的最佳推荐值。因此，全面的饮食，包括全谷物、坚果、种子和植物油，很可能让你以自然形式获得充足的维生素 E。

如果服用维生素 E 补剂，摄入量高于 RDA，那就要另外讨论了。由于维生素 E 是一种抗氧化剂，一些人认为补充维生素 E 可以降低患心脏病和某些癌症的风险，甚至可以减少与运动有关的肌肉损伤和疼痛。但目前支持补充维生素 E 的证据并不能令人信服。研究"维生素 E 补充"的荟萃分析表明，摄入大剂量的维生素 E 对于降低患心脏病风险，或防止运动诱导的脂质过氧化及肌肉损伤的作用微乎其微。不过，在高海拔地区训练、比赛时，大剂量地补充维生素 E 对运动员来说可能很重要。

一项针对登山者的研究发现，在 10 周内每天 2 次补充 200 毫克的维生素 E 可以减少细胞损伤，并有助于保持良好的身体功能。一般来说，最好的办法是通过健康的素食饮食方式来获取维生素 E。

表 8.6　维生素 E（α- 生育酚）的 20 种主要素食来源

食品	分量	维生素 E/ 毫克
即食谷物	1 盎司（3/4 ~ 1⅓ 杯）	13.5
葵花子	1 盎司	7.4
杏仁	1 盎司	7.3
冷冻菠菜	1 杯（熟）	6.7
冷冻青萝卜	1 杯（熟）	4.4
榛子或榛子粉	1 盎司	4.3
蒲公英	1 杯（熟）	3.6
豆奶	1 杯	3.3
混合坚果	1 盎司	3.1
胡萝卜汁	1 杯	2.7
青萝卜	1 杯（熟）	2.7
松子	1 盎司	2.7
绿甜菜	1 杯（熟）	2.6
南瓜或红薯罐头	1 杯（熟）	2.6
冷冻西蓝花	1 杯（熟）	2.6
菜籽油	1 汤匙	2.4
红辣椒	1 杯	2.4
杧果	1 个	2.3
木瓜	1 个	2.2
花生	1 盎司	2.2

注：1. 数据来源于美国农业部食品成分数据库。

　　2. 单位换算请参考附录 F。

重要矿物质，你的摄入量足够了吗

下面介绍关于常运动的素食者和素食运动员的饮食中可能缺乏的矿物质（已在第 6 章、第 7 章和第 11 章中介绍的除外），并简要介绍在素食运动员的饮食中可能不会缺乏的其他矿物质。

锌

锌是人体内许多酶的组成成分，如参与蛋白质合成、DNA 合成、生殖功能和免疫功能的酶。其中一些酶也参与主要的能量代谢反应（包括乳酸脱氢酶），这对从糖中快速生成能量的糖酵解反应（通常被错误地称为无氧代谢）很重要。

对于素食运动员来说，锌通常被认为是需要重视的营养物质。因为运动员和素食者的锌摄入量都很低，而且素食中锌的吸收率比非素食要低。素食者对锌的吸收较差，因为素食中植酸盐的浓度较高（植酸盐结合锌并限制其吸收），而有助于增强锌的吸收的动物蛋白含量较低。因此，素食者对锌的需求可能比非素食者要增加 50%，尤其是那些主要以粗粮和豆类为主食的人。研究还发现，在高强度训练期，素食运动员和非素食运动员体内的锌浓度（用于评估人体锌水平）都较低。

素食运动员容易缺锌，但这并不意味着你必须服用锌补剂，而是应注意确保摄入足够的可吸收的锌。实际上，确保获得足够的锌类似于确保获得足够的铁。美国农业部的一项研究发现，非运动型女性通过蛋奶素食可以维持体内正常的锌水平，尽管这种饮食的总的锌含量较低，而植酸盐和纤维含量高于对照组的肉类饮食。维持体内的锌水平和铁水平的关键是豆类和全谷物食品的摄入。训练中的运动员应该比久坐的素食者食用更多的豆类、全谷物和其他富含锌的食品。除非限制能量摄入，运动员无须服用补剂即可维持体内的锌水平。锌的其他植物来源包括强化谷物、坚果、大豆制品、肉类类似物（素肉）和一些硬质奶酪（表 8.2）。查看你喜欢的肉类类似物（素肉）上的标签，因为品牌不同，其锌含量差异很大。就像铁一样，一些食物加工技术（如浸泡和发酵的豆类、谷物和种子）、面包的发酵，以及同时食用富含锌的食物与柠檬酸等其他有机酸可减少植酸盐与锌的结合，提高锌的吸收率。

　　在训练中，低锌或轻度缺锌对运动员的影响尚不清楚。一些研究发现，在训练中补充锌并不会改善体内锌的水平，而且似乎对提高运动表现没有任何作用。这可能表明，血浆中锌含量的降低并不能反映运动员体内的锌水平，而是反映了锌储存部位的改变。例如，锌储存可能在训练过程中从血液转移到了骨骼肌或其他组织。尽管如此，为了确保你摄入足够的锌，应努力达到或超过饮食建议的锌摄入量：成年男性为 11 毫克 / 天，成年女性为 8 毫克 / 天。美国农业部格兰德·福克斯人类营养研究中心进行的一项严格控制的临床试验发现，连续 9 周以正常量的最低限度摄入锌（约 4 毫克 / 天）明显损害了男性的亚极量循环和最大摄氧量。

碘

　　碘是合成甲状腺激素的主要成分。甲状腺激素的主要作用是调节新陈代谢、心率及合成蛋白质，是最著名的防止新陈代谢迟缓的激素。

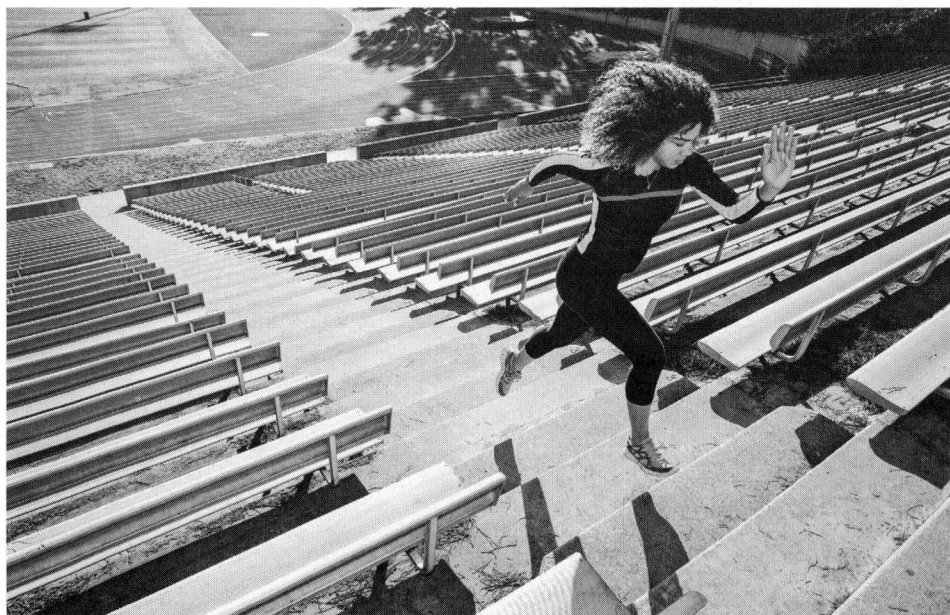

素食运动员的锌水平和铁水平通常较低，特别是在训练期间。但这两种营养物质能通过饮食（如豆类、全谷物、坚果和大豆）便能满足身体所需，这样就不必再使用补剂（图片来源：Peathegee Inc/Blend Images/getty Images）

一些研究已经注意到，碘可能是一些纯素食者和素食者容易缺乏的营养物质。因为碘强化食用盐的普及，生活在工业化国家的运动员一般不用担心体内的碘水平。但这些研究还发现，与非素食者相比，纯素食者和素食者碘缺乏症的发病率较高。这一缺乏症与摄入种植于低碘土壤中的植物性食物、牛奶的摄入量有限、鱼或海产品的摄入量有限，以及碘强化盐的摄入量较少有关。其中一项研究是在斯洛伐克的布拉迪斯拉发附近进行的，那里的土壤中碘含量很可能很低，结果显示 80% 的纯素食者和 25% 的素食者存在缺碘，而那些采用非素食饮食方式的人中，只有 9% 的人存在缺碘。另一个令人越来越担忧的问题是食物和水中的高氯酸盐（高氯酸盐来自固体燃料，用于为火箭、照明弹、烟花和安全气囊等高能设备提供动力）污染物会抑制甲状腺对碘的摄入和甲状腺激素的合成，只有碘摄入量低的人才会出现这个问题。

素食运动员可能比久坐不动的人需要更多的钠和盐，因此需要摄入更多的盐分，而在烹饪和烘焙时使用碘盐可以确保摄入足够的碘。半茶匙（3 克）的碘化盐提供的碘接近碘的 RDA（150 微克 / 天），还提供 1163 毫克的钠（相当于约 1 升汗液中的钠含量）。不过要注意素食中的碘含量因土壤而异。加工食品、大多数海盐和味精盐也不是碘的可靠来源，因为其加工过程中使用的盐和海盐通常是不加碘的。如果你经常在饮食中加入海菜，那么你对碘盐的依赖可能会降低。

铜

铜是一种人体必需的矿物质，像许多其他矿物质一样值得我们更好地了解。铜在铁代谢和血红蛋白的合成中起作用。铜像铁一样，在能量代谢中起重要作用。然而，与铁不同的是，铜是一种抗氧化剂（而不是促氧化剂），而且是超氧化物歧化酶的辅助因子。超氧化物歧化酶是人体内一种保护细胞免受氧化损伤的酶。铜也被认为在胶原蛋白的形成中起重要作用。

一些素食运动员可能容易出现铜缺乏的问题。斯洛伐克的一项研究表明，与非素食者相比，素食者的铜摄入量和血液铜水平可能都较低，这或许是因为素食中的铜没有很好地被吸收。几项针对运动员的研究发现，耐力跑运动员和积极进行减重的运动员的铜摄入量都是不足的。然而也有一些研究发现，运动员群体没有显著的铜缺乏问题。

素食可以提供足够的铜（表 8.2），事实上，蔬菜、坚果、种子和全谷物是铜的主要来源。像锌和铁一样，对含铜食物进行浸泡、发酵，或使其发芽，可以使铜更加容易地摄取。和铁一样，矿物间的相互作用，特别是锌和铜之间的竞争性结合，会降低铜的有效吸收，而有机酸（维生素 C 除外）会增加铜的有效吸收。但与铁的吸收不同，维生素 C 的大量摄入会影响铜的吸收，这也是不推荐服用维生素 C 补剂超过 1000 毫克的原因之一。

虽然尚不清楚体内铜水平处于正常范围的下限是否会影响运动表现或健康，但最近一项针对铜缺乏的成年人的研究发现，他们补充铜后日常生活中的运动情况有所改善。明显的铜缺乏（很少见）会导致贫血。铜的主要素食来源已在表 8.2 中列出。建议成年人铜的摄入量为 900 微克 / 天。

其他关键矿物质

还有几种矿物质（表 8.7）也会影响健康和运动表现，但通常情况下一般人或素食运动员不会有缺乏的风险。这些矿物质（包括硒、铜和碘）在食物中的含量因种植农产品的土壤条件不同而不同。一般来说，大多数土壤没有问题，但如果你购买本地种植的农产品或自己种植的话，你可能想知道你所在地区土壤的情况。科学家之所以对硒感兴趣，是因为它是人体内部防御系统之一——谷胱甘肽过氧化物酶的辅助因子，也是合成甲状腺激素的必要条件（在碘、铁和锌的共同作用下）。然而，除非你生活在土壤缺乏硒的地区（如中国、新西兰和非洲布隆迪），否则不建议补充硒。一般情况下也不推荐补充本部分内容中介绍的其他几种矿物质。

表 8.7　影响健康和运动表现的几种关键微量矿物质

矿物质	推荐摄入量	主要作用	主要素食来源	过度摄入带来的问题
镁	男性 420 毫克，女性 320 毫克	参与蛋白质合成、氧气输送、能量代谢和肌肉收缩，也是骨骼的组成部分	全谷物食品、豆类食品	恶心、呕吐、腹泻
铬	男性 35 毫克，19～50 岁女性 25 毫克	增强胰岛素作用（糖耐受因素的一部分）	全谷物食品、坚果、啤酒、蛋黄、蘑菇	不详
硒	成人 55 微克	防止氧化，调节甲状腺激素，可能预防某些癌症	种植在富硒土壤中的全谷物、坚果和蔬菜	脱发、指甲脱落、皮疹、疲劳、易怒
锰	男性 2.3 毫克，女性 1.8 毫克	几种新陈代谢反应的辅因子，包括骨生成	广泛存在于食品中	虚弱、神经系统问题、精神错乱
钼	成人 45 微克	与核黄素在参与糖和脂肪代谢的酶中起作用	全谷物食品、豆类食品	很少出现过度摄入的情况

考虑补充维生素和矿物质

到目前为止，除非你缺乏某种维生素和矿物质，否则没有证据表明复合维生素和矿物质补剂或单独服用额外的维生素和矿物质可以提高运动成绩、增强耐力和力量、增长肌肉。当然，缺乏维生素和矿物质会影响运动员的表现，但这通常发生在正在限制能量摄入或食物选择不当的运动员身上。缺乏营养在食欲旺盛的运动员中并不常见，但有个别维生素和矿物质是例外：纯素食或接近纯素食的运动员需要补充维生素 B_{12}；若食物来自缺乏碘和硒的土壤，则需要额外补充这两种矿物质；生活在阳光不足地区的运动员需补充维生素 D。我们需要更多的研究来确定，在训练过程中除了正常饮食所能获得的抗氧化维生素之外，补充摄入抗氧化维生素是否有益。根据国际奥委会最近的研究评估，证据并不令人乐观。科学证据也不足以支持服用维生素和矿物质补剂来预防癌症和心脏病的建议。

然而在某些情况下，补充多种维生素和矿物质可能是必要的，或者对改善体内整体微量营养素的状态有益。一般来说，建议以下人群补充多种维生素：节食者、每天摄入能量少于1200千卡的人、食物过敏和不耐受的人、怀孕和计划怀孕的人。美国疾病控制与预防中心建议，除了健康的饮食，备孕的女性应每天服用含400毫克叶酸的复合维生素补剂或食用富含叶酸的食物，以预防胎儿神经管畸形。

此外，研究认为，有必要服用补剂的运动员最好选择标准的复合维生素和矿物质补剂，而不是单一的营养素补剂。复合维生素和矿物质补剂所提供的基本营养素不应超过RDA，而且只应包含营养学家普遍接受的成分。虽然在大多数情况下，小品牌和名牌产品都可以选择，而且前者价格更低，但是竞技运动员应该考虑多花点钱购买经过美国国家卫生基金会（NSF）认证的运动产品。该认证不仅确保产品含有标签上所列的营养物质，而且保证产品不含有污染物和禁用物质。总体来说，素食运动员应该努力改善饮食习惯，避免依赖补剂。比如，不要选择玉米片作为晚餐，而应选择新鲜的羽衣甘蓝，再辅以补剂。要记住，美国和其他国家的许多食品都进行了强化营养加工，所以你可能不需要使用复合维生素和矿物质补剂。关键是坚持健康的饮食习惯，在高强度训练阶段服用复合维生素让自己对营养摄入更安心也是可行的。

食物——微量元素的最佳来源

我认为素食运动员应该尽可能地远离维生素补剂。食物应当是你获得维生素、矿物质和植物化学物质的主要来源。要做到这一点，必须确保你能满足自己的能量需求，选择各种有益健康的食物，包括全谷物、豆类、绿叶蔬菜和其他蔬菜、水果。如果可以的话，还可以选择乳制品。

本书的第 12 章和第 14 章会讨论如何将这些建议付诸实践。本章以及第 6 章、第 7 章提供的信息可以帮助你了解重要维生素和矿物质的摄入量，并让你知道满足随着训练量增加而增加的维生素（如维生素 C 和核黄素）需求是多么容易。也许有时需要补剂（如维生素 B_{12}、维生素 D 和铁），但如果你在生活、训练和运动中尽可能做到不缺乏维生素和矿物质，你将会成为更好的素食倡导者。下一章我们将讨论营养的重要性以及比赛前、比赛中、比赛后营养摄入的时间安排。

9 比赛前、比赛中、比赛后进食补水的优先顺序

在我们的双胞胎出生一年后，我和丈夫都决定跑一场马拉松来帮助我们恢复身材。但问题是，我们的时间不再像从前那样宽裕。好在作为运动员，我们尽力执行了良好的训练计划，包括定期进行长距离跑、快速跑练习，以及具有马拉松节奏的跑步练习。在此期间，我每周的训练里程甚至超过了我第一次参加马拉松所跑的距离。而我丈夫则每周想办法找时间进行几次强度较大的间歇跑练习。总的来说，我们的训练进行得很顺利，而且我们都认为自己会在比赛中打破个人的最好纪录。在比赛前的一天，我们就到达了这次比赛的城市。

然而，我们忽略了一个重要的问题，那就是赛前的营养计划。我们没有去杂货店买高糖食物，也没有通过阅读比赛分组信息来了解水和运动饮料的补给站设置在什么位置，而是和孩子们以及他们的爷爷奶奶出去逛了一圈——他们本来是打算来帮助我们的。在决定比赛前的早餐吃什么时，我告诉丈夫，我们可以在离起跑线两个街区远的酒店附近的咖啡店里随便吃点东西，再补充两根香蕉，之后再从起跑处带几杯专业的运动饮料，我以为在起跑处会有人提供饮料。当时做了太多这样的假设，所以没有提前准备。

到了比赛的那天早上，我们发现一切都和我假设的不一样。我们先是把香蕉给了两个被饿醒的孩子，然后发现面包店直到比赛开始时才开门，起跑处也没人提供专业运动饮料。一个志愿者告诉我们，在5英里（约8千米）处及之后的每一个补水站都会提供丰富的运动饮料，而这些信息很可能早就包含在我们的比赛资料里。而且，赛前以为肯定会有的运动果冻，官方也没有提供。即便如此，尽管如此，我们还是参加了，但是我们已经和个人纪录"吻别"了。

我在 10 英里（约 16 千米）处就开始感觉筋疲力尽，而且已经比预期慢了 22 分钟。我的丈夫曾经 2 次破 3 小时大关，这次成绩也仅为 3 小时 22 分钟。

——D. 埃内特·拉森-迈耶

在适当的时机摄入合适的食物和水分，对训练效果的优化和运动表现的提升来说非常重要。运动前、运动中和运动后摄入的营养成分可以为大脑和肌肉供能，防止运动时发生脱水，并且有利于加快运动后的恢复。如果你不重视运动期间的营养补充，那么你之前在训练和营养方面所付出的努力可能也会付之东流。这一章的内容将会指导你在训练或比赛的前、中、后 3 个阶段，选择适宜的时机，摄入适当、适量的食物，从而帮助你提升运动表现。此外，我们还要对体育科学的内容进行讨论，因为如今的体育科学已经逐渐将运动员比赛前、比赛中、比赛后的营养补充及这些营养对于运动员的意义纳入其范围。

运动前的一餐，优先考虑营养

对于运动员来说，无论是训练季、比赛季，还是赛季中最重要的一场比赛，运动前的一餐都非常重要。这一餐应摄入适量的糖、水分和蛋白质，以防止运动期间出现饥饿、低血糖以及胃肠不适等现象；食物中的脂肪和纤维含量则应相对较低。运动前，良好的营养有益于提高训练效果及运动表现。经过一夜的代谢，人体内的肝糖原含量会有所下降，运动前 3～4 小时摄入高糖食物会促进肝糖原的合成，甚至对于肌糖原的合成也有益；运动前 0.5～2 小时摄入高糖食物除了可以补充肌糖原和肝糖原以外，还可以供应运动时所需的能量。若运动前的就餐时间与运动时间过于接近，可能会导致胃部不适，体质敏感的运动员可能会罹患反弹性低血糖症（低血糖），这可能会导致他们运动初期产生疲劳。然而，避免在运动前20～60分钟补充糖可以防止反弹性低血糖症的发生。（小贴士9.1）或者摄入适合于运动前食用的含糖食品——这些食品具有较低的血糖指数（具体内容见第3章和附录D）。

有关赛前饮食的问题

反弹性低血糖：尽管很少见，但一些运动员在运动前15～75分钟食用含糖食物时后会出现一种名为反弹性低血糖（低血糖）的症状。这是由于体内胰岛素（一种降血糖的激素，其作用是促进葡萄糖进入肌肉和其他身体组织）水平升高所引起的，低血糖的症状主要有头晕、疲劳或颤抖。患有反弹性低血糖症的敏感型运动员应在运动前90～120分钟进食，在食物的选择方面，主要以血糖指数较低的食品为主；此外，在运动前5～10分钟摄入2杯（约472毫升）含糖补液饮料也不会有不良影响。

饥饿：在训练或比赛前10分钟饮用补液饮料或运动饮料可能会延迟饥饿感，而且收益与在运动中补充糖相似。这些饮料中的糖易于吸收，在摄入5～10分钟后便出现在血液中。当以这种形式补充糖时，不会引起反弹性低血糖的症状。

恶心：赛前情绪紧张或焦虑可能会影响消化，导致恶心，甚至在热身练习或比赛前会引发呕吐。在这种情况下，液体食物更容易被人体接受并消化吸收。含糖量，尤其是果糖含量较低的补液软料，比果汁更容易被人接受。有运动前恶心症状的运动员应该尝试在运动前45～90分钟摄入1～2杯（236～472毫升）补液饮料或奶昔，而不是常规饮食。这些运动员还应避免摄入含有大量果糖，以及可能含有特定的可发酵糖分或

FODMAP（详见第3章）的食物和饮料。慢慢地啜饮补液饮料可以防止吞咽过多的空气，大口吞咽可能会导致恶心。除此之外，还可以吃几块苏打饼干或一片干吐司。饮水也要根据具体情况采用少量多次的方式。

胃痛：运动员，特别是那些需要经常突然开始、急停的运动员，经常会有胃痛或胃肠反流的症状。胃痛是由于位于食道底部的肌肉环（即食管下括约肌）过于放松而引起的。这些括约肌使吞咽到胃中的食物不再反流。研究发现，咖啡、巧克力、薄荷和高脂饮食可以放松食管下括约肌，引起胃痛。其他食品，如牛奶、含硫的生蔬菜（如洋葱、大蒜和青椒）、香蕉也被认为会使一些人出现胃反流。为防止胃痛，应该避免在运动前摄入高脂食物和"有害食品"（注意，这些"有害食品"并不会使每个人都产生胃痛的症状）。

腹泻、肠痉挛、腹胀：运动前过早摄入高纤维、高残留或易产生气体的食物容易导致运动中出现腹泻、肠痉挛、腹胀等症状，这些食物主要有全谷物、带皮水果、豆类、含乳糖的乳制品以及不易吸收的糖（如FODMAP）。此外，在旅行、有压力或参加比赛时，正常的排便规律会受到影响，也容易出现腹泻、肠痉挛、腹胀的症状。当遇到这类问题时，运动员应该注意控制赛前饮食中全谷物、豆类、高纤维水果、全脂类食品、乳糖、糖醇和FODMAP的含量。如果有必要，体质敏感的运动员应该在重大比赛的前几天或更长时间避免食用这些食物（若症状持续，应尽快去寻求注册营养师的帮助）。附录C详细列举了含有FODMAP的食物。其他需要注意的是，确保排便时间规律也是非常重要的。然而，由于比赛、训练并不总是在同一时间进行，在运动前用餐时饮用1/2 ~ 3/4杯（118 ~ 177毫升）咖啡、茶或白开水，可以促进排便，从而避免上述肠胃症状的发生。

通过调整运动前的饮食提高运动表现

运动前的一餐能带来多大的运动改善取决于很多因素，包括运动的时间和强度、前几天的饮食状况、是否计划在运动中补充糖，以及你选择的糖的种类等。对骑行运动员的研究（骑行是最容易研究的运动之一）已经证明，运动前 3 ~ 4 小时摄入高糖食物可使比赛（实验室模拟比赛）成绩提高约 15%，推迟疲劳感出现的时间，提高运动临近结束时的输出功率。一项针对径赛运动员的研究发现，对于那些经常需要进行减速和加速运动的运动员或者团队项目的运动员来说，运动前 3 小时摄入一顿高糖食物可以提高他们在间歇跑测试中的成绩，这个测试的具体内容为适度的跑速中穿插着每 5 分钟 1 次 30 秒的冲刺，直至力竭。

运动前 30 ~ 90 分钟摄入含糖食物也能提高耐力表现（约 7% ~ 27%），但是还没有研究结果显示，与运动前 3 ~ 4 小时相比，在此期间摄入含糖食物会对耐力表现产生持续的增强作用。如果参加早操或训练，非常有必要在这个时间段内摄入含糖食物，除非有反弹性低血糖症状或胃部不适，否则不会影响运动表现（小贴士 9.1）。还有研究发现，与食用高血糖指数食物相比（如白面包、土豆泥和玉米片），运动前食用低血糖指数食物（如扁豆、麸皮谷物、燕麦片、桃子和苹果），可以更好地维持运动员在耐力运动中的血糖水平，提高其耐力表现。然而，在运动前食用高糖且低血糖指数的食物所带来的好处并没有被普遍发现。从理论上讲，与食用高血糖指数食物相比，在运动前 1 小时左右食用低血糖指数食物，运动中葡萄糖的释放速度更慢。尽管缺乏一致的证据，但这对许多以素食为主的运动员来说是有意义的。常见食物的血糖指数见附录 D。

运动前什么时候吃，吃什么

具体摄入多少糖和水分以及什么时候摄入，取决于你进行的运动项目和个人的糖耐受水平。表 9.1 总结了运动前摄入含糖食物和水分的一般原则。建议运动员在运动前 2 ~ 4 小时按照 5 ~ 10 毫升 / 千克体重的标准补充水分，并且应该在运动前 3 ~ 4 小时摄入高糖食物（每千克体重 3 ~ 4 克糖），或者运动前 1 ~ 2 小时进行少量进餐或食用零食（每千克体重 1 ~ 2 克糖）。例如，一名体重 198 磅（约 90 千克）的男性田径运动员在运动前 90 分钟吃早餐，应该摄入 90 ~ 180 克糖和 450 ~ 900 毫升水；一名体重 132 磅（约 60 千克）的女性自行车运动员应在早上训练前 1 ~ 2 小时摄入 60 ~ 120 克糖，在下午训练前 4 小时左右摄入 180 ~ 240 克糖，在训练前 3 ~ 4 小时摄入 300 ~ 600 毫升水。表 9.2 提供了适合运动前食用的可提供 90 克糖的食物及其数量，主要是低血糖指数食物。此外，有证据显示，在运动前 5 ~ 10 分钟摄入具有较高糖耐受性的食物（如补液饮料，或水果加少量的水）可以进一步提高耐力运动和高强度运动的运动表现。运动临开始前补充糖和充足的水的效果与运动中补充糖的效果相似。

　　关于赛前一餐的液体摄入，其他研究表明，含钠量较高的汤（如肉汤）有助于运动员在运动中保持体内的水分平衡。在彭宁顿生物医学研究中心进行的一项研究发现，在持续 90 分钟的中等运动前，喝一杯半（355 毫升）的鸡肉面汤，摄入的钠超过 1300 毫克，这样可以通过增加饮水量和减少在运动中的水分流失来保持体液平衡。蔬菜面条汤也能起到同样的作用，可以保持炎热环境下长时间运动时的体液平衡。

表 9.1　运动前、运动中、运动后糖和水分的建议摄入量

时间	糖	液体
运动前24 小时	采用高糖饮食(每千克体重 5 ~ 10克糖)。在进行耐力运动，且时间超过 90 分钟时，应按照每千克体重 7 ~ 12 克糖的标准摄入	摄入大量的液体以确保体内水分充足，应监测尿液的颜色，应该是黄色到浅黄色
运动前1 ~ 4 小时	如果在运动前 1 ~ 2 小时补充，应按每千克体重 1 ~ 2 克糖的标准吃一顿饭或零食；如果运动前 3 ~ 4 小时补充，应按每千克体重 3 ~ 4 克糖的标准摄入	运动前 2 ~ 4 小时按每千克体重 5 ~ 10 毫升的标准补充液体，可以保证体内多余的水分在运动前有足够的时间以尿液的形式排出

续表

时间	糖	液体
运动前 5 ~ 10 分钟	如果需要，可以结合水以每千克体重 15 ~ 30 克的标准摄入糖，或者采用补液饮料补充	如果可能的话，在运动临开始前饮入 150 ~ 350 毫升（约半杯到一杯）液体
运动中	对于持续 1 小时以上的运动，应该在运动开始后不久按照每小时 30 ~ 60 克的标准补充糖。新的证据表明，如果糖源多种多样（即多种转运蛋白糖），那么在长时间的高强度运动中，每小时摄入 90 克可能是有益的	摄入足够的水分以保持体重，如果你不能做到这一点，能喝多少就喝多少，保证丢失的水分不超过体重的 2%。一般来说，根据运动规则和实用性，每 15 ~ 20 分钟摄入少量水可以促进机体最佳的水合作用。了解个人出汗率有助于实现个性化饮水目标。此外，在运动过程中也要防止体重增加，因为体重增加表明你摄入的水分过多
运动后	在激烈的比赛或训练后不久，进食混合类食物，以保证糖、蛋白质和脂肪的供应；为了促进肌糖原恢复，建议按照每千克体重 0.7 克的标准摄入糖；如果打算在短时间内快速补充能量（如，两次比赛之间间隔小于 8 小时），则应在运动前 4 ~ 6 小时，按照每小时 1.0 ~ 1.2 克的标准摄入糖；如果有增肌或促进机体恢复的需要，应按照每千克体重 0.25 ~ 0.3 克的标准摄入蛋白质	运动中，体重每减少 1 千克，应饮用 1.5 升的水。摄入钠溶液可以减少运动后摄入的水分以尿液的形式排出

　　其他一些关于运动前饮食的常识性指导原则是，只吃熟悉的、具有良好耐受性的、含有较少单糖和膳食纤维的高糖食品。尝试一种新的食物或新的运动补剂是好的，但最好在训练时尝试，而不要在重要的比赛之前。豆类等产气食物没有副作用，如果你喜欢，就大胆去吃吧！这些

和其他低血糖指数食物一样，可以在运动中缓慢释放葡萄糖，比高血糖指数食物更高效。另外，易产生气体的食物和高纤维的全谷物食物可能不太容易从肠道排出，并可能导致恶心、腹泻。如果你感到"胃部紧张"或在比赛前排便困难，要特别注意。

表9.2　运动前可提供90克糖的食物

早晨	估计提供糖／克
1杯爱尔兰燕麦片或刀切燕麦片	30
1汤匙生糖或红糖	15
1杯鲜桃汁	30
1杯豆浆	12～15
2杯水	—
共计	87～90
傍晚	估计提供糖／克
通心粉沙拉：由1杯通心粉、1/3杯鹰嘴豆、混合蔬菜、少量醋和油、调味汁制成	40～55
1片面包	15
1薄片（21克）奶酪或大豆奶酪	—
1个大苹果	30
2杯水	—
共计	85～100

清晨空腹锻炼

直接跟你说晨练前不吃早餐会影响你的运动表现是不公平的。实际上，凌晨4点起床，并在5点开始跑步训练前吃完早餐是非常疯狂的，至少我所接触的运动员都这样告诉我。最好定在凌晨3点，这样你就有足够的时间补充水分了。

事实上，在清晨锻炼之前吃东西并不总是必要的，有时禁食可能是你锻炼策略的一部分。科学研究和训练经验都显示：如果你在赛前几天不太注意营养的话，你的比赛时间越长、运动强度越高，赛前饮食越有可能发挥作用。最近的研究也发现，糖原在调节肌肉对高强度训练的适应方面起着重要作用。另外，限制糖供应的策略，如禁食状态下的运动、加强某些耐力系统的训练，可以加快脂肪燃烧。因此，有时在训练前进食是必要的，有时在禁食状态下锻炼是最好的策略。

我个人制定了清晨跑步的"三到四规则"。如果我前一天吃得很好，补水充足，我只喝几口水就可以轻松跑 3 ~ 4 英里（5 ~ 6 千米），并感觉很好；如果运动强度再大一点，一大杯补液饮料，或稀释的果汁，或半根香蕉就能让我保持清醒；但是如果我跑 4 英里（约 6 千米）或更多，我就需要早点起床，这样我就有时间在跑步前 45 ~ 60 分钟吃一顿低糖早餐。山地运动也是如此。制定一个类似的规则或一套个人指导方案可能是有益的，它让你知道自己的极限，甚至增加你宝贵的睡眠时间。

比赛前一周的糖负荷和营养

提到运动前的营养，必须得说一下糖负荷法。糖负荷法，也称糖原超量补偿法，是许多耐力运动员在赛前为使他们的肌糖原存储量高于正常值进行的练习，有时其他运动员也会使用此方法。事实上，这种方法已经被证明可以提高男性运动员在超过 90 分钟的耐力训练中的表现。女性运动员的表现也有所改善，但不如男性运动员的改善明显。

与比赛前简单地摄入高糖食物不同，糖负荷法要求运动员在比赛前特定的几天内遵循饮食-锻炼计划。20 世纪六七十年代的经典糖负荷法主要是在比赛前一周使用：首先是一个消耗阶段，要求运动员进行一次力竭训练；之后再进行连续 3 天的低糖（小于总能量的 10%）饮食；最后是 3 天的高糖饮食（占总能量的 80% ~ 90%）。虽然这个方案在糖原的超量补偿与储存方面优于正常的高糖饮食，但低糖饮食阶段会产生副作用，包括疲劳、易怒、对糖的渴望和易感染。修改后的方案建议减少训练量，并且采用正常的高糖饮食（占总能量的 55% ~ 60%），一直到比赛前的第 3 天，然后再转向高糖饮食。尽管省略了消耗阶段，并简单地遵循了高糖饮食方式，但与低糖饮食方式相比，研究者已经发现这种方法可以在赛前几天提高跑步、踢足球和其他体育项目的运动表现。这种饮食方法并不是真正意义上的糖负荷法，因为它只是确保运动员体内糖原储存充足，而不是在运动开始时超量补偿。

一个耐力运动项目的运动员应该如何实施糖负荷法呢？目前还没有明确的答案。尽管已经进行了很多相关研究，但糖负荷法还没有一种固定且被大家认可的方案。最近的两项关于糖负荷法的正确饮食和训练方案的研究得出了几乎矛盾的结论。一项研究发现，为了最大限度地发挥糖原的超量恢复效应，必须彻底减少糖的摄入量。在这项研究中，男性运动员需要进行一次糖原消耗运动（120 分钟中等强度的骑行运动紧接着 1 分钟的短跑至力竭，消耗糖原运动组）或一次较轻松的运动（20 分钟中等强度的骑行运动，轻松运动组），再进行连续 7 天的高糖饮食（每千克体重 9 克糖）。消耗糖原运动组运动员的肌肉糖原含量在第 3 天达到基线水平的 138%，在第 5 ~ 7 天达到 147%；然而，轻松运动组肌肉糖原含量在第 3 天升高到了基线值的 124%，在第 3 ~ 7 天之间下降到与基线相似的水平。另一项研究发现，短期的高强度运动后再摄入大量高糖食物，能使运动员的肌糖原含量在 24 小时内得到超量补偿。在这项研究中，男性运动员在功率自行车上进行了短时间的冲刺训练，然后食用高糖食物（每千克体重 10.3 克糖），强调必须为高血糖指数食物；冲刺训练主要为 30 秒的最大强度功率自行车运动。在这个 24 小时的训练中，所有肌肉纤维中的肌糖原存储增加了约 80%，这个结果与第一个研究中第 2 ~ 6 天的结果相当。

正如你从这两项研究中所看到的，一项研究表明一个较长的时间段对于糖原超量恢复是必要的，另一项研究表明超量恢复可以在高强度运动和高糖食物摄入后的 24 小时内实现，因此很难给出具体的建议。因为这两种方案似乎都对糖原的超量恢复存储有影响，运动员可以从最方便的方案开始，如果没有得到预期的效果，就切换到替代方案。然而，有研究者认为，真正的糖负荷法不应频繁使用，因为在额外的糖原堆积的情况下，体内的酶似乎适应并失去了对糖负荷的反应能力。因此，你应该只在最重要的比赛之前使用糖负荷法。此外，使用糖负荷法会导致少部分水分潴留，进而导致体重增加（0.5 ~ 1 千克）。因此，那些对体重具有较高要求的运动项目的运动员不适合使用糖负荷法，如田径中的短距离跨栏项目。耐力运动员不必担心这种体重上升，因为额外的燃料带来的好处抵消了小幅度体重增加带来的负面影响，而体重通常会随着运动的进行而恢复。

运动中优先考虑营养和水分

在练习、训练和比赛中，你的营养目标是摄入足够的糖（如果有必要的话）来优化运动表现，并摄入适量的水分来保持体内的水合作用。研究几乎明确地表明，运动期间每小时摄入 30 ~ 75 克糖，无论是长时间的运动还是间歇性高强度运动，都有助于提高运动成绩。在模拟耐力比赛期间，补充糖可提高耐力水平，提高比赛成绩，同时还能提高短跑能力和比赛结束时的动力输出。尽管我们对团队运动知之甚少，但越来越多的研究表明，在足球、橄榄球、曲棍球、篮球等多种运动中，在比赛前和比赛中摄入糖很可能会增强间歇性运动能力。糖的摄入对上述运动项目的促进作用与耐力运动项目相似，在比赛快结束时影响最大。其中一项研究表明，在对大学足球运动员的运球、敏捷性和射门进行研究时，相较于安慰剂组，使用含糖饮料的运动员的运动表现有所提高。在另一项研究中，糖的补充提高了网球运动员在加时赛最后阶段的击球质量。摄入的糖很有可能是通过维持血糖浓度以确保工作肌肉有持续的血糖来源，或通过激活大脑中的奖励中心来发挥上述益处的，这些益处在比赛后期或中场休息后最为明显，因为此时机体的肝糖原和肌糖原已经消耗殆尽。在更长时间的运动中，这些益处是独立于运动前摄入的糖所获得的益处之外的。

最近 10 年的研究表明，用糖溶液漱口（又称糖的口腔感应）可能对运动表现有益处。这种方法主要是将糖溶液含在口中，漱口数秒，对持续大约 1 小时的运动有益，可以将运动表现提升 2% ~ 3%。对于那些经过一夜禁食的运动者，这种方法的效果会更加明显。糖与口腔和口腔感受器的接触被认为主要通过刺激大脑和中枢神经系统的部分区域来增强满足感、增加自我选择的工作输出，最后产生运动效益。尽管如此，还是有研究表明，与采用糖溶液漱口的方法比较，摄入糖可能会带来更多的运动表现收益。

如果摄入水分，不管有没有摄入糖，都能确保最佳运动表现。很多关于水分摄入的研究已经表明，在运动中摄入水分可以改善耐力表现，糖和水提高运动表现的作用是相互独立且可以叠加的。例如，20 世纪 90 年代末在英国进行的一项研究发现，男性和女性跑步运动员在每 15 分钟摄入 180 毫升水分的情况下，与未摄入者相比，他们在力竭前可多跑 33% 的距离。跑台测试也得到了相似的结果：在运动中补水时，他们从开始到力竭的时间为 133 分钟；而没有补水时，这个时间为 78 分钟。得克萨斯大学奥斯汀分校的研究发现，与只摄入 200 毫升的水分相比，男性运动员在摄入 1330 毫升的水分后，短跑成绩提高了 6%，这些水分足以补充因出汗而损失的体液的 80%。在这项研究中，运动员首先以相对较快的速度骑行 50 分钟，然后进行 10 分钟的冲刺，直到结束。不出意料，当运动员饮用 1330 毫升含糖饮料时，成绩提高了 12%。

水分摄入不足会导致脱水，摄入过多则会导致过度水合，二者均有可能导致严重的健康问题，甚至危及生命，都应该予以重视。简言之，不同程度的脱水在运动中是很常见的，因为运动员通常只是通过补水解渴，但最终摄入的水分却不能抵消出汗时发生的体液流失。这主要是由于口渴并不能作为补充水分的适当依据，因为造成口渴的因素有很多，包括水的可获得性、比赛规则、对比赛或训练的强烈关注，甚至与锻炼时的饮水技巧有关。美国运动医学会、美国营养与饮食学会、加拿大营养师协会建议运动员在运动期间尽量避免体液流失量超过体重的 2%。小于体重的 2% 级别的体液流失会影响认知功能和有氧运动的表现，尤其是在炎热的天气。随着流失的体液的增多（体重的 3%～5%），无氧运动能力和体育专项技能表现会受到影响。脱水还会导致体温升高、头痛、头晕、肠胃不适和注意力不集中等问题，严重者甚至会危及生命。所有这些症状都是血容量下降的结果，因为血流减少会影响皮肤散热，进而减少身体对水分和食物的吸收效率。如果不及时采取措施，脱水会导致热衰竭、热痉挛、疲劳、中暑，甚至死亡。运动中体液流失的估算方法见小贴士 9.2。

在马拉松和超级马拉松等耐力比赛中，低钠血症（又称"水中毒"）已经成为运动医学界比较棘手的问题，它可导致致命疾病发病率和与比赛相关的死亡率上升。如果个体过度补水，过多的水分就会在血液中聚集，从而导致钠离子浓度降低（小于 135 毫摩尔 / 升）。对于运动员来说，低钠血症通常是由于在耐力运动中过量饮用低钠饮料而导致的。一份报告发现，在 2002 年的波士顿马拉松赛中，大约 13% 的运动员出现了低钠血症，其中有接近 1% 的人症状较为严重（钠浓度小于 120 毫摩尔 / 升）。在这次比赛中，低钠血症最明显的表现是体重增加 1 ~ 5 千克，这是由于运动员摄入的水远远超过出汗量所造成的。这项研究和其他一些研究也表明，出现低钠血症风险最大的人群是女性运动员和速度较慢的运动员，他们在比赛中处于较后的位置；低钠血症也确实会发生在男性运动员身上，而且随着比赛中非甾体抗炎药物使用的增加，低钠血症的患病率似乎也会增加。为了避免发生低钠血症，运动员在参加所有训练项目时应该知道他们出汗率的大概值，他们的饮水量应以出汗率为准。运动员应该谨慎对待持续时间超过 2 小时的比赛，比赛期间应摄入含钠饮料（如高钠液体补液饮料）或者含钠食品。

低钠血症的一般症状是非特异性的，包括疲劳、恶心和神志不清，严重的可导致癫痫大发作、呼吸停止、急性呼吸窘迫综合征、昏迷和死亡。

除了糖和水，在持续时间超过 2 小时的运动中，或者重度出汗（大于 1.2 升 / 时）时，或者你本身就是一个能出汗的人，钠的摄入都是非常有必要的。汗液中钠的平均浓度为 1 克 / 升，但是不同的运动员汗液中钠的浓度会有所不同。如果你发现自己的深色运动装备或者衣服上有汗渍，那么你就是一个能出汗的人。

运动中个人出汗率和水分需求量的估算方法

• 测定裸体体重（千克）（上厕所后），刻度必须精确到 0.1 千克。

• 进行 1 小时的规律运动或训练，其间不能饮水；也可以锻炼 30 分钟，然后把结果乘以 2。

• 用毛巾擦干汗液，并称体重。

• 用运动前的体重减去运动后的体重。

• 体重损失与体液损失成正比，1 千克的体重损失等于 1 升体液损失。

• 用体液损失量除以运动前的体重，再乘以 100%，计算出体液流失百分比。

例如：

一名体重为 90 千克的运动员，经过 1 小时运动后体重下降到 88.6 千克。

• 90.0－88.6 = 1.4 千克

• 1.4 千克 = 1.4 升（1400 毫升）

• 出汗率 = 1400 毫升 / 时

• 体液流失率 =（1.4 千克÷90 千克）×100% = 1.6%

训练和比赛中的进食时间和食物选择

关于运动中糖和水分的摄入量指南请见表 9.1。一般来说，无论是比赛还是训练，当时间超过 60 分钟时，都需要补充糖。此外，你还需要记住，当比赛间歇很短或赛前补充不够时，补糖也非常有效，同时应兼顾口感。推荐摄入方案为采用高血糖指数食物，每小时补充 30 ~ 60 克糖。为了达到最好的补糖效果，应该在比赛规则允许的情况下有规律地补糖，而且应该在开始运动后不久就开始补充。

然而，另有证据表明，较高的糖摄入量（如 90 克 / 时）在耐力和超耐力项目中可能是有益的，如马拉松、超级马拉松、世纪（160 千米）和双世纪（320 千米）自行车赛，以及冒险赛。运动员应争取每小时摄取较多的糖，摄取含有多种糖类的食物，而不是单一的糖类食物，如葡萄糖和果糖，这被称为多转运体糖。过去，科学家们认为肌肉每分钟最多能吸收和消耗 1 克糖——不管体型大小，但新的研究表明事实并非如此。限制因素是肠道，因为在肠道中，不同的载体负责运输不同的糖，如葡萄糖和果糖会穿过小肠壁进入血液。如果只摄入单一的糖类，身体每小时只能吸收约 60 克；但是如果摄入多种类型的糖，就可以动员不同的载体，吸收率会上升至每小时 100 克。值得高兴的是，水果和果汁中含有多种糖（详见下图），许多补水运动饮料也是如此。

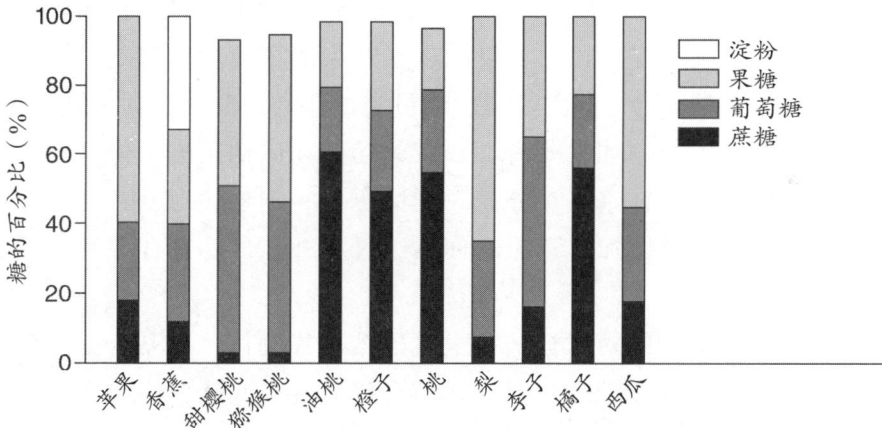

部分新鲜水果中糖的种类（数据来自美国农业部）

与补糖一样，在进行超过 1 个小时的训练或比赛时，应该有规律地补水。当然，在运动开始时你需要充足的水分，否则你就要更加重视液体的摄入了。美国运动医学会、美国营养与饮食学会、加拿大营养师协会建议，为了防止运动过程中脱水，在运动期间应该摄入足够的水或饮料，以补充运动期间随汗液流失的水分。个体的出汗率随着运动强度、运动持续时间、体能水平和运动环境的变化而变化，一般保持在 300 ~ 2400

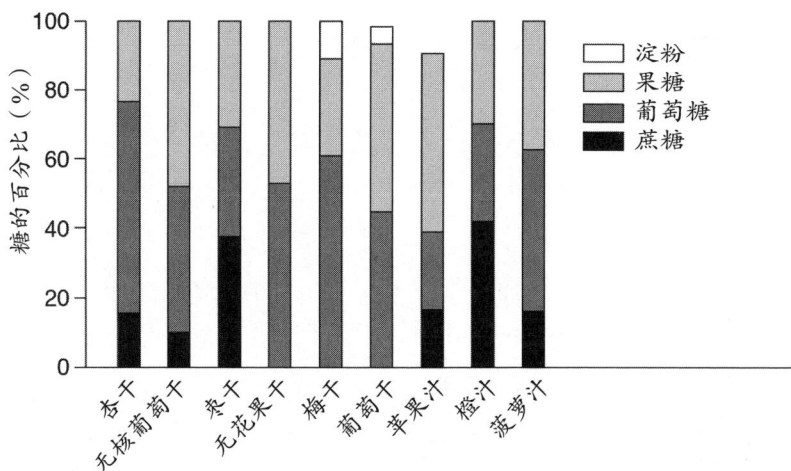

部分果干和果汁中糖的种类(数据来自美国农业部)

毫升/时。然而，如果可以的话，最好知道自己对液体的需求量，它会随着你的训练时期、运动类型、运动环境的变化而变化。初步证据表明，有文身的皮肤产生的汗液比无文身的皮肤产生的汗液少，但其中钠的比例要高得多，这一点对于有文身的运动员来说非常重要。根据小贴士 9.2可以计算个人的出汗率和水分需求。在运动前和运动后测量体重也能帮助你确定是否有过度补水或水分流失的情况。一定要注意，若你在运动期间发现自己的体重增加，意味着你已经过度补水，并且存在发生低钠血症的风险。

　　了解自己运动期间对水分的需求可以帮助你制订一个基于比赛项目规则的、合理的私人饮水计划，确保你不会摄入过多或过少的水分。例如，我通常的目标是每小时摄入 1 升水，因为在进行中等强度的跑步运动时，我的出汗率大概是 1 升 / 时。当我跑长跑时，我会根据补给站之间的距离和我估计的跑步速度来决定我需要摄入的水分。若补给站之间相距太远（如马拉松比赛中每 8 千米左右才有一个补给站），我会考虑让家属给我带水，或者我自己带。在跑步训练期间，或者自行车、越野滑雪的比赛期间，我会在既定路线上提前备好需要的饮用水，这样我就可以从补给站或者家人朋友准备的户外水壶获取水分。如果我参加的是团队项目，我会在赛前提前估算好在赛间休息时间、替补时间和暂停时间需要摄入的水分，并将其与我预期的上场时间和替补时间平衡好。这听起来可能有点麻烦，但不适当地补水会影响运动表现，严重者甚至危及生命。

液体和糖的摄入指南

水和运动饮料可以补充体液。一般来说，标记为补液饮料的运动饮料应该含有 6% ~ 8% 的糖，以及少量的钠和钾（小贴士 9.3）。它们不应该被碳酸化，因为碳酸饮料更难喝，而且在运动时也没有较好的耐受性。运动饮料的优点是方便，为运动中的个体提供了一种良好的糖和水分的来源，而且口味适合大部分人群。如果沿途可以获得水分，采用运动果冻补充能量也是一个不错的选择，每袋运动果冻约含有 20 ~ 25 克糖，且便于携带。运动果冻和普通果冻豆都可以提供糖、钠和钾，但应与水一起服用，含有蛋白质、糖的运动饮料和果冻也是可用的。最后，再强调一次，一定要选择易于吸收的运动饮料，运动果冻要与水一起服用。

小贴士 9.3

6% ~ 8% 的糖溶液有什么神奇功效

运动员饮用运动饮料的目的是让身体尽快吸收水、糖和电解质，并且不会令胃肠不适。需要注意的是，饮料中的糖浓度会在很大程度上影响饮料从胃中排空的速度，以及肠道对糖的吸收速度。研究表明，2% ~ 8% 的糖溶液通常会从胃中迅速排出，并会像水一样被吸收，甚至比水的吸收率更好。水分子在肠道内被吸收时，糖和电解质会将水分子拉到旁边，从而使其被更好地吸收。因此，糖含量为 6% ~ 8% 的饮料不会影响运动过程中的液体补充，反而会提供额外的能量来源。一些运动员可能会耐受糖含量较高的饮料（最高 10%），但这些饮料通常会使胃吸收延迟，并可能引起肠道不适和腹泻。

大多数运动饮料的浓度都在这个范围内。需要注意的是，大多数果汁、果汁饮料、"能量饮料"和苏打水的糖浓度都过高，以至于很难被机体吸收，而且运动时服用易引起不适。你可以通过含糖饮料的体积来确定糖的百分比。

糖的百分比 = 每份饮料的含糖量（克）÷ 每份饮料的体积 × 100%

例如，一杯（236毫升）苹果汁约含有29克糖，按体积计算苹果汁中的含糖百分比：

糖的百分比 = 29克 ÷ 236 × 100% = 12.3%

因此，在饮用苹果汁时需要将其稍微稀释，这样有利于在运动中身体对糖的吸收与利用。

这种计算方法不适用于牛奶等含蛋白质的饮料。此外还需要注意，饮料中糖的体积百分比与糖所提供的能量百分比是两个不同的概念。

注：数据来源于美国农业部食品成分数据库。

然而，作为一个素食者，你或许会更加喜欢天然的、未经加工的含糖食品。那么，你可以采用以下摄入方案：稀释的果汁（118毫升的果汁与118毫升的水混合制成，含6%的糖）、低钠蔬菜汁（如果汁含量为7%的胡萝卜汁），以及水果或面包等固体食物与水一起摄入。

一些素食者可能比较喜欢蜂蜜，尤其是小包装的蜂蜜，如果是这样，你可以用它来代替运动果冻。几项研究表明，蜂蜜和易消化的固体食物在增加血糖和提高运动表现方面和液体食物一样有效，但前提是和水一起摄入。

糖和水的补充指南：选择6%的糖溶液，也就是每摄入15克糖就需要饮用约236毫升的水。你可以发挥自己的创造力，开发你自己的配方，自制一种以水果为基础的补液饮料，具体方法见小贴士9.4。

制作属于你自己的补液饮料

你可以使用以下配方制作补液饮料，所制作的饮料中含有6% ~ 7%的糖、600 ~ 700毫克的钾、291毫克的钠（0.75克盐）或581毫克的钠（1.5克盐）。这些饮料将是葡萄糖、果糖和蔗糖的天然混合物。可以尝试添加新鲜草本植物，如薄荷、罗勒或迷迭香，一点调味果醋或者柑橘。这些物质也可以添加到白开水或苏打水中，让你的水有不同的口味。

配方1

3/4 杯（177 毫升）苹果汁（最好过滤）

1½ 杯（354 毫升）酸樱桃汁、石榴汁或葡萄汁

大约用 2 杯（472 毫升）冷水制作约 1 升饮料

1/8 ~ 1/4 茶匙（0.75 ~ 1.5 克）食盐（非低钠，最好加碘）

配方2

2¼ 杯（531 毫升）葡萄汁（最好过滤）

大约用 2 杯（472 毫升）冷水制作约 1 升饮料

1/8 ~ 1/4 茶匙（0.75 ~ 1.5 克）食盐（非低钠，最好加碘）

注：1茶匙（6克）食盐约含有2325毫克钠。

耐力和超耐力运动中的营养补充注意事项

如果你需要运动5小时以上，你就要特别注意运动中糖和水的摄入；此外，钠、钾、蛋白质等也会有较大的消耗，因此也需要注意补充。耐力和超耐力项目运动员都会有一个有趣的经历，即越是需要补糖的时候，他们对糖越感厌倦，尤其是甜度较高的糖。运动前，你应该在衣服口袋、腰包或者你自己的冰箱里（如果有条件的话）放上各种含糖食品，这样有助于防止上述"厌糖症"的发生。这些含糖食品包括：不同口味的补

液饮料、整块或切片水果、每日坚果、能量棒、加盐烤土豆、椒盐卷饼、玉米饼、花生酱三明治、素食汉堡，还有汽水和酸味果汁（如柠檬水和葡萄柚汁）等。

当你在超长耐力比赛中喝汽水时，可以忽略补糖定律。一杯起泡冷汽水或酸果汁的味道可能正是你在运动中或运动结束时所需要的。只要记得在其后摄入等量的水就行了。最后，带几包盐，盐可能是你所需要的，它可以增强你的含糖食物的口感。比如你可能想在西瓜甚至桃上撒些盐来补充钠和钾，因为长时间出汗会导致钾流失。尽管还没有完全得到研究的支持，但钠的摄入可以降低发生低钠血症的风险。一个大概的原则是，在每升的补充液体中尽量加入 230 ～ 460 毫克的钠和 119 ～ 195 毫克的钾。如果你喜欢喝白开水，那么摄入的钠可以来自腌制食物或较咸的食物。最重要的是根据你身体所需摄入营养物质。如果你在运动期间或之后想吃盐，那就吃吧，因为你可能真的需要它。

团队运动中营养补充的注意事项

对于足球、篮球、排球和橄榄球这样的团队项目来说，运动中的营养补充也是一项独特的挑战。如果你是球队的一员，不管是不是长期的替补球员，你都需要做好上场准备。团队运动员还必须在比赛规则允许的时间（如中场休息或暂停）摄入糖和水。在许多情况下，团队项目运动员被限制只能摄入特定的运动产品，而且可能不被允许摄入固体食物，如香蕉或西瓜片。

你必须记住，机体对于糖和水的需求量会随着比赛中的运动量或比赛次数的变化而变化，你需要根据实际情况进行补充。同样，如果你在久坐不动或者运动较少的情况下大量摄入运动饮料和含糖食品，你的体重会不合理地增加。（相关内容详见第 13 章。）

始终在运动场地附近准备一两个标有你名字的水瓶，并在其中一个瓶子里装入运动饮料，可以在强度较大或时间较长的运动期间饮用。研究人员在一项针对澳大利亚篮球、网球和足球高水平运动员的研究中发现，影响运动期间补液的因素有：运动员是否有单独的水瓶、运动员在训练期间与水源的距离、是否鼓励运动员饮水、运动员是否知道自己的出汗率。比赛中的休息时间和换人的次数、比赛持续时间，以及比赛规则都有可能对运动员补液产生影响，但这些因素都在可以控制的范围之外。如果实在不喜欢喝水（的确有运动员告诉我他们不喜欢），你可以尝试按照小贴士 9.4 制作喜欢的补液饮料。

在运动期间要注意营养摄入的多样性，设计一个适合你的营养补充方案（图片来源：Mosquidoo/fotolia.com）

优先安排运动后的饮食

训练或比赛后的饮食要为体能恢复和训练适应提供必需的营养，所以非常重要。然而，这一餐往往是最容易被忽视的，主要是因为许多运动员在经过高强度、长时间的运动后（特别是在高温环境下）会食欲不振。运动员也可能没有立即摄入食物，而是想去放松、庆祝——毕竟他们努力工作了！然而，运动后的营养不足会减弱训练的效果，也会使接下来几天的训练变得困难。

建议运动员在训练或比赛后立即食用含有糖、蛋白质和脂肪的食物，同时也要注意补充在比赛期间损失的水分，所以还应该摄入运动中所丢失体重的 125% ~ 150% 的水，也就是每丢失 1 千克体重就需要摄入 1.25 ~ 1.5 升的水，并在你的恢复餐中摄入一定量的钠和钾。在运动时钠和钾会随汗液流失，运动后及时补充这两种矿物质有助于恢复体液平衡。英国最近的一项研究表明，与水、咖啡、茶等相比，运动饮料、橙汁、牛奶更能有效地促进液体存留。虽然素食的饮食方式主要是全食，素食中可能含有充足的钾（来自水果、蔬菜），但素食中包含的钠较少。如前所述，对于那些不吃盐和加工食品的运动员来说，在训练期间，钠的摄入是一个值得关注的问题。事实上，自由地摄入钠通常更适合运动员，尤其是那些汗液中盐分多的人或者口味较重的人。你还需要记住，在运

素食者观点：制订比赛前和比赛中的营养方案

我的胃很健康，对纤维素具有较好的耐受性（在高热量饮食期间摄入量可达到 100 克/天），但我仍然对自己在比赛前和比赛中的饮食持谨慎的态度。在比赛前，我会进行连续 3 天的低绿叶蔬菜饮食，以此来减少膳食纤维的摄入量。此外，我会提高全谷类食品、精制食品的摄入量。没有什么比个性化的营养方案更适合自己，我们可以先研究并制订方案，然后在训练和不太重要的比赛中进行试验。例如，我发现自己需要的水比根据体重估算的要少，在重大比赛前多睡 1 小时左右比吃一顿丰盛的早餐更重要。对于长距离铁人三项比赛，我的偏好是尽可能晚睡，然后喝一杯含咖啡因的饮料（通常是咖啡），确保我能正常排便，而不是凌晨 3 点起床。然后在比赛开始前 10 分钟，我会喝一杯含糖饮料或吃一根香蕉。如果我的训练状况良好，并且在前一天摄入了足够的食物，我就能顺利完成游泳和自行车比赛，在这两个项目里我也会摄入更多的含糖饮料。

动开始前的一餐中加入高钠面条汤可以防止体液流失，增强运动中的补水效果，保持运动中及运动后的体液平衡。

然而，运动后营养重点取决于你那天的训练强度和你（或你的教练）接下来几天的训练计划。例如，当你进行了 2 小时的跑步，并在第二天按照计划进行快节奏跑之后，你的营养目标主要是补充肌糖原，这比怎样安排你的休息日更重要。同样，如果你在早上参加了一场高强度、长时间的排球比赛，并且希望在之后的比赛中打出较好的成绩，你就需要尽可能多地补充含糖食物。但是，如果你完成了一个 45 分钟的举重练习或快速伸缩复合练习（这种运动不太可能耗尽糖原储备），你的重点则是补充蛋白质和糖，以促进肌肉的生长和修复。在这种情况下，忽视运动后营养可能会影响你抗阻训练的效果。

肌糖原会在剧烈运动后期消耗殆尽，因此在高强度的训练中始终应优先补充糖。运动后 20 ~ 30 分钟补充糖（0.7 克 / 千克体重）对于肌糖原的恢复至关重要，它可以消除肌肉疲劳、加快蛋白质合成。研究表明，在运动后一餐和每天总体的饮食中确保糖占有较高的比重，可以使肌糖原在 24 小时内恢复。同样，如果你第二天要继续进行训练，这一点尤为重要，因为低肌糖原储存会影响后续的训练和运动表现。

为了在运动后快速补充肌糖原并确保在 8 小时内迅速恢复体能，目前的建议是在运动后 4 ~ 6 小时内，按照每小时 1.0 ~ 1.2 克 / 千克体重的标准补充糖。还有证据表明，与只补充糖相比，运动后同时补充糖和蛋白质，肌糖原恢复速度更快。研究已经证明，糖和蛋白质按照 3：1 或 4：1 的比例摄入都是有益的，但这些可能没有什么神奇之处。激烈的运动通常会抑制你的食欲，特别是赛跑项目，运动后应立即摄入含糖和蛋白质的饮料或零食，几小时后再吃一顿含糖、蛋白质和脂肪的食物（表 9.3）。这种营养补充方法可以让你在随后洗澡时、回家路上或去餐厅的路上补充肌糖原。

混合饮食可以提供高质量的植物蛋白或乳蛋白，如大豆、其他豆类、鸡蛋、牛奶或希腊酸奶，这对于大多数素食运动员来说已经足够。在耐力训练或力量训练后同时摄入糖和高质量的蛋白质，可提供机体所需的氨基酸，刺激肌肉蛋白的合成。最近的研究表明，亮氨酸可能是刺激肌肉蛋白合成的信号，我们通常需要摄入 8 ~ 10 克的必需氨基酸才能满足机体对亮氨酸的需求。一些研究表明，乳蛋白含有较多易于吸收的亮氨酸和支链氨基酸，有利于快速增肌。最近的一项荟萃分析发现，在持续时间为 6 周及以上的训练中，大豆蛋白和动物蛋白对力量增长和瘦体重的增加的影响没有显著差异。这一点证明，尽管运动后立即补充乳制品具有短期的优势，但是对于长期训练来说这种优势是不明显的。关于其他蛋白质的研究，包括植物蛋白组合，是有必要的。截至目前，尚未有研究对食物中的植物蛋白组合进行评估，但这些组合中含有丰富的亮氨酸。

表9.3 运动后提供糖和蛋白质的食物

食物	所含的糖与蛋白质的比例
1 个小苹果和 1 杯牛奶	27：8
1 个小苹果和 1 片大豆奶酪	15：6
1 根大香蕉和 2 汤匙花生酱	30：7
2 汤匙葡萄干和 2 汤匙杏仁	15：7
4 块全麦饼干和 1 杯豆奶	34：10
1/2 个大贝果面包和 1/4 杯白软干酪	30：12
1/2 杯水果和 1 杯原味酸奶	28：8
6 英寸玉米饼卷 1/2 杯豆子	30：7
1 杯低脂巧克力牛奶	26：8

注：单位换算请参考附录 F。

研究还表明，在耐力和力量训练后同时摄入糖和蛋白质会刺激肌肉和其他组织的生成和修复。希望增肌的运动员应特别注意运动后蛋白质的摄入，以获得更好的训练效果，目标摄入量为 15 ~ 25 克蛋白质或每千克体重 0.25 ~ 0.3 克蛋白质。例如，前面提到的 198 磅（90 千克）男性田径运动员和 132 磅（60 千克）女性自行车运动员，蛋白质目标摄入量分别为 23 ~ 27 克和 15 ~ 18 克。最后需要注意的一点是，在高强度耐力训练后的恢复餐中要加入脂肪，这样可促进肌肉脂肪滴的替换。（具体内容见第 4 章。）

现在，你知道了在运动前、运动中、运动后摄入合适的食物和水，在改善或优化训练效果、提升运动表现方面具有很大的作用。事实上，在这段时间里优先考虑膳食营养可能对你的益处更大，比任何运动补剂所提供的帮助都明显，这也是下一章的主题。

10 判断是否需要膳食补剂

　　20世纪90年代末，我和同事进行了一项研究——评估肌酸补剂对大学女足球运动员休赛期表现的影响。我对这项研究中的一名运动员的印象格外深刻，当时也非常喜欢与她聊天。除了训练刻苦之外，我还记得她从小与父母一起生活，是一个非常注重健康的半素食者，最喜爱的食物是豆腐。值得一提的是，我认为她的父母在某些观点上与我有些相似。当我们带着肌酸补剂研究项目找到她所在的队伍时，她是很不愿意参与的，并私下跟我说，她不愿使任何"人造的"的东西进入身体。我完全认同这种观点。可能是出于队友都参加的原因，她最后也同意了参与这项研究。我们会在为期13周的春季训练中，在她饮用的运动饮料中随机加入肌酸或者安慰剂。我很欣慰地发现她被随机分配到安慰剂组而不是肌酸组，因为当时我主要负责在运动饮料中加入肌酸或安慰剂，并将其发放给参与的队员，所以，我非常乐意使用随机分配方案。有趣的是，她并不知道自己服用的是安慰剂，但她的身体却表现出服用肌酸时才会出现的副作用，包括恶心、头痛、颤抖和体重增加。由于她确信自己被分配到肌酸组，所以她提前2周就退出了研究。她告诉我，她不能再继续使用下去了，但她可以配合我们收集她最终的运动表现数据。当我们最后告诉她，她被分配在安慰剂组，没有服用肌酸的时候，她感到非常不好意思，并向我们表达歉意。然而，考虑到她的背景，这些都是可以解释的：她十分排斥运动补剂，或者说任何非天然草药制作的补剂，以至于在心理暗示的作用下，她出现了许多服用肌酸时才会出现的副作用。作为对她的安慰，我们送给她一包蔓越莓干——一种天然的、浓度适中的素食肌酸。

——D. 埃内特·拉森 - 迈耶

  尽管这可能是陈规定型的观念，但我认为，素食运动员对运动补剂的看法总体上与其他人不同。与大部分运动员一样，我们希望跑得比别人快、跳得比别人高、在比赛中获得胜利，但我认为，一些人为了夺得比赛的胜利，在可接受与不可接受的方式之间画出了不同的界限。素食运动员通常不会不惜代价来赢得比赛的胜利，比如，他们不会使用强效运动补剂，因为他们认为与其承受这些产品带来的未知的健康风险，不如通过刻苦训练、合理饮食，使自己拥有一个健康的体魄和较好的竞技状态。当然，这并不意味着我们对增强免疫功能、缓解更年期不适以及促进长寿的采用天然草药制成的补剂不感兴趣。与其他运动员一样，素食运动员可能喜欢使用天然草药和其他素食制成的运动补剂，但对最新的、最流行的、人工合成的运动强力剂不感兴趣。

  运动员经常会收到大量的关于运动补剂的信息，通常这些信息来自媒体广告、教练或队友。因此，本章旨在帮助你了解各种类型的运动补剂、它们目前受监管的情况，以及合理的使用时机。我曾有幸成为国际奥林匹克委员会（简称"国际奥委会"，IOC）医学科学委员会负责评估膳食补剂在高水平运动员中的作用的专家组成员，现在的我比以往任何时候都更清楚地认识到膳食补剂是高水平运动员合法备战比赛的一项重要内容。如果使用得当，运动补剂可以在个体健康、训练效果、比赛表现等方面发挥重要的作用，这对于那些一心想要突破自身极限的健身爱好者和业余运动员来说是一个不错的选择。然而，给膳食补剂下定义是一项具有挑战性的工作。国际奥委员会医学科学委员会认为，应将补剂定义为日常饮食之外的、可以使个体获得健康或在运动表现方面获益的食品、食物成分、营养素或非食物化合物。根据这个定义，膳食补剂包括用于预防或治疗营养缺乏症、提供大量营养素以及可以直接或间接改善运动表现的产品。由于前文已经介绍了用于预防和治疗营养缺乏症，以及补充营养素的膳食补剂（如铁、维生素 D，以及能量棒、运动饮料和运动果冻等），因此，本章将重点介绍具有提高运动表现作用的补剂，以及声称对健康有益的特定草药和植物产品。下一章将讨论预防和治疗炎症的运动补剂。

市场上有很多运动补剂产品，因此本章还会提供评估运动补剂的方法，这样你在任何时候都可以根据自己的需要做出明智的决定。本章的最后会列出关于几种具有强力作用的运动补剂的总结，这些补剂是国际奥委会医学科学委员会根据现有的研究证据选出的，通常按照既定的补充方案使用就可以提高运动表现，还有一些补剂可能是素食运动员感兴趣的。然而，所有草药和素食产品的详细讨论都超出了本文的范围。如果你想了解更多信息，请参考表 10.1。

表 10.1 美国膳食补剂信息的主要来源

组织／机构	信息
美国植物委员会（American Botanical Council，ABC）www.herbalgram.org	这个有关草药信息的网站由 ABC 提供支持。ABC 是一家领先的、独立的、非营利的国际成员组织，提供基于科学和传统信息的教育来促进草药的合理使用，提供有关德国 E 委员会的信息。非会员可以访问 ABC 的一些常规资源和数据库；缴纳年费的会员可以使用全部访问权限
美国草药药典（American Herbal Pharmacopoeia，AHP）www.herbal-ahp.org/index.html	AHP 的使命是促进草药有效使用，并确保它们的安全性和有效性。AHP 已经为植物学制定了鉴别标准、纯度标准和分析标准，并出版了一套关于特定草药补剂的专著，包括许多在美国最常用的印度传统医学草药、中国草药和西方草药。该药典可以在网站上免费获得，也可以去当地图书馆查看
膳食补剂质量倡议书（Dietary Supplement Quality Initiative，DSQI）www.supplementquality.com	该网站提供了获取有关补剂质量和补剂制造商的信息和方法
医学草药数据库（HerbMed）www.herbmed.org	该数据库提供使用草药维护健康的科学数据的访问链接。它是非营利性替代医学基金会提供的基于证据的信息资源。你可以免费获得 20 种流行草药的信息，订阅用户还可以获得 100 多种其他草药的信息。除了有关临床研究、案例研究和对传统用法的描述的文本外，该网站还有关于禁忌证、毒性作用、不良反应、药物相互作用、草药的化学成分及其生化作用机制的更多信息

续表

组织／机构	信息
美国国立卫生研究院膳食补剂办公室（National Institutes of Health Office of Dietary Supplements）https：//ods.od.nih.gov	该网站提供了包括个人维生素和矿物质在内的膳食补剂的最新信息，以及可用于日常运动、提升运动表现、减脂的膳食补剂。它提供了针对普通消费者和健康专业人员的膳食补剂的详细介绍，并提供了索引
美国大学体育协会（National Collegiate Athletic Association，NCAA）禁药清单 www.ncaa.org/2018-19-ncaa-banned-drugs-list	该网站提供 NCAA 运动员禁止使用的药物及其成分的基本信息
天然药物数据库（Natural Medicines database）	该数据库是一个以证据为基础的数据库，旨在通过系统地识别、评估、应用科学信息及卫生专业人员的临床实践信息，回答有关天然药物的问题。天然药物信息不断更新，需要每年订阅
美国国立卫生研究院公共医学中心（PubMed Central）www.pubmedcentral.nih.gov	美国国立卫生研究院免费提供生物医学和生命科学期刊文献的数字文档。用户可以通过关键字检索访问已发表的有关补剂的研究文章。所有摘要和部分论文全文都可以下载
美国反兴奋剂机构运动员指南2018 年禁药列表（U.S. Anti-Doping Agency Athlete Guide to the 2018 Prohibited List）www.usada.org/substances/prohibited-list/athlete-guide-2018-prohibited-list	该网站提供了世界反兴奋剂机构（WADA）禁药列表及针对运动员的实用指南。它包括与违禁物质相关信息的链接，如合成代谢剂、肽生长因子、B-2 激动剂、代谢调节剂、利尿剂和掩蔽剂

注：数据来源于 NIH 国家补充和综合健康中心。

膳食补剂的基础知识

为了改善体能或健康水平，全美运动员每年在膳食补剂上的花费高达数十亿美元。运动补剂对于运动员的吸引力可以用他们的竞争本能来解释。历史告诉我们，古代武士使用各种被认为具有特殊功能的混合物来帮助他们战胜敌人，这一点与当今奥林匹克运动员都会服用运动补剂的情况相似，运动员们也是想通过运动补剂来获得额外的优势，从而战胜对手。

即使是一种可以稍微提升运动表现的运动补剂，对运动员也会有很大的吸引力，因为比赛场上往往瞬息万变：在赛场上不到 1 秒就可以拿到球，不到 1 秒就可以冲过终点线。在 2005 年纽约市马拉松比赛中，冠亚军惊人的差距就是一个例子。在跑完 26 英里（41.8 千米）后，肯尼亚选手保罗·特加特和南非选手亨德里·拉马拉在最后 385 码（352 米）的比赛中不分胜负，最终特加特以微弱的优势胜出。在短距离项目上，运动员往往以更小的优势获胜。例如，在 1996 年亚特兰大奥运会上，美国的盖尔·德弗斯以 10.95 秒的成绩获得女子 100 米冠军，仅比第三名快了 0.01 秒；无独有偶，在 2008 年北京奥运会男子 100 米蝶泳决赛中，迈克尔·菲尔普斯以 4.7 毫米的微弱优势击败米洛拉德·卡维奇。无论你有什么样的人生观，有什么样的竞技水平，运动补剂带来的瞬间优势对你来说都有可能是一种诱惑，因为这些可能满足你对于提高运动表现、保持良好心态，甚至长寿的渴望。相信我，作为 3 个爱运动的孩子的母亲，我可以观察到高中生运动员在比赛中的瞬间差异。这不仅仅是赢得比赛的问题。

在阐述本章内容之前，我们需要重新思考补剂和运动增强手段的定义，主要是因为运动员和教练们经常混淆这两个概念。美国《膳食补剂健康与教育法案（1994）》（*The Dietary Supplement Health and Education Act of 1994, DSHEA*）将膳食补剂定义为一种食品（烟草除外），主要包括维生素、矿物质、草药、植物或氨基酸代谢物的一种或几种，它也可以是这几种物质中的成分、提取物或混合物。运动增强手段通常是指可以提高运动员训练效果和运动成绩的物质或策略。

在 *DSHEA* 之前，人们认为来源于素食和草药的补剂既不是食物也不是药物。现在，所有的膳食补剂，包括那些可以提高运动表现的运动补剂，都属于食物的范畴，并受到 *DSHEA* 的管制，而那些不属于膳食补剂的运动增强手段，如高空睡眠室、气动车把、腿部脱毛，则不受 *DSHEA* 的管制。

可以相信膳食运动补剂吗

尽管医学实践在很大程度上是基于科学的，但补剂却不一定如此。在一种医疗手段成为公认的治疗方法或标准之前，必须通过临床试验来证明它有益于受试者，且不会造成损害。如果临床试验显示治疗无益，那么这种治疗手段将不会被采用。

在药品公司申请批准处方药或非处方药之前，美国食品药品监督管理局（FDA）会要求该公司进行临床试验。在这些试验中，受试者的反应、副作用表现、所用剂量都会被观察并记录。研究结果随后报告给 FDA，并可能在同行评议的科学期刊上发表。尽管这一过程并不完美，但它却使药物从被发现到消费者使用之间持续约 15 年，减少了无效和不安全药物进入市场的可能。一旦这种药物被发布，FDA 会要求生产厂家提供药物的活性成分、安全性、剂量和预期反应等相关信息，并要求医生汇报患者在服用该药物时出现的所有不良反应。随后，该药物可能会被推广使用或下架。减肥药西布曲明（Meridia）就因为相关部门担心它的副作用而将它下架。

与药物不同的是，膳食补剂在向消费者售卖之前受到的监管要少得多。根据 1994 年的 *DSHEA* 可知，膳食补剂上市前不需要临床试验来证明其有效性、安全性和服用剂量，并可免除 FDA 评估，也就是说生产厂商可以不用在产品上市前提供该产品安全性和有效性的证据。与药物相比，膳食补剂上市更快，而且监管并不严格，许多国家目前都是如此。

膳食补剂一旦上市，只有使用者在按照要求服用出现不良反应后，FDA 才能将其下架。此外，尽管 FDA 有权检查任何药品制造商的生产设施，检测生产原料是否纯净，但这些手段不适用于膳食补剂。在过去的一段时间里，因服用被污染的膳食补剂而中毒的现象层出不穷，但都由于不能确定其污染源而难以处理。几年前就有一个比较严重的例子，一种名为草药类"清洁系统"的运动补剂中出现了洋地黄，这导致 2 名女性出现了危及生命的心血管症状。许多案例报告将服用补剂与不良反应或无意中违反反兴奋剂规定联系起来，因为补剂中加入了实际的药物成分或药物类似物成分。

虽然 FDA 对膳食补剂的监管较为宽松，但并不意味着所有补剂都是不安全的，或者它们的疗效没有得到很好的记录。实际上，德国的草药是由德国 E 委员会（相当于 FDA）监管的，在德国和欧洲其他广泛使用草药的地区，特别是那些认为草药是医疗手段的构成部分而不是替代部分的地区，很可能会有关于草药的有效性和安全性的研究报告，这些报告通常发表在德国的医学专业期刊上，并向公众提供特定草药研究报告的摘要（表 10.1）。有些报告已经被翻译，并可以从数据库中获取，如国际性综合生物医学信息书目数据库（Medline）；也有部分报告以在线资源的形式向大众展现，如美国植物学委员会（ABC）。此外，公众还可以从美国国立卫生研究院膳食补剂办公室或者通过订阅天然药物数据库的方式获取相关信息（表 10.1）。在美国，随着大众对草药的热情的高涨，人们越来越容易从信誉良好的公司那里找到草药治疗疾病的方法，这些公司使用的标准化提取物与德国使用的提取物质量相当，并且能够确定其疗效。然而，现在关于非草药的膳食补剂和运动强力剂（包括各种酶、前激素、激素和氨基酸等）的有效证据非常少。这也是国际奥委会医学科学委员会专门组建一个专家小组来评估高水平运动员膳食补剂使用情况的原因之一。

如何评估膳食补剂的潜在益处和风险

要判断一种膳食补剂是否适合你，你必须保持开放的思想和谨慎的态度。我必须承认，尽管我读过数百份科学报告，也曾在国际奥委会负责评估运动员膳食补剂的使用情况，甚至见证过运动员在使用补剂后运动表现有所改善，但无论是在我的研究中还是在我的经历中，我仍然对补剂的使用存有怀疑，特别是运动强力剂。开放心态与思想后，我最终能够接受的是，在某些条件下，特别是在短期使用的情况下，某些补剂有提高运动员健康和运动表现的潜力。但是，无论是素食运动员还是非素食运动员，只有保证以下两点才能考虑定期使用这些补剂：①训练量充分，饮食习惯良好（小贴士 10.1）；②对每种补剂的潜在风险和益处进行评估。国际奥委会关于运动膳食补剂的共识声明也认可类似观点，强调只有在运动员具有适当的竞技能力和竞技准备水平，并制订了合理的营养计划之后，才应该考虑服用运动补剂（见下图）。此外，不推荐青少年运动员服用运动补剂。

- 健康多样的饮食为儿童训练和成长提供有效支撑
- 和儿童一起做饭，培养他们对不同食物的好奇心
- 家长和教练要帮助儿童养成好的饮食习惯

- 增加营养知识储备
- 获取足够的能量，以保证个体的生长发育
- 注重运动后的恢复过程
- 对自己的饮食计划、食物购买、烹饪负更多的责任
- 当医生建议服用膳食补剂时（如特殊营养素不足），遵医嘱服用

- 基于个体需要制订营养计划
- 提高专项运动能力
- 关注身体素质中与运动表现相关的内容
- 当医生建议服用膳食补剂时（如维生素不足）或为了优化干预措施（如高原痉挛），可按要求服用
- 根据个体需要定制具有强力作用的膳食补剂

青少年运动员的运动、教育和健康生长的策略

（图片来源：R.Garthe, R.J.Maughan, "Athletes and Supplements: Prevalence and Perspectives," International Journal of Sport Nutrition and Exercise Metabolism 28, no. 2 (2018): 126-138）

以我自己为例，在我们准备为女性足球运动员开展补剂研究前，我尝试使用了几个月肌酸，随后惊喜地发现，我那停滞了几年的卧推成绩明显提高。我没有再继续长时间使用肌酸，因为作为一名打算组建新家庭的休闲运动员，我的力量表现已经足够了，不值得冒险长期使用补剂以提高成绩。如果成为奥运会选拔赛的有力竞争者，或者是一名上了年纪的素食运动员，也许我会做出不同选择。

　　无论你属于什么水平的运动员，对提高运动表现或健康状况的补剂，都要保持警惕。这包括仔细评估补剂的研发过程，安全性及成本，以帮助你判断潜在效益是否超过已知和未知风险，采用补剂是否符合你的个人价值体系。

小贴士 10.1

你真的需要膳食补剂吗

　　当你决定使用一种膳食补剂之前，问自己以下几个问题。

1. 我经常吃早餐吗？

2. 我的一日三餐时间规律吗？

3. 我是否每天摄入足够但不过量的能量来支撑运动水平？

4. 我摄入的能量是否大部分来自糖？另外，为了我的运动能力和运动表现，我是否摄入了推荐量的糖。

5. 我是否注意过我的脂肪摄入量，确保我的选择是明智的，确保我摄入了足够但不过量的正确类型的脂肪？

6. 我的食物种类多吗？

7. 我每天至少吃三份水果吗？

8. 我每天至少吃两份蔬菜吗？

9. 我在训练和比赛期间是否摄入了足够的糖和液体？

10. 我是否喝了足够的水来维持正常的水合作用？

　　如果这些问题你都不能回答"是"，那你为什么还要服用补剂呢？不要指望运动补剂能取代日常均衡的饮食。

评估膳食补剂宣传的功效

　　评估一种膳食补剂的第一步是仔细评估它所宣传的功效。包括看看是谁声明的该补剂的功效，以及这些功效是否可能实现。很多时候，产品是通过可以信任的其他运动员、健身爱好者、营养师或医生的推荐来销售的。这些产品听起来功效非常好，可信度比较高。同时，还要考虑一下产品是否声称含有神秘成分或特殊配方。在 *DSHEA* 的一项修正案中，生产厂商需要列出产品的所有成分，但不必标明可能的益处。例如，肌酸和咖啡因的化学结构和作用都是已知的，但其作用并没有被大肆宣传。相反，鸡尾酒（含肌酸和咖啡因）广告上宣传的是含有"神奇的""专有的"或"特殊的"的配方。虽然提供一种特殊的成分可能更有利可图，也更吸引人，但这需要使用者对其中的每一种成分进行调研，以确定其有效性和安全性。此外，研究复方的功效比研究提纯的草药或化合物更难，复方中的不确定成分更容易造成杂质污染。

确定膳食补剂的功效是否有研究支持

下一步是确定是否有足够的科学研究来支持这种补剂所宣传的效果。这项研究应该在人类身上进行，而且最好是运动员，而不是小老鼠、大鼠或鸡。当然，你不需要有营养学的博士学位来判断这项研究是否合理。你需要登录膳食补剂生产公司的网站，这些网站通常会列出该公司进行的相关研究内容；或者致电该公司，询问更多细节。最重要的是，如果你对某种补剂非常有兴趣，可以自行寻找该补剂的相关研究，如你可以从美国国立卫生研究院膳食补剂办公室或公共医学中心上获取（表10.1）。在你搜索的过程中需要记住，一个吸引人的故事或一项单独的研究并不意味着研究本身，一两篇会议摘要或一篇仅在补剂生产公司网站上发表的研究报告都不能说明问题。可信度好的研究应包括对照临床试验，例如那些采用随机分组，使用补剂对照组，并且采用单盲或者双盲方式的试验。使用随机分配和安慰剂对照组方式，意味着一半运动员被随机分配使用补剂，另一半被分配使用安慰剂；双盲试验意味着受试者和研究人员都不知道谁到底服用了什么，这有助于消除运动员和研究人员的偏见；单盲试验意味着只有一方（比如运动员）不知道服用了什么。尽管科学性不强，但在不可能"蒙蔽"一方时，一般会采取单盲的方式进行试验。在将受试者随机分配到素食组和混合饮食组时，或者随机分配到高糖饮食组和低糖饮食组时（尽管后者的研究已经成功完成），很难采用单盲的方式进行试验。

　　如果可能的话，研究还应该包括交叉设计，在这种设计中，同样的受试者会被分配到安慰剂组与补剂组。然而，由于训练的影响，交叉设计很难应用于运动员身上；此外，有些补剂会在体内潴留超过 1 周，如肌酸和肉碱，也会影响交叉设计。由于安慰剂效应，所有参与者都在知情的情况下服用补剂的研究在很大程度上是毫无价值的。例如，大约 1/3 的人在服用糖丸或安慰剂后，会因为被告知会有益处或副作用而体验到益处或副作用。这些证据多来自荟萃分析和系统综述，它们汇集了来自多个研究试验的证据。本书引用了许多临床试验和荟萃分析。

确定膳食补剂是否安全、是否是素食的、是否合法

　　经过你的调研，如果你还认为这种膳食补剂很适合你，那么下一步就是确定它是否安全，是否是素食的（或纯素食的），以及它是否合法。不一定必须按这个顺序，但这些都是需要做的。第一步就要从已发表的研究或从表 10.1 所列的网站上查找有关的注意事项和可能的副作用的信息。仅在 2015 年，美国就有超过 23 000 例次的急诊就诊与使用膳食补剂有关，这一现象足以证明上述步骤的重要性。如果产品看起来相对安全，并且你也觉得有必要尝试一下，那么下一步就是寻找一个有信誉的品牌。虽然不能保证绝对有效、安全，但来自大型超市、药店或制药公司的自有品牌的膳食补剂可能是你最保险的选择。这些品牌由于其知名度和经济影响力，更有可能对产品实行高标准，许多还可能是第三方测试，这意味着该膳食补剂是由一个独立的实验室进行测试的。如果你是一个颇有实力的运动员，需要接受兴奋剂检测，那么 NSF 认证就显得尤为重要，你可以到 NSF 官网获取更多信息。NSF 认证可以确保产品含有标签上列出的营养成分，并且不含污染物及违禁物质。

　　确定了一两个产品之后，你就可以通过浏览产品官网或者致电生产商的方式来获取产品制作过程中的细节问题，以及询问产品中是否含有动物成分。这一步对于植物膳食补剂来说不是必要的，因为它当然是纯素的，此外，因为胶原蛋白和牛初乳不是素食，所以这一步也不是必要的。

但是对于像肌酸、维生素 D_3 和褪黑素来说，这一步可能是必要的。例如，市面上的褪黑素可能是从肉牛的松果腺中分离出来的，也可能是化学合成的；维生素 D_3 可能由绵羊的羊毛脂合成，也可能由地衣合成。

如果你是一名准备参赛的运动员，需要接受兴奋剂检测，最后一步是要确保这种补剂没有违反反兴奋剂条例。你可以直接通过你所在项目或竞技等级水平的国家级管理机构（如果有）进行查证。例如，美国大学体育协会（NCAA）网站列出了运动员参赛时禁止或限制使用的所有物质，包括合成代谢剂（如脱氢表雄酮和雄烯二酮），以及一份常见的兴奋剂清单，包括麻黄、阿德拉和苦橙，咖啡因也是一种限制性的物质。世界反兴奋剂机构还列出了在任何时候、在比赛中，以及在参加某些运动时禁止使用的物质。如果你是大学或俱乐部的运动员，或要参加国家级或国际级的比赛，你的教练、训练师、医疗和营养支持人员应该知道什么补剂是禁止使用的。如果你不确定，最好保守一点，因为使用膳食补剂的所有风险都由你自己承担。如果你遇到各种健康问题或需要服用某种药物，请一定要告诉医生你正在服用什么补剂以及服用了多长时间。

确定膳食补剂的潜在风险和成本

最后一步是确定膳食补剂是否值得使用。服用包括草药在内的膳食补剂是具有潜在的健康、伦理和经济风险的。你需要知道的是，因为 FDA 没有严格监管补剂行业，任何特定的补剂都可能含有杀虫剂、违禁物质和其他污染物，可能会导致长期的、影响健康的并发症或被取消参加体育赛事的资格等问题。了解某种物质被人类使用的时间也可以帮助你确定其风险，例如，人参被当作草药治疗疾病已有几百年（不是在美国），在不与其他产品混合时，它的安全性是经过充分证明的。相比之下，肌酸上市已经有大约 20 年了，虽然服用肌酸在短期内是安全的，但它和其他许多膳食补剂的长期效果还尚不清楚。

同时，作为一名素食运动员，你需要确保膳食补剂符合你的价值观和预算。你对天然膳食补剂的定义是只从食物和草本植物中提取的，还是也包括人工合成的具有强力作用的膳食补剂？如果在你看来，补剂商业生产的碳酸电解质饮料是被允许的，那么在其中加入小剂量的肌酸或 β-丙氨酸算是舞弊行为吗？虽然你的回答可能取决于你的竞技水平和你的对手是否在服用这些膳食补剂，但这个问题只有你能回答。

最后一个是经济方面的问题。你可以承担膳食补剂的费用吗？你应该考虑膳食补剂的价格问题，以及你用于购买膳食补剂的钱可以购买多少营养食品。如果你认为面包店里新鲜的蓝莓面包或全麦酵母面包太贵，那么在购买膳食补剂时也应该三思。你还应该考虑服用这种膳食补剂会给你带来多少好处，换句话说，它的成本收益比是多少？最后一点，你需要知道，你有可能会为一个不适合你的产品付钱。美国国立卫生研究院膳食补剂办公室在对膳食补剂进行分析时发现，产品标签上显示的配料含量与产品实际的配料含量可能有出入。例如，一种草本植物类膳食补剂可能会包含与其功效无关的配料，或者实际的配料含量与标签标明的含量不一致。这意味着你实际摄入的与你以为摄入的剂量可能存在差异。没有什么事情是为没有得到的东西付钱更让人气愤的了。

素食运动员感兴趣的膳食补剂

虽然市面上的膳食补剂数不胜数，但仅有少数有充足的证据支持其益处的补剂是受运动员欢迎的。素食运动员通过饮食摄入的某些营养物质较少，所以更需要膳食补剂。我们讨论这些产品绝不是认为你一定可以使用它，而是努力向你提供有关其潜在有益处的信息。如果你决定尝试一种膳食补剂，应该首先确保自己有一个良好的饮食基础（小贴士 10.1）。记住，你永远不应该用补剂来代替良好的运动饮食。

肌酸

人体内大部分肌酸存在于骨骼肌中，主要以磷酸肌酸的形式存在。磷酸肌酸是一种重要的能量储存形式，可以缓冲三磷酸腺苷的下降（相关内容见本书第 2 章）。自 20 世纪 90 年代初期以来，许多研究发现，口服肌酸可有效增加肌肉肌酸储备（增加约 30%），提高高强度、短时间运动的运动表现，如许多团队运动、高强度骑行运动、重复冲刺运动，以及举重训练，此外，补充肌酸还可提高力量训练的效果。国际奥委会关于运动膳食补剂的共识声明认为，有足够的证据证明肌酸有促进运动表现的作用。补充肌酸可能会令体重增长，因此，对于需要严格控制体重的运动项目，如跳高或撑竿跳高等，补充肌酸可能会影响运动表现。

　　非素食运动员每天可以从食物中摄入约2克肌酸，素食运动员从食物中获取的肌酸可忽略不计。这个现象是意料之中的，因为肌酸主要存在于肌肉组织中。尽管肌酸可以由甘氨酸、精氨酸和蛋氨酸在人体内合成，但素食运动员和非素食运动员在素食饮食期间的血液和骨骼肌中的肌酸均处于较低水平。一些研究也发现，素食者对口服肌酸补剂的反应比非素食者好。在这些研究中，素食运动员在负重训练和无氧自行车运动中骨骼肌磷酸肌酸水平、瘦体重的增加以及运动表现的提高比非素食运动员明显，只有一项研究并没有发现这些益处。因此，建议素食运动员定期补充肌酸。

　　在遵循既定的肌酸补充方案的前提下，短期或长期（4年以上）服用肌酸不会威胁健康。纯粉末形式的肌酸可溶于温水，或与含糖的饮料、

在高强度、短时间的运动中，肌酸有助于增加体重和提高运动表现（图片由汤姆·金梅尔拍摄）

奶昔一起服用。一些证据表明，肌酸结合 50 克糖或结合蛋白质摄入可增强胰岛素反应，进而提高肌酸的吸收率。几家知名的制造商都在不使用动物衍生物的情况下合成肌酸。如果你打算服用肌酸，请服用一水合肌酸，而不是肌酸与其他成分的混合物，然后联系厂家询问你所选择的品牌是否是以植物为基础制成的。通常每天应服用肌酸 3 ~ 5 克。许多研究建议使用高剂量的肌酸负荷方案，即用量为 20 克 / 天，分 4 次服用，并持续 5 ~ 7 天，然后再降低剂量。有证据表明这种方案是没有必要的，因为其效果与长期有规律地服用肌酸（3 克 / 天）的效果是一样的。

肉碱

肉碱（或 L- 肌肽）在脂肪代谢中起着核心作用。它可以缩短脂肪酸向线粒体的转运过程，使其代谢以获取能量。肉碱在肉类和乳制品中含量较多，但在素食中未发现。尽管肝脏有能力从赖氨酸和蛋氨酸中合成肉碱，但素食者血液和肌肉中的肉碱水平比非素食者低，这一点与素食者体内肌酸的情况相似。此外，研究发现，不经常运动者，特别是那些肥胖者或者长期采用低热量饮食方式的人，他们血液中的肉碱水平较低，这表明任何采取限制能量摄入的人的肉碱水平都可能较低。

肉碱是一个潜在的"脂肪燃烧者"和耐力增强剂。然而，关于肉碱的潜在生能作用的研究结论一直不明确，有几项研究表明补充肉碱有益，而另一些研究表明根本没有作用。还应注意，尽管血液中的肉碱水平可随着补剂的使用而增加，但负责运输脂肪酸到线粒体的酶系统却没有增加，这表明补充肉碱不太可能提高身体已有的能力。虽然通常认为肉碱补剂对运动员来说并不是有效的功能增强剂，但是一些资料表明，那些可能没有摄入足够的肉碱或其前体氨基酸的素食者可以考虑补充肉碱。然而，一项针对素食者和非素食者的研究发现，连续 12 周补充肉碱对肌肉功能和能量代谢没有影响，尽管受试者的肌肉肉碱水平增加了约13%。研究表明，与非素食者相比，素食者的肾脏对肉碱的清除能力受到抑制，这可能意味着素食者能够保存肉碱储备。肉碱补剂有药片和液体两种剂型，许多公司都提供植物性产品。据报道，每天补充肉碱 2 ~ 6

克，持续 6 个月，一般无副作用。

咖啡因

由于咖啡因使用的普遍性和较高社会认可度，它可能是最常见的运动增强剂。咖啡因及其衍生物茶碱或可可碱存在于某些天然素食中。常见的含有咖啡因的食物有咖啡、茶和巧克力，某些品牌的苏打水、能量棒、运动果冻，以及某些药物中也会含有咖啡因。（表 10.2）

表 10.2　部分食物和饮料中的咖啡因和可可碱的含量

食物或饮料	分量	咖啡因／毫克	可可碱／毫克
咖啡、混合早餐（咖啡渣制作）	6 盎司	70	—
速溶咖啡	1 茶匙	31	—
浓咖啡（餐厅制作）	1 盎司	63	—
绿茶	6 盎司	21	无报道
乌龙茶	6 盎司	39	4
热可可	12 盎司	4	115
可乐	12 盎司	29～99	—
含咖啡因的柠檬汽水	12 盎司	55	—
摇滚明星（Rockstar）能量饮料	8 盎司	75	—
红牛（Red Bull）能量饮料	8 盎司	80	—
奶油巧克力棒	1 条(1.55 盎司)	9	90
巧克力棒（包括薄荷巧克力和花生太妃糖）	1 条	50	—

注：1. 数据来源于美国农业部食品成分数据库和产品制造商。

2. 许多能量棒和运动凝胶都含有咖啡因。从网上查找你最喜欢的咖啡、补剂的相关信息，因为咖啡因含量通常不会在标签上列出。

3. 1 盎司 =29.6 毫升 =28.4 克，1 茶匙 =4.7 克。

咖啡因主要通过刺激中枢神经系统（CNS）和增强肌肉收缩力量来改善运动表现。作为 CNS 的兴奋剂，咖啡因会影响人对疲劳的感知能力，减轻睡意，并提高警惕性和警觉性，这可能会提高运动表现。研究发现，运动前 1 小时或运动中服用咖啡因（3～6 毫克/千克体重）可以提高耐力运动的运动表现，最显著的是在类似比赛的环境中，可以使成绩提高3%。研究表明，咖啡因对时间短、强度高的运动有一定的益处，如 1 千米的自行车计时试验，虽然证据不多，但表明它有强效作用的潜力。越来越多的研究表明，服用低剂量的咖啡因（小于 3 毫克/千克体重）可以产生潜在的强力效果，也可以降低副作用（包括恶心、焦虑、烦躁和失眠）的风险。

喜欢喝咖啡、茶或其他含咖啡因饮料的素食运动员可能会发现在运动前 1 小时喝一大杯或两杯浓咖啡或茶是有益的，但也有人认为药物或补剂中的无水咖啡因可能更有效。与先前关于咖啡因的摄入方案相反，习惯性地摄入咖啡因似乎不会降低咖啡因的强效作用，也不会导致运动过程中出现脱水或电解质失衡。NCAA 禁止运动员体内的咖啡因水平过高，所以他们只能通过口服的方式补充。运动员在运动前喝大约 6 杯（约1400 毫升）浓咖啡才有可能超过 NCAA 所设置的最高允许水平，即尿中的咖啡因含量为 15 微克/毫升。在过去，咖啡因是被国际奥委会禁止的，但在 2004 年，它被转移到了监测项目中。

食用硝酸盐和甜菜根汁

近几年甜菜根汁和膳食硝酸盐（NO_3^-）越来越受欢迎，它们可以提供潜在的强效作用，促进健康。大约 10 年前，初步的研究发现，摄入甜菜根汁可以起到提高运动表现和降低血压的作用。甜菜根汁中起促进运动表现作用的成分主要是硝酸盐，它具有增加体内一氧化氮（NO）的能力。NO 是一种重要的信号分子，可以调节许多生理过程，包括血流量、肌肉收缩力、肌肉细胞分化和血管张力。它最重要的增强运动表现的能力是它能够降低次最大运动的能量（热量）消耗，这在本质上提高了运动效率。人们认为这种效率的提高主要是通过改善快肌纤维的收缩功能或改善肌肉氧合作用，或通过二者的结合来实现的。在持续时间超过 40 分钟的特定运动计时赛中补充甜菜根汁或硝酸盐，运动成绩可以提高 1% ~ 3%；在持续 12 ~ 40 分钟的高强度间歇团队运动中，运动成绩可以提高 3% ~ 5%。然而，对于训练有素的人，仅靠从饮食中获得的硝酸盐很难提高运动表现。问问我的女儿玛莲娜就知道了，在高中二年级的越野比赛中，吃甜菜根对她的表现没有任何影响（尽管她坚信会有影响）。

对于素食运动员来说，喝天然的或浓缩的甜菜根汁似乎比以硝酸钠或硝酸钾的形式补充硝酸盐更有效。事实上，食用更多的绿叶蔬菜和根类蔬菜，如菠菜、芝麻菜、甜菜和甜菜根，可以提高 NO 的可用性。也许这是玛莲娜没有获得运动表现增益的另一个原因。最佳的硝酸盐补充方案尚未确定，普遍认为补充硝酸盐的效果会因运动员而异。受过良好训练的运动员普遍需要摄入更多的硝酸盐来满足自身需要，在运动前摄入 310 ~ 560 毫克即可使运动成绩迅速提高。

许多研究表明，连续摄入甜菜根汁超过 15 天，每天 2 杯，可能会引起更高的生理适应性。此外，存在于甜菜根和绿叶蔬菜中的天然硝酸盐对健康和运动表现是有益的，而且其含量远低于导致中毒的量。对于素食运动员来说，在饮食中增加富含硝酸盐的蔬菜可以成为提高其运动表现的一种简单策略。这些蔬菜像野草一样遍地都是，即使是在怀俄明州也是这样，这也为你吃甜菜和芝麻菜提供了另一个理由。

β - 丙氨酸和碳酸氢钠

β - 丙氨酸和碳酸氢钠可以增强身体的缓冲能力，有助于抑制高强度运动中酸的积累。β - 丙氨酸是一种重要的肌肉缓冲物质——肌氨酸的限速前体，肌氨酸可以防止运动中肌细胞内的乳酸积累。一项大样本量的研究表明，每天服用 β - 丙氨酸可以增加肌氨酸的水平，在持续 30 秒到 10 分钟的连续或间歇性高强度锻炼中，能使肌肉性能提高 0.2% ~ 3%，这些提高具有潜在的意义。然而，对于训练有素的运动员来说，β - 丙氨酸的效果似乎不会这么明显。目前较流行的补充方案是：65 毫克 / 千克体重，分次摄入，（0.8 ~ 1.6）克/（3 ~ 4）小时，持续 10 ~ 12 周。这种剂量方案被认为可以减少潜在的副作用，包括皮肤瘙痒、皮疹和一过性麻痹。

碳酸氢钠可以增强人体的细胞外液缓冲能力，即增加血液中缓冲剂的剂量。降低血液中的乳酸水平有助于排出运动中产生的肌肉乳酸。20世纪 80 年代以来进行的大量研究表明，在持续约 60 秒的高强度短跑中，使用碳酸氢钠补剂可能使成绩提高约 2%；但在超过 10 分钟的运动中，则观察到其提高运动成绩的作用会减弱。然而，补充碳酸氢钠也会引起副作用，如胃肠道不适。标准的补充方案是：在运动前 60 ~ 150 分钟按照 0.2 ~ 0.4 克/千克体重的标准进行补充。现在已经有许多补充策略可以避免副作用，如少量多次、在相同的时间间隔内多次服用、与含糖食物一起摄入、补充柠檬酸钠等。上述方案均有助于缓解服用碳酸氢钠后引起的副作用。

草药和其他膳食补剂

如果你想提高健康水平和运动表现，几种草药和其他类型的补剂会对你有所帮助。德国 E 委员会和天然药物数据库是关于这些补剂的最佳信息来源，表 10.3 也列出了一些安全有效的草药或植物化学产品。你如果对这些或其他膳食补剂感兴趣，可以使用前面讲到的方法对其进行评估，此外，你还需要特别注意从表 10.1 中列出的网站上获得的数据。虽然你可能会发现许多研究对特定的情况都有支持的证据，但也可能会发现这种影响是很小的。总的来说，遵循素食饮食方式，你仍然可以获得最大的益处。

表 10.3　可促进健康的草药和膳食补剂

名称	用途	已报道的价值和功效
紫锥菊	刺激免疫系统功能，预防上呼吸道感染	有助于减轻普通感冒和流感的症状并缩短持续时间，但不应该作为治疗普通感冒的药物使用
生姜	减轻胃肠道问题的症状并缩短持续时间；降低上呼吸道感染的发生率，缩短病程及降低严重程度	使容易出现胃肠道问题的运动员或前往可能出现胃肠道问题的地区的运动员获得益处，注意需要在比赛前开始补充
银杏叶	提高记忆力和思维敏锐度；用作抗抑郁剂；改善循环，稀释血液；用作抗氧化剂	研究表明，对于脑部、腿部及性器官的一系列与微循环相关的健康问题，银杏叶都有疗效；其神经保护作用已被证实；在健康受试者中改善思维功能和记忆力的作用理想
人参	缓解压力；提高运动表现；促进健康；增强免疫系统功能并减少炎症；用作兴奋剂；降低血糖；改善认知功能	对于其效果的科学证据尚有争议，人参调节身体机制的作用几千年来已被证实。因此，在压力状态下，人参有助于恢复正常
金丝桃	缓解轻微焦虑	在治疗轻度抑郁症状时，作为小剂量三环抗抑郁药物起效，但未经医生同意，不能用于治疗抑郁症
褪黑素	促进睡眠，减小时差反应，延缓衰老，提高性激素分泌，抗氧化剂	作为非处方化学助眠药物的非成瘾性替代品，在调节短期睡眠周期（如跨越几个时区后调整生物钟）时特别有效。它可能引起或加重易感人群的焦虑症状，患心血管疾病的人慎用
益生菌	降低胃肠道疾病的严重程度并缩短持续时间；降低上呼吸道感染的发病率，缩短病程及降低严重程度	对胃肠道敏感的运动员及进入易引发胃肠道不适的地区的运动员有益。在症状产生前进行补充调理效果更佳

续表

名称	用途	已报道的价值和功效
槲皮素 （多酚黄酮醇）	有抗炎效果，可作为抗氧化剂使用	研究结果有争议，部分研究认为使用后效果明显，部分研究认定无效。对于运动员群体，作为膳食补剂提高运动表现和改善代谢的效果均不明显
姜黄 （姜黄素）	有抗炎效果，减轻关节炎症状，减轻运动后肌肉损伤的症状，促进恢复	以 5 克 / 天的剂量补充，在肌肉离心收缩（负重拉伸肌肉，如力量训练和下山跑）训练中效果显著，在耐力训练中则无效。初步证据表明，它可缓解肠道炎症、骨关节炎及类风湿关节炎症状

注：1. 有关安全问题和推荐剂量的信息，可通过表 10.1 中的网站或其他信誉良好的网站查询。

2. 当按照建议的剂量补充时，所有列出的补剂都被认为对一般健康的人是安全的。

　　在阅读了本章内容后，你现在已经准备好评估膳食补剂以及它们在你的饮食中的地位了吧？下一章的重点是探讨饮食和某些膳食补剂对肌肉痉挛和炎症的影响。

11 减少肌肉痉挛和炎症

　　我在全国各地做运动营养宣讲时，从开始遵循素食饮食方式的运动员口中得知，不管进行何种运动，这种饮食方式都显著地减少了他们训练后恢复所需要的时间。当然，这不能算是科学证据。虽然没有太多关于素食运动员运动后恢复时间的研究，但我们知道，人体内的一些生理机制与素食中的化合物和维生素之间存在联系，理论上可以缩短恢复时间、减少炎症的发生。大量证据表明，植物营养素能显著降低患心血管疾病的风险，植物营养素和其预防疾病的作用也有益于素食运动员。植物化学物质、抗氧化剂和钾这样的营养物质可以增加血流量，修复受损细胞，保护动脉免受更深的损伤。我们已经在素食中发现了超过 25 000 种植物化学物质，然而对于这些物质的独特功效，我们却还知之甚少。这些植物化学物质中的许多成分可以提高素食运动员的恢复能力，有助于防止肌肉因过度使用造成炎症性损伤。

——马特·鲁希尼奥

　　肌肉痉挛和过度使用肌肉造成的炎症性损伤都是运动员常见的烦恼。这两种情况都可能由日常训练习惯改变引起，例如，比平常跑得更快、更远，或比平常增加更多负重。通过调整饮食可以减少这些烦恼。关于肌肉痉挛的成因，最新观点是肌肉疲劳、水电解质失衡共同引起，这表明饮食可能与肌肉痉挛有关。持续性过度使用肌肉造成的炎症性损伤同样会受到饮食影响。与肌肉痉挛有关的饮食通常包括水、电解质和糖，而与炎症相

关的主要是 ω-3 脂肪酸、维生素 D 和某些植物化学物质（如多酚）。

本章将讲解肌肉痉挛和炎症的基础知识，并将讨论与预防或控制肌肉痉挛和肌肉骨骼炎症有关的饮食因素。与其他章节不同的是，本章包含的信息有一定的推测性质，部分读者可能难以接受。

肌肉痉挛

大多数人经历过肌肉痉挛，肌肉突然不自主地收缩，令人感到痛苦。通常情况下，肌肉痉挛对身体损伤较小，但如果经常发生，会给运动员带来不便。肌肉痉挛通常发生在夜间或长时间运动的中后期。尽管这一现象很普遍，运动医学界也进行了大量的相关研究，但对其机制、成因却尚未有明确的解释。有一种观点认为，运动员发生痉挛的原因各不相同。由于对肌肉痉挛缺乏了解，关于痉挛起因和治疗的谬见和讹传比比皆是，比如，有些运动员、教练和训练员认为吃香蕉、食用芥末或泡菜汁能预防和治疗肌肉痉挛。

肌肉痉挛的原因

运动科学家最近开始研究肌肉痉挛的原因、何时痉挛，以及痉挛过程中会发生什么。在过去，肌肉痉挛被认为是由极热或极冷的环境、水电解质失衡、糖或脂肪代谢的遗传异常所引起的。之所以怀疑电解质（钠、钾、钙和镁）失衡会引起肌肉痉挛，是因为这些电解质参与了体内的电流的产生，尤其是在高温下，这些矿物质会因为中度到重度出汗而流失。

更新的研究表明，肌肉痉挛可能在不同的情况下发生，但其根本原因在于神经肌肉。具体来说，当骨骼肌、肌腱和脊髓之间的反射信号的敏感度发生改变时，肌肉通常会发生痉挛。南非开普敦大学医学院的研究人员于 1997 年首次提出，肌肉痉挛是由于脊髓神经持续刺激肌肉和高尔基腱器官保护反射功能受限共同造成的。脊髓的兴奋性增强导致肌肉纤维神经（称为 α-运动神经元）放电增加，从而导致局部肌肉痉挛。正常情况下，脊髓发出的兴奋性信号是断断续续的，而非持续的，高尔基腱器官发出的保护调节信号（通过脊髓传递回肌肉）会使肌肉在过度紧张的情况下放松。这些神经肌肉失衡与疲劳有关，在长时间收缩的肌肉群中尤为明显，如骑自行车、跑步时的股四头肌和腘绳肌，游泳、睡眠时的小腿肌肉以及大多数体力活动时的膈肌。相比之下，在运动过程中频繁拉伸肌肉似乎对痉挛有抵抗作用，因为肌肉的拉伸运动可通过激活高尔基腱器官产生保护性拉伸反射。

人们曾普遍认为在耐力运动和超耐力运动中发生肌肉痉挛的原因可能是水电解质失衡，但对以前的研究结果分析发现，很少有研究支持这一观点。相反，大多数研究得出的结论是，疲劳是引发肌肉痉挛的原因。例如，一项评估参加 35 英里（56 千米）比赛的男性运动员肌肉痉挛预测指标的研究发现，在比赛的第一阶段是否跑得太快、比赛开始时肌肉是否已经受损或疲劳，以及是否存在痉挛史这几个因素是预测谁会在比赛中出现肌肉痉挛的因素，而脱水和电解质失衡都不是预测因素。此外，容易发生痉挛的运动员与不易发生痉挛的运动员在脱水情况、出汗率、钠或者液体流失方面并没有差异。这些证据并不能说明水电解质失衡不会引发痉挛，但还是提示肌肉痉挛的主要原因是身体的疲劳超出了肌肉的承受能力。

研究人员难以确定电解质失衡是否与肌肉痉挛有关，是因为我们血液中的电解质必须维持一定的浓度，包括钠、钾、钙和镁，但是，血液中的电解质浓度不能完全反映肌肉痉挛时肌肉中电解质的浓度。当然，如果我们能够在肌肉痉挛时即刻采集血样，情况就会不一样了。当采集样本时，肌肉细胞内某些电解质的浓度可能较低，但此时血液的检查结果显示这些指标正常或略低。可以想象，收集这些数据是不可能的，因为目前测量肌肉电解质浓度的唯一方法是进行肌肉活检，而肌肉活检本身也会导致痉挛。回到饮食上，只研究痉挛运动员和无痉挛运动员的电解质补充同样难以获得准确的结果。

肌肉痉挛的治疗

基于神经肌肉理论，痉挛治疗公认的方法是对受影响的肌肉进行适度的静态拉伸。这种治疗方法已被证明对大多数肌肉痉挛有效（可能不包括由水电解质失衡引起的热痉挛）。研究发现，静态拉伸还会有效降低肌肉的导电性，而耐力运动员发生肌肉痉挛时导电性会升高。补水并不能治疗肌肉痉挛。研究指出，当含糖和电解质的液体补充与排汗速度相当时，69%的运动员仍会因运动而引发肌肉痉挛。虽然没有任何方法能有效预防运动引发的肌肉痉挛，但研究一致认为，充分的专业训练、调整体态以减少肌肉不平衡，以及旨在为比赛做好心理准备的运动心理学治疗均有利于减缓肌肉痉挛。研究还初步表明，补充一种瞬时受体电位（TRP）通道激动剂（可通过某些运动食品或饮料获得）可以减缓由运动引发的肌肉痉挛。TRP通道分布于神经系统，被认为可对热、冷、痛甚至辛辣等刺激做出反应。某些运动食品或饮料中的成分（如蜂蜜芥末、芥末、泡菜汁）会刺激口腔中的感受器，这些感受器可以抑制肌肉痉挛相关的过度活跃的神经。虽然经常拉伸对治疗由运动引发的肌肉痉挛有效，但并未显示其对预防痉挛有益。饮食方面，摄入足够的糖和充足的电解质对身体的影响我们将在下一节讨论。

饮食和肌肉痉挛

如果你阅读过运动生理学和运动营养学方面的书籍，会发现关于肌肉痉挛的内容很少，这可能是因为人们对饮食在肌肉痉挛中所起的作用知之甚少。但我个人认为，饮食因素，即水电解质（钠、钾、钙和镁）失衡不是引发夜间痉挛及运动相关痉挛的原因，长时间和高强度运动前或运动期间糖补充不足引起的过度疲劳也不会引发痉挛。

体液失衡和脱水

体液失衡和轻度脱水是否会引发肌肉痉挛还有待商榷。虽然肌肉痉挛确实会在严重脱水和热损伤时发生，但没有确凿的证据表明补充足够的水有助于预防运动相关痉挛或夜间痉挛。事实上，研究已经表明，在耐力运动中发生肌肉痉挛的运动员（包括径赛运动员、自行车运动员、三项全能运动员和橄榄球运动员）并未比同一场比赛中没有发生肌肉痉挛的运动员出现更多的脱水现象或体液流失现象。众所周知，运动热痉挛更多地出现在足球和网球运动员中，这与他们在运动中大量出汗和明显的失钠、失氯有关。根据我个人的经验，保持体液平衡确实能够使许多耐力和团体运动员避免肌肉痉挛，特别是运动后痉挛和夜间痉挛。我曾和一名瑞士男性网球运动员一起训练，他有严重的训练后痉挛和疲劳的问题，但他通过经常和不断地补充体液有效地缓解了该问题。著名的运动营养学家南希·克拉克讲过一个跑步者的经历，该跑步者通过

在长时间运动中, 方便的补充液体的方式(如水合包) 对防止脱水很重要, 但它们可能对预防肌肉痉挛作用不大。另外要注意的是, 过量饮水会导致低钠血症

运动后"首先补充水分，然后喝一杯啤酒"的方法完全消除了肌肉痉挛现象。无论痉挛的潜在原因是什么，对于易患运动相关肌肉痉挛的运动员来说，将保持水分和电解质平衡作为预防策略才是重要的。

钠

钠是体液中主要的带正电荷的矿物离子或电解质之一，主要作用是维持体液平衡和血压，对神经冲动的产生和肌肉收缩也非常重要。钠在自然界中分布广泛，但在大多数未经加工的食物中含量很少，加工食品会添加大量的钠（如食品标签上所列）。人们摄入的钠还有一小部分来自烹饪时加的盐（6克盐约含2325毫克钠）。19 ~ 50岁的成年人膳食

钠补充量为男性 3744 毫克 / 天，女性 3090 毫克 / 天。

　　钠在调节血压、水电解质平衡方面起着重要作用，人体具备一种有效的机制来调节血液中的钠浓度。如果血液中的钠浓度开始下降，机体会通过一系列复杂的生理反应分泌一种名为醛固酮的激素，以增加钠浓度，这也是减少肾脏钠排出的信号。如果钠浓度过高，醛固酮的分泌就会受到抑制，使肾脏通过排尿排出多余的钠。还有一种激素是抗利尿激素，有助于维持体液钠浓度的正常与稳定，它通过肾脏发出调节信号以保留水和钠。在运动期间，人体内的醛固酮和抗利尿激素的水平通常都会增加，这有助于维持体内的水和钠储备。

　　由于饮食中钠不足而导致钠缺乏的情况并不常见，因为机体的调节机制通常十分有效。此外，人类对盐有天然的渴望，这有助于确保我们摄入足够的钠来维持钠平衡。我记得在亚利桑那州的炎热天气中完成长时间的自行车比赛后，我特别想吃咸的食物，就将食盐撒在已经很咸的玉米片上大吃了一顿。值得庆幸的是，通常运动员在长时间出汗或损失过多的钠和其他电解质时，体内的钠存储机制就会被激活。（小贴士11.1）

　　尽管一些研究发现在钠缺乏的情况下会发生肌肉痉挛，但研究并没有表明钠失衡是引起运动痉挛的可能因素。在比赛中发生肌肉痉挛的运动员的血钠浓度明显低于没有发生肌肉痉挛的运动员。但是血清钠受到生理机制保护，即使是肌肉痉挛时血钠浓度较低的运动员，其血清钠仍保持在临床正常范围内。换句话说，一些研究发现血清钠的显著减少会导致钠浓度降低，但在关于发生痉挛的运动员和没有发生痉挛的运动员的研究中，并不是所有发生痉挛的运动员的血清钠都明显减少。要注意的是，体内的钠缺乏通常不能通过血清钠或其他电解质来检测。

　　虽然如此，运动员还是需要补充足够的钠，以抵消出汗流失的钠（见小贴士11.1）。我们前面讨论过机体的调节机制，但如果运动员出汗流失的钠、氯化物没有通过饮食及时补充，则可能会发生肌肉痉挛和其他问题。如果素食运动员吃的大多是未经加工的食物，摄入的盐较少，风险还可能增加。风险最大的是那些出汗多的运动员（就是运动后在黑色衣服上有明显的汗渍的人）。美国农业部制定的美国人饮食指南建议每

小贴士 11.1

汗液的构成

汗液大约 99% 是水，同时还包括电解质和其他营养物质。汗液中的电解质主要是钠和氯化物。虽然有个体差异，但是运动中每流失 1 升汗水，就会流失约 2.6 克盐或 1.01 克钠。一般情况下，人的出汗率为 800～1500 毫升 / 时，但在炎热潮湿的环境中、室外，或在无空调的健身房中锻炼时，出汗率可能会更高。此外，一些运动员比较能出汗，他们通过出汗流失的钠比其他运动员更多。有证据表明，皮肤上有大面积文身的运动员可能属于这类人，他们的汗液中的钠浓度可能超过 60%。出汗时其他少量流失的矿物质包括钾、钙、镁、铁、铜、锌和碘。运动员，尤其是出汗多的运动员，可能需要通过饮食多摄入这些物质来弥补损失。

天钠的摄入量为 2300 毫克或更少，美国心脏协会提出每天摄入 1500 毫克的钠可以降低血压。这些建议对大多数运动员来说是不合适的，因为他们的钠消耗更大。因此，低钠固然可能不是大多数运动员发生肌肉痉挛的原因，但素食运动员钠的摄入量可能低于需要量，如果出现肌肉痉挛，可以通过补充盐来缓解。

一名在全国排名靠前的 17 岁网球运动员发生钠流失的例子就很好地证明了这一点，他通过补充钠缓解了比赛和训练中的热痉挛。话虽如此，目前最热门的治疗方法之一——喝腌黄瓜汁可能并没有效果。研究表明，尽管腌黄瓜汁中的钠浓度很高，但饮用它并不会提高血液中的钠浓度。当然，腌黄瓜汁可能比盐水（1 汤匙盐水含有大约 230 毫克的钠）好喝一些。

钾

钾是肌肉和神经细胞等所有身体细胞的主要构成物质。钾与钠和氯密切相关，在神经和肌肉（包括心肌）中产生电脉冲。钾存在于大多数食物中，在新鲜蔬菜、某些水果（甜瓜、香蕉、浆果、柑橘类水果）、牛奶、肉类和鱼类中含量尤为丰富。表11.1列出了富含钾的20种主要素食。

表11.1　富含钾的20种主要食物

食物	分量	钾／毫克
绿色甜菜	1 杯（熟）	1309
白豆（罐装）	1 杯	1189
烤土豆（带皮）	1 个（中）	1081
毛豆	1 杯（熟）	970
利马豆	1 杯（熟）	955
意大利番茄酱（商业制造）	1 杯	940
土豆泥（自制）	1 杯（熟）	899
笋瓜（多种多样）	1 杯（熟）	896
大豆	1 杯（熟）	886
菠菜	1 杯（熟）	839
番茄汁	1 杯	811
李子干或炖李子	1 杯	796
番薯（罐装）	1 杯（熟）	796
斑豆	1 杯（熟）	746
扁豆	1 杯（熟）	731
芭蕉	1 杯（熟）	716
芸豆	1 杯（熟）	713
干豌豆瓣	1 杯（熟）	710
海军豆	1 杯（熟）	708
李子汁	1 杯	707

注：1. 数据来源于美国农业部食品成分数据库。

2. 单位换算请参考附录 F。

3. 建议成年人每天补充钾 4700 毫克。

钾平衡和钠平衡一样，由醛固酮调节。高血清钾浓度会刺激机体释放醛固酮，从而增加钾的排出量（通过肾脏过滤，随尿液排出）。血清钾浓度降低会导致醛固酮分泌减少，从而减少钾的排出量。与钠和钙一样，机体可以精确调节钾浓度，健康人缺钾或过度积累钾的情况十分罕见。然而，钾缺乏可能发生在禁食、腹泻和定期使用利尿剂等情况下。在这种情况下，血钾浓度低于正常范围，称为低钾血症，可导致肌肉痉挛、肌无力和神经冲动障碍引起的心脏骤停。同样，血钾浓度过高或高钾血症并不常见，但可能发生在每天服用钾补剂的量远远超过建议补充量的情况下。高血钾浓度也能干扰电脉冲并诱发心律失常，尽管这不是由高钾饮食引起的。

没有证据支持补充钾和肌肉痉挛之间的关系，但有趣的是，大多数人都认为香蕉是预防肌肉痉挛的第一道防线。要是有那么简单就好了。一项对 9 名男性的研究发现，食用 3 个中等大小的香蕉只会使血液中的钾含量略微增加，且需要在食用 30 ~ 60 分钟之后。因此，很难证明食用香蕉能有效治疗运动肌肉痉挛。退一步说，即使钾（或"香蕉"）缺乏是引起肌肉痉挛的原因，素食运动员也不太可能会有这个风险，因为素食提供了丰富的钾。但是肠道疾病恢复期、限制能量摄入、服用利尿剂或泻药的运动员需要注意多食用富含钾的食物，尤其是发生了肌肉痉挛现象的运动员。不要只盯着香蕉。还要注意的是，香蕉甚至不算是主要的高钾食物（1 个中等大小的香蕉含有约 422 毫克钾），但它的"近亲"芭蕉属于高钾食物。由于高钾血症十分危险，除非有医生密切监测，否则不建议补充钾。

素食者观点：素食的钾优势

　　2015 年，膳食指南咨询委员会为美国卫生和公众服务部（HHS）、美国农业部撰写了一份报告。在这份报告中，钾被称为"亟须公众关注的营养素"，因为美国人的钾摄入量远远低于推荐量，只有3%的成年人达到了4700毫克/天的摄入量。钾对运动员来说非常重要，素食饮食可以增加钾的摄入量。

　　增加钾的摄入量对运动员有益。2014 年发表的一项研究结果显示，年轻健康成人的钾摄入量与动脉硬化程度成反比。研究人员没有检测内皮细胞功能，但指出钾可以令机体生成更多的一氧化氮。一氧化氮可以保护内皮细胞并增加血流量，这一点已经得到证实。钾还可以降低血压，减少患"沉默的杀手"高血压的风险。

　　此外，水果和蔬菜中的钾与柠檬酸盐和其他碳酸氢盐前体细胞有关。这些前体可减少因排尿造成的钙损失，对骨骼强度有益。肉类、乳制品和谷物也是钾的来源，但它们含有的碳酸氢盐前体细胞量较少，效果不如蔬果。

钙

　　本书的第 6 章讲过，人体内的大多数钙都在骨骼中，为骨骼的主要组成物质。钙也参与肌肉收缩，包括心肌、骨骼肌、血管和肠平滑肌的收缩，以及神经冲动的产生。血钙受几种激素的控制和调节，包括甲状旁腺激素和维生素 D。

　　肌肉收缩受损和肌肉痉挛通常被列为缺钙的症状，但许多运动科学家认为，钙摄入量低不太可能引起肌肉痉挛。因为在摄入量低的情况下，钙会从骨骼中释放，以维持血钙浓度，在理论上提供肌肉收缩所需的钙。然而，运动科学家也没有完全排除肌肉痉挛是由运动过程中肌肉含钙的暂时不平衡引起的这种可能性。当然，我们知道先天性骨骼肌钙代谢障碍的人容易发生肌肉痉挛。

人们对低钙摄入量和肌肉痉挛知之甚少，但总是将补钙当作缓解肌肉痉挛的办法，这个观点的流行程度仅次于吃香蕉可以补充钾。目前没有研究评估膳食钙或钙补剂是否影响运动痉挛，但最近的一份报告发现，钙补剂对治疗妊娠相关的腿痉挛无效（尽管有证据表明，妇女在接受钙补剂治疗后腿痉挛的情况会减少）。有关运动员的逸事很常见。南希·克拉克就在其作品中记述了一名徒步旅行者通过服用 Tums 抗胃酸钙片解决肌肉痉挛，以及一位芭蕾舞演员在饮食中添加牛奶和酸奶后肌肉痉挛消失的事。一些纯素食者和素食者的钙摄入量可能很低，因此有肌肉痉挛现象的素食者应考虑是否和钙摄取不足有关。

镁

镁除了有促进骨骼健康的作用，还在稳定三磷酸腺苷（肌肉收缩的能量来源）方面发挥着重要的作用，同时也是体液中的电解质。肌肉无力、肌肉颤动和肌肉痉挛是镁缺乏的常见症状。

有限的数据表明，机体镁水平与耐力运动员肌肉痉挛的发生率有间接关系。研究发现，在 100 英里（160 千米）的骑行运动中发生痉挛的运动员的血液镁浓度明显较低，而在超长跑比赛中发生痉挛的运动员的血液镁浓度明显较高。在这两项研究中，发生痉挛的运动员的血清镁均在正常范围内，但骑行运动员的血清镁低，跑步运动员的血清镁高。对于孕妇的研究发现，与安慰剂组或对照组相比，口服钙、镁补剂 2 ~ 4 周并不能持续地降低腿部痉挛发生的频率。研究也没有明确膳食镁或镁补剂是否可以预防运动员发生肌肉痉挛或减少发生肌肉痉挛的概率。

素食运动员不太可能因镁摄入量低而出现肌肉痉挛，因为典型的素食饮食方式可以保证他们摄取足够的镁。但是对于限制能量摄入或饮食中天然食品较少、加工食品较多的运动员来说，镁的摄入量可能较低。因此，发生肌肉痉挛的素食运动员应考虑是否和镁摄取不足有关。表 11.2 列出了富含镁的 20 种主要素食，在表 6.1 中可以找到更详细的信息。

表 11.2 富含镁的 20 种主要素食

食物	分量	镁/毫克
菠菜（冷冻）	1 杯（熟）	156
南瓜子	1 盎司	151
大豆	1 杯（熟）	148
白豆	1 杯（熟）	134
麸谷类	1/2 杯（熟）	109
毛豆	1 杯（熟）	108
巴西坚果	1 杯（熟）	107
青豆（冷冻）	1 杯（熟）	101
甜叶菜	1 杯（熟）	98
海军豆	1 杯（熟）	96
秋葵（切片）	1 杯（熟）	94
烘焙巧克力（无糖）	1 块（28 克）	93
南方豌豆（黑眼豆）	1 杯（熟）	91
燕麦麸松饼	1 中杯（57 克）	89
斑豆、大北豆	1 杯（熟）	86
荞麦燕麦	1 杯（烤熟）	86
糙米	1 杯（熟）	84
葡萄干麸皮麦片	1 杯	80
芸豆	1 杯（熟）	80
杏仁、腰果	1 盎司	78 ~ 79

注：1. 数据来源于美国农业部食品成分数据库。

2. 单位换算请参考附录 F。

糖

糖储备不足也被认为是引起肌肉痉挛的可能因素。虽然高强度运动时肌肉可能会由于能量来源（糖）的消耗而发生痉挛，但迄今为止，几乎没有证据支持补充糖对预防肌肉痉挛有效。例如，一项对有运动肌肉痉挛史的男性进行受控水合作用的研究发现，当受试者在高温下进行小腿运动至疲劳时，服用糖电解质饮料并不能防止痉挛。所有的运动员都应该考虑采用前文的建议来优化运动表现，而对于在长时间运动中易发生肌肉痉挛的运动员，应确保其在运动中摄入足够的糖，耐力比赛前后的几天内也要保证糖的摄入量，而且这还有其他的益处（详见本书第 3 章）。

监测你的饮食

如果你有肌肉痉挛的病史，无论是夜间痉挛还是与运动相关的肌肉痉挛，第一步是检查营养摄入，以排除饮食原因。（小贴士 11.2）最新证据表明，痉挛最常发生在肌肉疲劳的运动员身上，还可能与脱水和电解质失衡有关，所以那些因出汗而大量流失钠的运动员会受到影响，但痉挛也会没有明确原因地发生在状态良好的运动员身上。注意痉挛出现的时刻和模式会对你有所帮助。与脱水相关的痉挛通常发生在长时间运动的后期，但运动员若开始运动时已经出现脱水，则在运动开始时就会出现痉挛。脱水引起的痉挛通常始于轻微痉挛，且往往发生在四肢。而与疲劳或过度疲劳相关的肌肉痉挛通常发生得更突然，持续痉挛会出现在身体某一侧的特定肌肉（如右侧腓肠肌）中。从原理上来说，由钠、钙或镁缺乏引起的痉挛可能随时发生，不一定是在运动期间。

从长远来看，改善饮食只有好处，可能会帮助你提升整体健康和运动表现，但这些改变并不能确保你不发生肌肉痉挛。我过去的一个训练伙伴在跑步时会出现严重的小腿痉挛，但骑自行车时却没有。小腿痉挛是在她 30 岁出头时突然开始的，似乎与身体状况不佳或训练方式的改变没有关系。她从营养和其他方面尝试了所有能想到的方法也无济于事，

考虑肌肉痉挛是否和营养素缺乏有关

　　夜间痉挛或运动相关的肌肉痉挛可能与营养素缺乏有关。尽管以下建议不能解决肌肉痉挛问题，但它们能让你不因为营养素缺乏而发生痉挛。请记住，改善饮食不会立刻解决肌肉痉挛问题。

　　•遵循运动前、运动中和运动后水的补充指南（详见第9章），补充太少和太多水都可能导致肌肉痉挛。

　　•从饮食中摄取足够的钠，以补充因出汗而流失的钠。素食运动员大多吃完整的、未加工的食物，并且食物中通常不加盐，这可能会导致低钠。运动时补充钠对出汗多或在高温下长时间运动的运动员有益。美国运动医学学会建议，出汗率高（高于1.2升/时）、出汗多或运动时间超过2小时的运动员应考虑在运动过程中补充钠。

　　•吃多种新鲜水果和蔬菜，而不仅仅是香蕉。素食中通常富含钾，但有不良饮食习惯或服用泻药、利尿剂的人体内钾水平可能很低。

　　•从各种素食中获取钙，也可以从乳制品中获取。富含易吸收的钙的素食包括低草酸的绿色多叶蔬菜（如羽衣甘蓝、芥菜和萝卜叶）、加钙豆腐、钙强化大豆和米浆、组织化植物蛋白、芝麻酱、某些豆类、钙强化橙汁、杏仁和黑糖蜜。（详见第6章）

　　•吃全谷物、坚果、种子和豆类食物。虽然素食运动员在镁的摄入方面有优势，但是食用精加工食物较多的运动员应该注意镁的补充。富含镁的素食包括种子、坚果、豆类、未磨碎的谷物、深绿色蔬菜和黑巧克力。精加工食品和乳制品的镁含量通常较低。

　　•在日常饮食和运动中摄入足够的糖。糖原耗尽时更容易发生痉挛。

　　•摄入足够的能量。能量不足会影响重要电解质的补充，包括钾、钙和镁。

　　•如果你经常发生痉挛，那就写下痉挛日志，记录食物和水的补充量及训练情况。这本日志可以帮助运动营养师或医生确定痉挛的原因和治疗方法。补充带有色氨酸通道激动剂的运动产品可能会有帮助。

最终不得不放弃了跑步。奇怪的是，她在骑自行车时从未发生过痉挛，还进入了自行车大师赛。

　　我和同事认识一名室内健身爱好者，他教的动感单车课是我上过的最难的课。尽管他身材很棒，但在户外锻炼时股四头肌经常发生痉挛，很多时候痉挛一直不停，他不得不蹒跚着回家。在实验室进行检测后，我们发现他的痉挛与恶性高热有关，这是一种罕见的遗传疾病，其特征是钙从肌肉的储存部位肌浆网中异常释放。他的姐姐早先已经确诊患有恶性高热，通过痉挛发现他同样患有该病，也算是好事。因为患有恶性高热的人在麻醉期间可能会发生严重的反应，包括肌肉僵硬、体温升高、代谢性酸中毒，甚至死亡。改善饮食无法让他的病情好转。除了恶性高热，可能导致看似健康的运动员出现运动痉挛的还有遗传和代谢疾病，还有肌肉肉碱棕榈酰转移酶（一种帮助脂肪进入线粒体的氧化酶）缺乏和肌强直症。

炎症和损伤

　　每个运动员都经历过炎症。我们知道它表现为发红、肿胀并伴有疼痛，但这其实是一种免疫反应，有助于身体修复损伤、消除刺激物、抵御疾病。如果没有炎症反应，身体将无法保护自己免受感染，不能修复受损的组织，也不能使伤口愈合。在炎症反应期间，免疫系统对损伤或感染迅速做出反应，包括识别破碎细胞溢出的细胞成分，通过派出特殊的免疫细胞使体液和各种免疫细胞在炎症部位积聚。

运动损伤导致的组织损伤通常包括局部的短暂炎症，在某些情况下可能会变成长期或慢性炎症。因受伤而受损的组织会吸引白细胞，白细胞通过血液到达受伤部位（见下图）。免疫系统还会激活其他类型的免疫细胞。

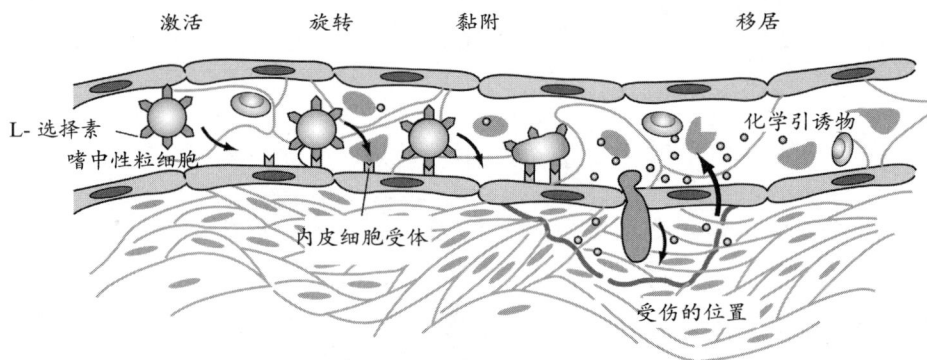

任何类型的损伤（包括与运动相关的损伤）都会导致组织损伤，受损的组织会吸引白细胞通过血液到达损伤部位。这里展示的是一种叫作嗜中性粒细胞的白细胞的激活过程，这种白细胞在化学信号的作用下进入受损的组织，这个过程对组织愈合十分重要

这些免疫细胞中大多含有组织修复因子（有的免疫细胞还可以自行分泌），这些因子在愈合过程中发挥着作用，其他因子可促使血凝块形成以止血，或帮助固定组织，使其附着在原位置，促进组织愈合。急性炎症反应会引起较强的疼痛，因为肿胀的组织压迫神经使化学信号激活神经细胞并向大脑反映受伤情况。疼痛的目的是让你注意并呵护受伤的部位，当然我们都知道运动员可能难以做到这一点。一旦病因得到解决，炎症通常会消退，但在发生骨关节炎或类风湿关节炎时，炎症可能持续并导致组织损伤。

刺激（如过度使用或过度训练）被忽视或没有消除，就会发生慢性炎症。举个例子，有多少运动员存在胫骨疼痛却仍坚持跑步，或者出现肩膀酸痛时继续练习投掷。这些损伤被称为过度使用损伤，通常是由持续运动引起的，尽管存在先前损伤或康复不足相关的症状。这些损伤也可能在运动员的装备、服装（包括鞋子）发生变化或训练量、训练强度突然增加后出现。慢性炎症还会影响免疫系统，影响较小、速度慢，但可以破坏组织，并导致软骨、肌腱、肌肉和骨骼变弱。

总的来说，任何原因引起的慢性炎症都不应该忽视，因为这是许多慢性病（如关节炎、阿尔茨海默病、糖尿病、心脏病和癌症）的常见引发因素。

饮食和炎症

我们已经对炎症有了一定的了解，现在有一个很重要的问题，即饮食是否会影响机体对运动损伤引起的急性炎症或过度使用损伤引起的慢性炎症的反应。虽然没有人认为良好的营养能预防脚踝扭伤或接触性挫伤，但某些食物可能有助于控制脚踝扭伤或身体擦伤后发生的炎症反应，使受伤的组织愈合得更快或更好，也可能有助于控制身体对慢性过度使用损伤的反应。与此相关的营养素包括 ω-3 脂肪酸、维生素 D、植物性食物和调味品中发现的抗炎植物化学物质（小贴士 11.3）。有趣的是，本书的第一版出版后，抗炎饮食的概念就诞生了。这种饮食方式鼓励人们精心选择天然抗炎食物，同时避免促炎食物。这种饮食方式侧重于整体调整，建议食用富含健康脂肪和营养的全素食，同时增加植物蛋白，如果需要的话，还可增加少量天然肉类蛋白，减少摄入加工糖，避免补充过多能量。这听起来就像本书的重点不是吗？

减轻炎症的营养建议

改善饮食中 ω-6 脂肪酸和 ω-3 脂肪酸的摄入比例。每天至少吃 2 份富含 ω-3 脂肪酸的食物，少吃富含 ω-6 脂肪酸的玉米、红花籽、葵花子和棉籽油，以及富含花生四烯酸的动物产品，包括工业鸡蛋和肉制品。富含 ω-3 脂肪酸的食物见表 11.3。如果需要 ω-3 脂肪酸补剂，可选择原材料是微藻类的纯素食产品。

要么在户外晒太阳，要么摄入维生素补剂来保持体内的维生素 D 水平（见表 6.1）。

食用水果、蔬菜、新鲜草药和香料（小贴士 11.4）。一项资料显示，饮食中大约 2/3 应该为蔬菜和水果。当你经历持续运动损伤引起的炎症时，试试绿茶、白茶、姜茶、富含姜黄的东亚食物、罗勒香蒜酱、黑樱桃和石榴汁，以及其他天然富含抗炎化合物（包括给水果和蔬菜带来鲜艳颜色的多酚）的食物。

以茶代替咖啡。虽然咖啡没有什么不好，但茶含有抗氧化剂和多酚，可能有助于减轻炎症。虽然红茶、绿茶和白茶都含有植物性化学物质，但绿茶和白茶的含量最高。注意，泡茶不宜用沸水。

选择含有原始部分（麸皮、胚芽和胚乳）的全谷物糖，并限制精加工谷物的摄入。含纤维的全谷物可以降低胰岛素反应，减少血液中的炎症标志物。

避免过量饮酒。虽然少喝一点葡萄酒或微酿啤酒可能对健康有益，但过量饮酒一定会增加血液中的炎症标志物。

ω-3 脂肪酸

本书第 4 章讲到过，ω-3 脂肪酸和 ω-6 脂肪酸都可以产生一族名为类花生酸的信号分子，其中包括前列腺素。类花生酸可以调控身体的许多重要功能，包括免疫功能。然而，ω-3 脂肪酸产生的信号分子与 ω-6 脂肪酸产生的信号分子的功能不同。ω-3 脂肪酸产生的信号分子可引起血管扩张，促进血液流动，并减少炎症反应；而 ω-6 脂肪酸产生的信号分子（特别是鸡蛋、肉和乳制品中的花生四烯酸）可促进血液凝固、收缩血管，同时促进炎症反应。总的来说，炎症反应的类型由饮食中消耗的脂肪类型决定。研究表明，通过调整饮食增加 ω-3 脂肪酸的摄入量，特别是长链二十碳五烯酸和二十二碳六烯酸，可减少激烈炎症反应的产物和引起组织反应的细胞因子（称为炎症因子）。这些细胞因子控制着与损伤和感染相关的症状，并可能促进关节炎、炎症性肠病以及和哮喘相关的各种炎症疾病的发生。

虽然 ω-3 脂肪酸被认为能够减轻炎症反应的程度，并降低许多与年龄相关疾病的患病风险，但尚不清楚其是否会持续影响运动损伤。最近一项针对男性运动训练的研究发现，连续 6 周每天补充约 4 克 ω-3 脂肪酸（EPA 和 DHA）可以减少休息时出现的炎症指标，但在跑步机上进行高强度运动后炎症指标无明显变化。对类风湿关节炎患者的研究也表明，在一定时期内每天补充 2 ~ 3 克 ω-3 脂肪酸有助于减轻关节疼痛和肿胀；在饮食中加入橄榄油并且限制动物性产品中的花生四烯酸的摄入也可以获得较好的效果。因此，将在饮食中加入更多富含 ω-3 脂肪酸的食物作为与运动相关炎症的补剂，其作用有限，但如果你容易发生炎症性损伤，尝试一两个月没有什么坏处。即使以减少摄入 ω-6 脂肪酸为代价，在饮食中增加富含 ω-3 脂肪酸的食物，对你的伤病也没有影响，但可能有其他的益处。我们很难预测增加 ω-3 脂肪酸的摄入量对身体产生影响的具体部位，也就是说，它对你身体任何出现炎症的部位都可能产生影响，包括关节、肌肉和肌腱。

改善摄入 ω-6 脂肪酸和 ω-3 脂肪酸的比例最简单的方法是，每天尽量摄入 2 份（1 份 ω-3 脂肪酸等于 1 茶匙亚麻子油、2 茶匙菜籽油或大豆油、1 汤匙磨碎的亚麻子或 1/4 杯核桃）或更多富含 ω-3 脂肪酸的食物，并尽可能少摄入富含 ω-6 脂肪酸的食物，如从玉米、红花籽、葵花子、棉籽中提取的油，以及乳制品、鸡蛋和肉类，这些食物富含花生四烯酸。ω-3 脂肪酸的优质来源见表 11.3。如果你决定减少 ω-6 脂肪酸的摄入量，增加 ω-3 脂肪酸的摄入量，请记住，饮食的改变不会立即产生效果，因为细胞膜是产生炎症标志物脂肪的储存源，而通过饮食来显著改变细胞膜脂肪酸的结构是需要时间的。

表 11.3 富含 ω-3 脂肪酸的素食

食物	分量	总脂肪/克	ω-6 脂肪酸/克	ω-3 脂肪酸/克
菜籽油	1 汤匙	14	2.8	1.3
奇亚籽	2 汤匙	9.2	1.7	5.3
亚麻子	2 汤匙	8.2	1.0	4.3
亚麻子油	1 汤匙	13.6	1.7	7.3
大麻籽油①	1 汤匙	14	2.5	7.0
大豆油	1 汤匙	13.6	6.9	0.9
英国核桃②	7 个半（14 克）	9.2	5.4	1.3
核桃油②	1 汤匙	13.6	7.2	1.4
商业产品③				
亚麻子多麸麦片（自然之路）	3/4 杯	1.5	N/A	0.5
亚麻子华夫饼（自然之路）	2 片华夫饼干（78 克）	9	—	1.0
亚麻子大豆麦片（佐伊）	1/2 杯	5	N/A	2.2

注：1. 数据来源于美国农业部食品成分数据库。
2. 单位换算请参考附录 F。
①营养成分信息仅从产品标签中获取，美国农业部营养数据库中未包含此信息。
②英国核桃，不是黑核桃。
③添加了亚麻或大麻的商业产品。

维生素 D

维生素 D 除了对骨骼有影响外，还在调节身体炎症和免疫反应方面发挥作用。维生素 D 在因子层面通过阻断炎症因子的产生和调节某些炎症细胞的功能来发挥其抗炎作用。因此，维生素 D 在保护肌肉、关节以及控制慢性关节炎症方面有着十分重要的作用。就像 ω-3 脂肪酸一样，很少有研究提到维生素 D 对急性或慢性运动损伤炎症的影响。部分针对运动员的研究发现，维生素 D 水平下降和炎症指标增加之间存在联系，但只有少数研究表明维持体内足够的维生素 D 或补充维生素 D 有利于预防各种运动（包括游泳、足球和芭蕾舞）损伤。

至今为止，支持维生素 D 对运动损伤炎症有益的最佳证据来自一项临床试验，该试验随机选择 7 名体内维生素 D 水平正常和 6 名体内维生素 D 水平较低的男性进行腿部肌肉损伤研究。最有趣的发现是体内充足的维生素 D 水平可使人体对肌肉损伤的抗炎反应增强。虽然还需要更多的研究，但这仍然说明，维持体内足够的维生素 D 水平可增强身体的抗炎反应，这对受伤后的愈合和康复可能十分关键。

目前还不清楚需要多少维生素 D 才能控制身体的炎症系统。维生素 D 委员会建议，25- 羟基维生素 D 血液浓度应保持在 80 纳摩尔 / 升（约 30 纳克 / 毫升）以上，这可以通过合理的日晒 [通常每周 2 ～ 3 次，躯干、四肢每次暴露 5 ～ 30 分钟（主要取决于肤色）] 或定期补充富含维生素 D 的食物来获得（详见第 6 章）。如果遇到肌肉、骨骼、关节或肌腱问题，如肿胀和僵硬，每天补充 1500 ～ 2000 国际单位的维生素 D 可能会有帮助。

抗炎物质

许多植物性产品（包括水果、蔬菜、植物油和草药）都含有具抗氧化作用和抗炎作用的营养物质或植物化学物质。抗氧化剂（如维生素 C 和维生素 E）可以保护身体组织（包括肌肉和关节）不被自由基损伤，并有助于预防与年龄相关的退行性疾病。（详见第 8 章）

抗炎物质可阻断或减少炎症反应，其作用机制类似于或不同于非甾体抗炎药（如阿司匹林和布洛芬）。许多植物成分表现出这些特性，但越来越多的证据表明普遍存在于水果、蔬菜和茶中的多酚在减轻炎症方面有重要作用。多酚可以中和自由基，激活基因转录因子，还可以抑制激活炎症的信号分子（如核因子 kB）。（小贴士 11.4）

目前还不知道饮食中的抗氧化剂、抗炎剂是否有助于预防或减轻与

小贴士 11.4

具有抗炎特性的植物和草药类食物

- 罗勒
- 牛至
- 橄榄油（特级初榨橄榄油含有天然抗炎物质橄榄油刺激醛）
- 柳树皮（含有水杨酸，即阿司匹林中的主要化学物质）
- 石榴
- 酸樱桃汁（蒙莫朗西樱桃）
- 绿茶（含表没食子儿茶素没食子酸酯）
- 猫爪草
- 辣椒（含辣椒素）
- 雷公藤
- 姜黄素
- 高丽参
- 葡萄皮（包括某些葡萄产品，如葡萄酒）
- 姜
- 番茄和番茄饮料
- 紫皮洋葱、羽衣甘蓝、野樱莓、蔓越莓、苹果（含槲皮素）

本清单由多个来源汇编而成，只包含部分具有抗炎特性的植物和草药类食物，并不完整，也不是产品推荐。

素食者观点：甜菜和巧克力必胜！

甜菜是甜菜素和黄嘌呤的独特来源，这两种营养素具有抗炎和抗氧化性，是两种植物化学物质。正因为它们，甜菜才会有美丽的深红色。甜菜还富含天然的硝酸盐，这些硝酸盐会转化为一氧化氮，有利于血管舒张。随着血管的变宽，更多的富氧血液流经身体，更快地到达肌肉，使肌肉能够在更长的时间内进行高强度运动。增加血流量也有利于散热。

巧克力由可可豆制成，可可豆是一种富含植物化学物质的素食。哈佛大学的一项研究发现，可可豆含有黄烷醇（植物化学物质的一个亚组，对一氧化氮信号系统有积极作用），因此有利于增加血液流动。可可豆中的可可碱也有利于血管舒张。因此，黑巧克力有助于提高运动表现，同时也是镁的极好来源，这是运动员喜欢它的原因之一。

运动损伤或过度使用性损伤相关的症状。最近的一项研究发现，和予以美国标准饮食的小鼠相比，予以抗炎饮食的小鼠从炎症损伤中恢复得更快。抗炎饮食含有多种植物成分，包括表没食子儿茶素没食子酸酯、萝卜硫素、白藜芦醇、姜黄素和人参皂苷，这些成分已被证明具有抗炎作用。表没食子儿茶素没食子酸酯主要存在于茶中，白藜芦醇存在于红葡萄皮、葡萄汁和红酒中，姜黄素存在于姜黄（一种香料）中。最近一些针对运动员的研究显示，补充姜黄素（约5克/天）对减轻炎症、肌肉损伤和延迟性肌肉酸痛有效。同样，酸樱桃汁被证明可以减轻肌肉损伤和减少炎症标志物，尤其是在激烈的对抗运动和耐力运动之后。对糖尿病、代谢综合征和关节炎等炎症疾病患者的研究也发现多种素食（包括石榴汁、生姜、大蒜、绿茶、辣椒、牛至和猫爪草）对他们的身体有益。要了解这么多食物可能让人头疼，所以，简单保险的办法是确保你的饮食中包含各种水果和蔬菜，包括番茄制品、橄榄油、新鲜的草药和香料，尝试一下绿茶、姜茶、酸樱桃汁以及含有姜黄、罗勒和橄榄油的菜肴。也许遵循素食饮食方式、摄入多种多样的水果和蔬菜、加入各类草药就是抗炎饮食方式。（见表 3.4）

如果你容易发生肌肉痉挛并且经常出现肌肉和关节炎症症状，可以利用本章的信息来改善饮食，以达到预防或缓解症状的效果。下一章将讨论如何将目前讲到的所有信息整合到一份健康的素食饮食计划中。

12 制订私人饮食方案

　　女队教练带我去见一名22岁的网球运动员，以确定她的虚弱、疲劳和频繁感染是否与其饮食有关。她来自德国，自述胃口很好，饮食主要有贝果面包配欧洲奶酪、土豆、米饭、意大利面、谷类食品、厚厚的硬壳面包（如果能吃到的话）及大量蔬菜。她每天至少吃2份乳制品，但早上通常只吃水果。她也爱喝咖啡，并喜欢在饮食中添加一点鱼肉。尽管教练推荐她服用复合维生素，但她不感兴趣。虽然她很容易疲劳，并频繁感染，但她否认这些对她的比赛成绩有影响。

　　她的饮食习惯不算太差，但她的用餐计划仍需要修改。毫无疑问，她获得了充足的糖，但我认为她的蛋白质、铁和锌的摄入量不足。常规血液检查的结果尚未出来，只依据贫血基本筛查的结果，我不能直接确定她的饮食习惯是她频繁感染的原因。但是，我可以和她一起制订一份可以更好地提供必需营养的饮食方案。对她来说，这意味着通过加入豆类、坚果、水果和动力源蔬菜（如绿叶蔬菜，橙色、红色蔬菜），以及限制每天1～2杯（236～472毫升）咖啡来改善她整体的饮食营养质量。我在营养笔记中记录下这个饮食方案，强调了在她目前的饮食中添加水果和富含植物蛋白的食物的简单方法。

——埃内特·拉森－迈耶

　　对许多运动员来说，吃好可能是一项艰巨的任务，有太多营养因素需要考虑——至少看起来是这样，还要考虑额外的营养需要。你需要足够的糖来维持高强度的训练，需要足够的蛋白质来构建包括肌肉在内的身体组织，以热量形式摄入足够但又不能太多的能量。你还需要保持膳食脂肪的平衡，适当补充钙、铁、碘、锌、核黄素、维生素 C、维生素 K 和许多其他维生素，以及微量矿物质。最重要的是，你需要考虑到所有的植物化学物质，你做到了吗？

坦白说，你需要制订一个健康的饮食方案，以确保你获得足够的种类正确的宏量营养素（如糖、脂肪和蛋白质）、微量营养素（如维生素、矿物质）和植物化学物质。饮食方案应该为忙碌的你建立健康饮食模式的框架，然后让你自由、自觉地吃好。事实上，本章的目的是帮助你把这本书讨论的所有内容结合起来，为你制订一个饮食方案。

健康饮食要点

各种各样的饮食方案已经被研发出来，教人们如何通过选择正确的食物来满足营养需求。在 20 世纪 30 年代以前，美国就有食物指南系统。美国的食物指南系统包括 7 组基本食物（其中的水果和蔬菜按 3 种颜色分类: 绿色 / 黄色、橙色 / 红色和其他）、4 组基本食物、美国农业部的"食物指南金字塔"和现在美国农业部的"我的餐盘"。虽然大多数由政府或个人开发的食物指南系统是针对普通公民而不是运动员设计的，但我们可以从为普通人群（如"我的餐盘"）、运动员和素食者设计的食物指南系统中借鉴，并轻松制订素食运动员的饮食方案。美国农业部的"我的餐盘"的设计特别强调一种方案不适用于所有人。然而，在我们开始之前，先要了解健康饮食的重要部分——食物组和多样性。

为什么是食物组

我在早期做营养师时没有认识到食物组的重要性，对一些分类感到烦恼，尤其是肉类、水果和蔬菜的分类，直到我给运动科学和健康营养专业的学生讲授我的第一门大学水平的运动营养课程时，我才意识到这个系统是多么巧妙。也许你比我掌握得更快，每种分类下的食物中都含有相似的关键营养成分（表12.1）。虽然各种食物组存在一定的差异，但该系统会指导人们从每个组中选择多种食物来满足营养需求，这样他们就可以享受美食,而不是去记忆哪些食物提供B族维生素、蛋白质或铁。

表12.1　多数食物指南系统中的食物组及其提供的关键营养素

分类	食物组提供的营养素	典型食物分量
谷物	糖 蛋白质（少量） 矿物质：铁、钾、锌、铜、硒①、碘① 维生素：硫胺素、烟酸、核黄素、叶酸、维生素 B₆、生物素、维生素 E 植物营养素 全谷物还可提供膳食纤维、镁、铬	1 片（1 盎司）面包 1/2 杯煮熟的谷物、大米或意大利面 1 盎司即食燕麦 1 块饼干、小煎饼或小面包
蔬菜	糖（淀粉类蔬菜） 食物纤维 矿物质：铁、钾、锌、硒①、碘① 维生素：维生素 A 和类胡萝卜素、维生素 C、叶酸、维生素 K 植物营养素 深绿色叶类蔬菜还可提供核黄素、维生素 B₆、镁	**"我的餐盘"** 1 杯蔬菜（1 杯蔬菜汁或果汁） 2 杯生的绿叶蔬菜 **其他食物指南** 1/2 杯熟食蔬菜（1 杯生食蔬菜）
水果	糖纤维 维生素：维生素 A 和类胡萝卜素、维生素 B₆、维生素 C、叶酸（部分水果） 植物营养素	1/2 杯水果 =1 个中小个水果、1/2 杯切碎的水果或果汁、1/4 杯果干
牛奶	蛋白质 矿物质：钙、碘、钾 维生素：核黄素、维生素 B₁₂、生物素、维生素 A、维生素 D（强化）	1 杯牛奶、酸奶或豆奶 1.5 盎司天然奶酪 2 盎司加工奶酪 1½ 杯冰激凌
肉（用于对比）	蛋白质 矿物质：铁、锌 维生素：硫胺素、烟酸、维生素 B₆、维生素 B₁₂	1 盎司（任何种类）

续表

分类	食物组提供的营养素	典型食物分量
豆类植物和植物肉	蛋白质 矿物质：钙、铁、镁、钾、锌、铜、钼 维生素：叶酸、硫胺素、烟酸、核黄素、维生素 B_6、生物素	1 份蛋白质 = 1/2 杯煮熟的豆类（"我的餐盘"为 1/4 杯） 1/2 杯豆腐或豆豉（"我的餐盘"为 2 盎司豆腐或 1 盎司豆豉） 1 盎司植物肉 1 个鸡蛋 1 盎司奶酪
坚果	蛋白质纤维（少量） 矿物质：铁、钙、镁、锌、铜、铬、硒[①] 维生素：叶酸、维生素 E、其他生育酚 必需脂肪酸：亚油酸、亚麻酸	1 份蛋白质 = 1 盎司坚果种子（约 2 汤匙）或 2 汤匙坚果或种子黄油 （"我的餐盘"为 0.5 盎司坚果或种子以及 1 汤匙坚果或种子黄油）
健康油脂	必需脂肪酸：亚油酸、亚麻酸、维生素 E	1 茶匙

注：1. "典型食物分量"一列数据从"我的餐盘""食物指南金字塔"和国家营养数据库中获得。
2. 单位换算请参考附录 F。
① 硒和碘的含量因土壤的含量而异。

最初，每个食物组中每类食物的摄入量是根据满足日常营养需求估计的，最新标准根据需要降低患各种慢性疾病的风险的食物需要量而确定。以水果和蔬菜为例，每天食用推荐量的水果和蔬菜可以确保身体对维生素 A 和维生素 C 以及其他纤维的需求，还有助于降低患心脏病和某些癌症等慢性病的风险。如果你的饮食（或能量）主要由水果和蔬菜组成，而不是由谷物组成，即使获得了充足的糖、膳食纤维和维生素 A、维生素 C，你也可能会缺乏 B 族维生素、铁和锌。因此，你需要从每个食物组中选择食物，并以它们为参考制订个人的正餐和零食方案。

素食者观点：所有素食都是健康的吗？

　　一场不可思议的用植物性食品取代传统动物性食品（如汉堡、蛋黄酱、牛奶和酸奶）的运动正在进行。在 10 年前，你很难想象比萨饼店会卖纯素奶酪，或者在酒馆、酒吧能点一个味美的植物肉汉堡。就减少食用肉类食品而言，这是一个好消息，但这些食物对大众健康的影响是未知的。用纯素食代替普通的奶酪、牛排能改善健康状况吗？目前还没有详细的研究报道，但哈佛大学的研究人员调查了 20 万名健康专业的从业人员，结果发现与相对不健康的饮食方式相比，更健康的素食饮食方式更能降低 2 型糖尿病的患病风险。即使是少量减少摄入动物性食品也会降低 2 型糖尿病的患病风险，而采用健康指数得分较高的饮食方式（也就是摄入更多全谷物、水果和蔬菜）的人的患病风险降低幅度最大。这表明，某样食物（比如汉堡或比萨饼）是纯素食，也并不意味着它是健康的。尽管源自植物，但这些产品大多不是全植物食品，并且已经失去了许多有益的化合物。这并不意味着纯素食不能成为健康饮食的一部分，它们可以！如果你是为了健康和长寿而吃富含营养和植物化学物质的食物，那么重点必须放在食物整体上。了解这些新产品的脂肪、能量和盐的含量十分重要，一定要检查食品营养标签，并根据需要调整你的选择，把合适的食物看作你整体饮食计划的补充，而不是重点。

　　诚然，因为纯素者和素食者对乳制品组食物的摄入有一定的限制，所以我不再执着于将这组食物强制纳入乳制品类别及其分类名称，但我确实发现食物分类总体上很有意义。基本来讲，谷物组食物包括麦片、面包、意大利面、大米和全谷物、碾磨谷物、某些草本产品（如藜麦、野生稻、卡姆小麦），它们可以提供糖、部分蛋白质、铁、钾、锌、铜、硫胺素、烟酸、核黄素、叶酸、维生素 B_6、生物素和维生素 E。

　　蛋白质组（在一些食物指南系统中也被称为肉类和豆类组）食物提供蛋白质、铁、锌、硫胺素、烟酸、维生素 B_6 和维生素 B_{12}。根据食物所含的糖和主要营养成分的差别，水果组与蔬菜组分开。唯一有争议的一组是乳制品组，因为除水果和油脂组之外，其他每一组别中都有食物能够显著增加钙的摄入量。此外，强化豆奶和乳制品的非乳替代品也富含钙，而乳制品确实可以为素食者提供核黄素和维生素 B_{12}。最后一组是其他组或自由热量组，包括糖果、脂肪和运动补剂。"我的餐盘"基本不讨论这些我们通常认为是垃圾食品的食物，也没有正式的油脂组，但它列出了富含油脂的天然食物，包括坚果、蔬菜、橄榄和牛油果。

为什么需要多样性

　　本书前面的内容已经讨论了食物多样性的概念，在这里简单地提及主要是为了强调健康饮食计划的附加部分，其中包括从每个主要食物类别中选择多种食物。因为没有完美的食物，所以各种食物成分的综合作用才可以使运动员获得足够的维生素、矿物质和植物化学物质。例如，核桃是唯一富含 ω-3 脂肪酸的坚果，但其他坚果可以提供不同的脂类、α-生育酚和 γ-生育酚（维生素 E 衍生物），也有利于健康。菠菜不是可吸收的钙的来源，却是叶酸、维生素 B_6、β 胡萝卜素、叶黄素、维生素 E 和镁的主要来源之一。此外，缺乏某种抗炎植物化学物质的水果、蔬菜可能富含另一种植物化学物质，也可以增强机体对致癌物质的防御能力。因此，你的饮食计划中食物品种越多越好！

素食运动员的饮食方案模型

　　为素食运动员制订饮食方案可能比指导非素食运动员的饮食更具挑战性。首先，对于一般素食者来说，并不总是存在营养饮食的框架，尤其是对于在以肉类为中心食物的家庭中长大的人来说，他们面对"晚餐吃什么？"这样的问题时，通常根据可选的肉类来回答，他们可能会说晚餐吃"鸡肉"，而不是"鸡肉、印度香料饭、田园沙拉、全麦面包"。这种思维方式通常会让新素食者产生这样的想法：他们需要在晚餐时吃一种类似肉类的食物，而只有杏仁和绿叶蔬菜的拌饭不能单独作为一顿饭。我丈夫会说"今晚我们没有任何蛋白质"，然后听我唠叨这顿饭里包含的所有富含蛋白质的素食，以及看似没有蛋白质的菜品中的坚果和偶尔出现的鸡蛋、奶酪。

其次，没有专门针对素食运动员的食物指南系统，提供素食选择的系统可能会误导很少吃或不吃乳制品的运动员。例如，20 世纪 90 年代为耐力运动员制订的素食计划建议素食运动员根据他们的能量摄入情况每天补充 5 ~ 10 杯乳制品，这个数量让大多数素食运动员难以忍受。在最近为大众设计的食物餐盘模型中，富含钙质的食品和乳制品的位置都令人困惑，在盘子的右上角画一个圆形轮廓，并把乳制品放在那里（见附录 B 中"我的餐盘"）。这不利于对运动员进行钙的知识普及，钙既存在于乳制品（如豆奶和牛奶）中，也存在于其他食物（如羽衣甘蓝等深绿色叶菜、加钙豆腐等）中。由美国奥林匹克委员会（USOC）营养师和科罗拉多大学（UCCS）运动营养项目组开的"运动员餐盘"将低脂乳制品与豆类、坚果和大豆食品混合在一起，作为餐盘的一个选项，并将其作为饮料选项放在餐盘的顶部，虽然这是一个将富含钙质的食物纳入饮食中的好办法，但它可能会让一些运动员感到困惑。

为素食者设计的食物指南系统或"我的餐盘"模型提供的素食建议可能会导致运动员能量摄入不足，并且缺乏灵活性，因为运动员会因训练量、训练强度和训练阶段等差异而导致食欲和能量需求不同。USOC 和 UCCS 的"运动员餐盘"模型为低、中、高强度训练和比赛日提供饮食选项，运动员可以根据训练要求调整糖、蛋白质和脂肪的摄入量（适用于素食者）。对于非运动员来说，这似乎不成问题，但有工具来帮助你理解饮食模式如何根据不同的训练阶段而变化不是很好吗？举个例子，一名体重为 55 千克的女性耐力运动员在高强度训练阶段的能量需求可能与一名体重为 86 千克的男性垒球运动员在力量训练季的能量需求相似。虽然他们每天都需要 2800 ~ 3000 千卡，但耐力运动员可能需要更多的糖，这将决定富含糖的谷物、水果和淀粉类蔬菜的摄入量，而垒球运动员可能需要更多的蛋白质。"运动员餐盘"模型允许耐力运动员选择用于高强度训练的餐盘模型，允许垒球运动员选择用于低强度训练和体重管理的餐盘模型。

尽管如此，我还是成功地使用多个食物指南系统，包括美国农业部的"食物指南金字塔"和"我的餐盘"、英国的"好食指南"（见附录B）、素食资源小组的"我的素食餐盘"、USOC和UCCS的"运动员餐盘"，以及2003年由梅西纳（Messina）、梅利娜（Melina）和曼格尔斯（Mangels）提出的"素食指南金字塔"（见下图），来帮助素食运动员制订饮食方案或者简单调整他们当前的饮食计划。

虽然目前我最喜欢的是"运动员餐盘"（因为它很容易选择素食或

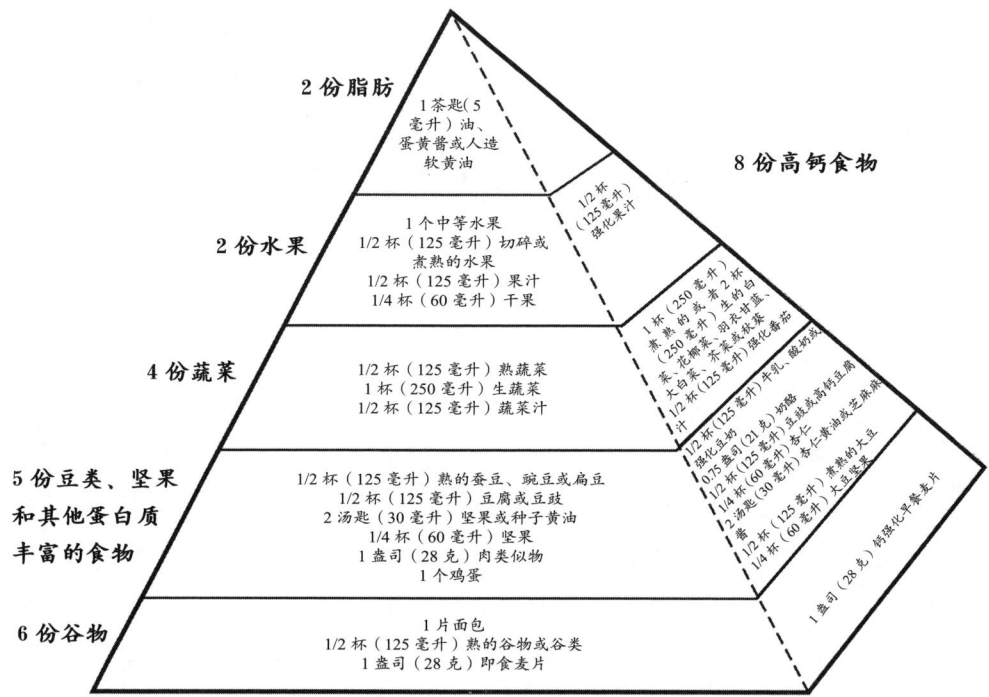

素食指南金字塔

（转载自 *Journal of the American Dietetic Association*, vol. 103, Messina et al., "A New Food Guide for North American Vegetarians," pp. 771-775, 2003，由营养和饮食学会授权）

纯素食），但开始时我通常会和运动员一起使用"我的餐盘"，因为个人饮食方案很容易通过网络获得。另外我发现自己仍然会使用"素食指南金字塔"。"我的餐盘"对最初需要建立饮食结构框架的运动员来说很有用，而"素食指南金字塔"的三维设计对需要特定素食钙来源的运动员特别友好。记住，使用"食物餐盘""食物金字塔"，甚至"旋转陀螺"（见附录 B 中"日本食物指南陀螺"）的目标是提供一个框架或一套指导方针，以帮助你建立一个健康的饮食模式并自发适应它。根据我的经验，一种模式很难适用于所有情况。

制订你的饮食方案

如果你是素食运动员，那么对你来说，各种食物指南系统，包括"素食指南金字塔"，都有其局限性，但它们可以指导你制订饮食方案。本节将讨论如何使用"我的餐盘""素食指南金字塔"，或者你喜欢的其他食物指南系统来制订一个饮食方案。我们将说明如何将餐盘模型调整为更直观的饮食方式。如果你觉得自己已经有了一个健康的饮食方式，可以选择跳过本节。在本章的最后，我们将讨论如何自觉地吃，以及如何运用"运动员餐盘"之类的食物指南系统，根据训练强度和训练周期（以及食欲）选择食物。再次强调，食物指南系统只是为健康饮食提供了一个基本框架——一个帮助你管理自己的饮食，并在饮食习惯偏离正轨时进行纠正的框架。

制订饮食方案的第一步是使用本书第 2 章介绍的方法来估算你的能量需求，并将你的估算值四舍五入到最接近 200 的倍数。如第 3 章和第 5 章所述，估算你的糖和蛋白质需求也很有帮助。如果你的训练经常会有很大的调整，你可能还需要估算每个训练阶段所需要的能量、糖和蛋白质。下一步是参考表 12.2，如果你使用"我的餐盘"［表 12.2（A）］或"素食指南金字塔"［表 12.2（B）］作为你的食物餐盘模型，请从每个主要食物组中获取推荐量。油脂每天的摄入量是固定的，不用担心，除非你选择高脂肪食物或完全无脂肪食物。记住，油能提升食物的味道，而脂肪是一种重要的营养物质。如果你每天的能量需求超过 3000 千卡，你可以用 3000 千卡作为起点，这个量是健康饮食组合所需的最小量。因此，根据你的训练阶段和目标，以 3000 千卡的饮食组合为基础，每餐可以补充更多的富含蛋白质或糖的素食及健康油脂。如果你想知道哪些食物可以增加能量，可以参考表 12.3。

表 12.2　使用美国农业部"我的餐盘"或"素食指南金字塔"制订饮食计划

（A）使用"我的餐盘"制订饮食计划

能量需求 / 千卡	1800	2000	2200	2400	2600	2800	3000
谷物①	6 份	6 份	7 份	8 份	9 份	10 份	10 份
蔬菜	2½ 杯	2½ 杯	3 杯	3 杯	3½ 杯	3½ 杯	4 杯
水果	1½ 杯	2 杯	2 杯	2 杯	2 杯	2½ 杯	2½ 杯
牛奶	3 杯	3 杯	3 杯	3 杯	3 杯	3 杯	3 杯
豆类及其类似物②	5 份	5½ 份	6 份	6½ 份	6½ 份	7 份	7 份
油	5~6 茶匙	5~6 茶匙	5~7 茶匙	5~7 茶匙	5~7 茶匙	5~7 茶匙	5~7 茶匙
添加的糖（最大值）/ 克	45	50	55	60	65	70	75
营养素含量							
糖① / 克	256	271	288	311	332	352	386
蛋白质② / 克	78~97	81.5~101	87~108	92.5~115	98.5~124	104~131	106~134
可自由支配的能量 / 千卡	195~290	265~310	265~310	265~310	360~510	360~510	360~510

（B）使用"素食指南金字塔"制订饮食计划

能量需求／千卡	1800	2000	2200	2400	2600	2800	3000
谷物①	6 份	6 份	7 份	8 份	9 份	10 份	10 份
蔬菜	2 杯	2½ 杯	3 杯	3 杯	3½ 杯	3½ 杯	4 杯
水果	2 杯	2 杯	2 杯	2 杯	2 杯	2½ 杯	2½ 杯
豆类、坚果和类似物	5 份	6 份	6 份	7 份	7 份	8 份	8 份
脂肪③	2 份	2 份	2 份	2 份	2 份	2 份	2 份
营养素含量							
糖①／克	227.5	247.5	270	292.5	318	355	365
蛋白质②／克	63~82	70~90	74~96	83~107	87~113	96~124	99~127

注：1. 数据来源于美国农业部"我的餐盘"食物指南网站，以及 *Journal of the American Dietetic Association*, vol. 103, Messina et al., "A New Food Guide for North American Vegetarians," pp. 771-775, 2003.

2. 关于谷物、豆类和蛋白质的分量的相关内容见表 12.1。

3. 单位换算请参考附录 F。

①糖的含量是用第 3 章中描述的方法进行估算的，假设蔬菜组的一半食物含有淀粉，一半不含淀粉，而一半的蛋白质来自豆类，一半的乳制品来自富含糖的牛奶或原味酸奶，而不是奶酪。每种能量水平下的糖含量可以通过选择以淀粉为主（尤其是富含糖）的蔬菜及添加任意一种糖来提高，包括单糖及运动饮料、能量棒和果冻。

②蛋白质含量是用第 5 章描述的方法估算的，其中每种肉类和牛奶提供 7 ~ 8 克蛋白质，每种谷物和淀粉类蔬菜提供 2 ~ 3 克蛋白质。

③根据"素食指南金字塔"，每组食物的本行数值是满足非运动员素食者必需营养的最低量。"素食指南金字塔"的脂肪量不会随着能量的增加而增加，因为这是最低需求。

表 12.3　提供额外 250 千卡能量的食物组

食物组合	建议量	示例	营养物质含量
豆类（蛋白质） 水果 健康的油	1 份 1 杯 1 茶匙	1/2 杯黑豆 1 杯菠萝 1 茶匙大麻籽油	228 千卡能量、8 克蛋白质、5 克脂肪、40 克糖
豆类（蛋白质） 健康的油	1 份 1/2 茶匙	1 杯花豆 1/2 茶匙菜籽油	165 千卡能量、15 克蛋白质、2.5 克脂肪、44 克糖
谷物 坚果	2 份 1 盎司	1 杯白米 1 盎司核桃	287 千卡能量、6 克蛋白质、18 克脂肪、26 克糖

食物组合	建议量	示例	营养物质含量
谷物 健康的油	2 份 1 茶匙	2 片全麦面包 2 茶匙无反式脂肪酸的人造黄油	222 千卡能量、6 克蛋白质、11 克脂肪、26 克糖
含淀粉的蔬菜 健康的油	1 杯 1 茶匙	1 个大红薯 1 茶匙榛子油	222 千卡能量、9 克蛋白质、9 克脂肪、37 克糖
水果 乳制品或豆奶 健康的油	1 杯 1 杯 1 茶匙	1 杯桃子果肉果汁 1 杯酸奶 1 茶匙亚麻子油	250 千卡能量、11 克蛋白质、5 克脂肪、40 克糖
健康的油	2 汤匙	1 汤匙橄榄油、亚麻子油或椰子油 1 汤匙磨碎的亚麻子	230 千卡能量、23 克脂肪

注：1. 能量和营养物质含量是近似值，会根据实际选择的食物而变化，也会因食物分量的准确性而有所变化。

2. 单位换算请参考附录 F。

在挑选食物指南系统时，如果你每天吃 2 ~ 3 份牛奶、酸奶或奶酪，请使用"我的餐盘"；如果你是素食者或很少吃乳制品，请使用"素食指南金字塔"。"运动员餐盘"可以作为视觉模型，帮助你了解如何随着训练周期或阶段选择适当的食物。同样，"我的餐盘"的一个优点是其交互式的在线版本，通过这个功能你可以打印出定制的表格。事实上，如果你决定使用"我的餐盘"，请使用这些可下载的工作表，几周之后你就能走上自觉饮食的轨道。如果你想选择附录 B 中的其他食物指南系统，就选最适合你的那个。

当你对每一类食物的每天预估摄入量有了概念以后，就可以开始制订你的饮食方案。表 12.4 显示了一个基于"我的餐盘"的可提供 3000 千卡能量的饮食示例，表 12.5 为基于"素食指南金字塔"的可提供 3000 千卡能量的饮食示例。

制订饮食方案最简单的方法是从每一组食物开始（如谷类组），然后把确定的食物分成正餐和零食，如果需要，再加上你在运动中需要补充的营养。记住，根据你的能量需求，给添加脂肪和自由支配的能量留下空间。在表 12.4 的示例方案中，10 份谷物中，3 份分在早餐中，3 份分在午餐中，4 份分到晚餐中。如果运动期间或运动后加含糖的零食，还可以选择早餐和晚餐各少吃 1 份谷物，将 2 份谷物换成含 30 克糖的零食（每份谷物含 15 克糖）。

把所有食物组都确定下来后，就可以从每个食物组中选出几种食品和菜式，混合搭配。如果午餐是由 2 片面包、1.5 盎司（42 克）奶酪和 1/2 杯豆腐（混合芥末和洋葱）制成的奶酪三明治，而不是蔬菜奶酪比萨、浓汤通心粉或炒菜，做午餐就容易多了。

表 12.4　使用"我的餐盘"制订可提供 3000 千卡能量的素食计划

餐食	食物种类	建议量	示例方案 1	示例方案 2
早餐	谷物 水果 牛奶	3 份 1/2 杯 1 份	2 片全麦吐司 1 汤匙无反式脂肪酸的人造黄油① 1 盎司玉米片 1 个中等大小的橙子 1 杯脱脂牛奶	3 个（5 英寸）煎饼 1 汤匙无反式脂肪酸的人造黄油① 2 汤匙枫糖糖浆① 1/2 杯蓝莓 1 杯脱脂香草酸奶
上午茶	水果 蛋白质	1 杯 1 份	1/2 杯葡萄干 1 盎司杏仁	1 个大苹果 2 汤匙花生酱
午餐	蛋白质 谷物 牛奶 蔬菜	2 份 3 份 1 份 1 杯	素食汉堡（60 克）加大罂粟籽贝果面包 0.5 盎司切达芝士 2 杯混合青菜 1 汤匙意大利沙拉酱①	1 杯烤腌制豆腐配 1 茶匙芝麻油 1½ 杯野生稻米 8 盎司脱脂奶或豆乳 1 杯蒸黄南瓜
下午茶	蔬菜	1 杯	1 杯小胡萝卜 1 汤匙牧场酱①	1 个烤土豆挤上 2 汤匙酸奶油
晚餐	蛋白质 谷物 牛奶 蔬菜	3 份 4 份 1 份 2 杯	1½ 杯黑豆和 1/2 杯洋葱 2 杯长粒大米加 1 汤匙橄榄油，上面放 1/2 杯番茄碎 1 杯脱脂牛奶 1 杯蒸菠菜	1½ 杯扁豆塔可配 1/2 杯洋葱 4 个（6 英寸）玉米饼 1 盎司切达奶酪 番茄、红灯笼椒、绿灯笼椒和生菜各 1/2 杯

续表

餐食	食物种类	建议量	示例方案 1	示例方案 2
夜宵	水果 蛋白质	1 杯 1 份	1 杯香蕉片 1 盎司核桃 1/2 杯冻酸奶①	大烤梨 1 盎司山核桃 红糖①

注：1. 示例方案 1 提供了 3066 千卡能量，分别来自糖（56%）、脂肪（30%）、蛋白质（14%），营养素含量为糖 442 克、蛋白质 114 克、脂肪 105 克（饱和脂肪占 7%）、ω-3 脂肪酸 4.6 克、叶酸 1348 微克、维生素 C 141 毫克、维生素 E 27 国际单位、钙 1728 毫克、铁 32 毫克、锌 15 毫克、镁 797 毫克，还提供了比 RDA 更多的核黄素（3.7 毫克）、维生素 B_6（3.9 毫克）和维生素 K（119%），以及其他微量矿物质。

2. 示例方案 2 提供了 3065 千卡能量，分别来自糖（55%）、脂肪（29%）、蛋白质（16%），营养素含量为糖 442 克、蛋白质 125 克、脂肪 110 克（饱和脂肪占 7%）、ω-3 脂肪酸 2.4 克、叶酸 1062 微克、维生素 C 299 毫克、维生素 E 12 国际单位、钙 2118 毫克、铁 31 毫克、锌 18 毫克、镁 624 毫克，还提供了比 RDA 更多的核黄素（2.5 毫克）、维生素 B_6（2.9 毫克）和维生素 K（94.7%），以及其他微量矿物质。

3. 单位换算请参考附录 F。

①提供可自由支配的能量的食物。

表 12.5　使用"素食指南金字塔"制订可提供 3000 千卡能量的素食计划

餐食	食物种类	建议量	示例方案 1	示例方案 2
早餐	谷物 蛋白质 水果	3 份 1 份 1/2 杯	2 片全麦吐司 1 汤匙无反式脂肪酸的人造黄油① 1 盎司玉米片 1 杯强化豆奶 1 个中等大小的橘子	3 个（5 英寸）薄煎饼 1 汤匙无反式脂肪酸的人造黄油① 2 汤匙枫糖糖浆① 1 盎司素食香肠 1/2 杯加钙浓缩橙汁
上午茶	水果 蛋白质	1 杯 1 份	1/2 杯葡萄干 1 盎司杏仁	1 个大苹果 2 汤匙花生酱
午餐	蛋白质 谷物 蔬菜	2 份 3 份 1 杯	素食汉堡（60 克）加大罂粟籽贝果面包 2 杯混合青菜 2 汤匙意大利沙拉酱①	1 杯腌制烤豆腐配 1 茶匙芝麻油① 1½ 杯野生稻米 1 杯蒸黄南瓜
下午茶	蔬菜	1 杯	1 杯小胡萝卜 2 汤匙豆腐酱①	1 个烤土豆挤上 2 汤匙大豆酸奶油①

续表

餐食	食物种类	建议量	示例方案 1	示例方案 2
晚餐	蛋白质 谷物 蔬菜	3 份 4 份 2 杯	1½ 杯黑豆 2 杯长粒米、1/2 杯洋葱和 1 汤匙橄榄油①，上面放 1/2 杯番茄碎 1 杯洋葱甘蓝	1½ 杯扁豆塔可配 1/2 杯洋葱 4 个（6 英寸）玉米薄饼 番茄、红灯笼椒、绿灯笼椒和生菜各 1/2 杯
夜宵	水果 蛋白质	1 杯 1 份	1 杯香蕉片 1 盎司核桃 1/2 杯豆梦甜点①	大烤梨 1 盎司山核桃 1 汤匙红糖①
运动补剂	其他	—	2 杯补剂饮料①	1 杯补剂饮料

注：1. 示例方案 1 提供了 2972 千卡能量，分别来自糖（60%）、脂肪（28%）和蛋白质（12%），营养素含量为糖 461 克、蛋白质 91 克、脂肪 98.9 克（饱和脂肪占 4%）、ω-3 脂肪酸 4.2 克、叶酸 1258 微克、维生素 C 151 毫克、维生素 E 29 国际单位、钙 1125 毫克、铁 29 毫克、锌 12 毫克、镁 630 毫克，还提供了比 RDA 更多的核黄素（1.9 毫克）、维生素 B_6（3.1 毫克）和维生素 K（114%），以及其他微量矿物质。

2. 示例方案 2 提供了 3055 千卡能量，分别来自糖（55%）、脂肪（31%）和蛋白质（13%），营养素含量为糖 434 克、蛋白质 104 克、脂肪 112 克（饱和脂肪占 5.5%）、ω-3 脂肪酸 3.6 克、叶酸 991 微克、维生素 C 320 毫克、维生素 E 16.5 国际单位、钙 1630 毫克、铁 30 毫克、锌 14 毫克、镁 516 毫克，还提供了比 RDA 更多的核黄素（2.9 毫克）、维生素 B_6（3.8 毫克）和维生素 K（114%），以及其他微量矿物质。

3. 单位换算请参考附录 F。

①提供可自由支配的能量的食物。

在许多饮食方案中，两种或者两种以上食物组的组合是很常见的，你需要估算不同类型的食物的量，以保证它们适合餐盘模型。我们说估算，是因为这个步骤更重要的是为了让你学会健康饮食，而不是沉迷于混合食物。例如，一块蔬菜奶酪比萨饼的饼坯中含有 1 份谷物，奶酪中含有 1/2 份或者 1 份蛋白质，以及约 1/8 杯蔬菜，这也取决于蔬菜的含量。它也可能脂肪含量很高，也就包含一些可自由支配的能量。

如果你是自己准备食物，那么就要学会正确计算混合食物的能量，这样你就知道食谱中该有什么，晚餐该吃多少。在做出估算的同时，希望你也可以意识到，根据你的个人计划，在低强度训练阶段，几块比萨饼可以和大量绿色蔬菜沙拉组成一餐；而在高强度训练阶段，则需要额外补充糖，如法式面包、水果和果汁。如果没有训练，就当作普通而美好的一天，不要试图在整个比萨饼之外再加苏打水、啤酒和冰激凌。虽然这些食物都是素食，比萨饼里有各种蔬菜，你也能负担这些热量，但这顿饭的营养并不均衡。

在设计饮食方案时，还应该根据自己的偏好和训练计划来评估这个方案是否合理，以及它是否太过于结构化。尽管大多数方案建议的蔬菜的食用量比水果高，因为蔬菜的含糖量较低，其营养密度可能更高，植物化学物质也更多，但含 3000 千卡的饮食方案中如果蔬菜过多，可能就无法满足你对水果的需求。我一直觉得抓一把五颜六色的水果比准备并食用推荐的蔬菜更容易。我还认为，经常在饮食中加入豆类、吃蔬菜多于水果是没有意义的。所以我通常把它们放在一起，目标是每天吃 5 ~ 5½ 杯（1000 ~ 1180 克）水果和蔬菜。

此外，如果这个饮食方案中的乳制品超出你的需求，你可以在不想吃太多乳制品的时候去掉一两种，并把富含钙的绿色蔬菜加入蔬菜组，或者饮用豆乳、钙加强植物奶。如果这个方案看起来过于严格，比如，你不想每天都吃一堆蔬菜当零食，那么你要么苦笑着忍受几个星期，要么尝试清单法（见下页图）。如果你正在尝试采用一种更健康的饮食方案，你可能想坚持将这个方案执行几个星期或几个月，直到学会如何将这种健康的饮食模式融入你的生活方式中。而在接下来的几个星期里，你将学会如何在一天中直观地选择各种食物，然后你可以脱离这个饮食方案，转向更直观的饮食。相信我，我并不是让你把这个方案作为永久的方案，只是要你坚持足够长的时间，这样你就能养成健康（或更健康）的饮食习惯。

另外，清单法是比较灵活的方法，可以确保你从每组食物中得到足够的量。我曾建议包括我大女儿在内的许多运动员使用这个方法。我清楚地记得我曾帮助过一位大学女排球运动员和一位骑山地车的男警官，然后他们发现日常食物清单足以让他们保持更健康的饮食习惯。这两位都通过检查食物清单确保自己做出了正确的选择，且不过度饮食。所有运动员都可以使用清单法来确保所吃的食物能够满足他们的营养需求。这个清单可以在短时间内使用，当你的饮食习惯开始偏离轨道时，也可以用它来纠正。你很可能会发现（像我一样），你可以很快记住这个清单，

每日目标

谷物 _____ 份（28 克、1 片或 1/2 杯）

蔬菜 _____ 杯（生或熟）

水果 _____ 1 杯（1/2 杯 +1 个中等大小的水果）

牛奶和乳制品 _____ 1 杯牛奶或 42 克奶酪

ω-3 脂肪酸 _____ 克

星期 _____					
谷物					
蔬菜					
水果					
牛奶和乳制品					
蛋白质					
健康的油					

使用方法：放在口袋、钱包里或贴在冰箱上，在吃完零食或正餐后勾选，每日努力达到目标。

1 杯液体约为 236 毫升，1 杯固体约为 230 克，1 杯绿叶蔬菜 =1/2 杯混合蔬菜。

[图片来自 D.E.Larson-Meyer and M.Ruscigno, Plant-Based Sports Nutrition (Champaign, IL: Human Kinetics, 2020.)]

以清单法记录食物摄入量（示例）

饮食方案建议

• 表 12.2 列出了满足活跃的素食者能量需求的主要食物组的大概量，根据能量需求从任何一组或"可自由支配的能量"中选择额外的食物。

• 从主要的食物组中选择多种食物。

• 如果你不吃乳制品，每天选择 5 ~ 6 份富含钙的食物。那些被列在"素食指南金字塔"第三维度的食物提供了一个成年人大约 10% 的日常需求。（第 6 章中列出了更多的含钙的素食。）

• 为了满足铁的需求，按照"我的餐盘"或其他餐盘模型选择多种富含铁的谷物和豆类，目标是在大多数餐食中摄入富含有维生素 C 的水果和蔬菜，以促进铁吸收。（详见第 7 章）

• 在烹饪和加工食物时加入健康的脂肪，限制高饱和脂肪和加工脂肪的摄入。（详见第 4 章）

• 选取富含 ω-3 脂肪酸的食物。

• 虽然不是强制性的，但每天吃一两种坚果或种子类食物也是个好主意，如果你对花生和坚果过敏，那就多吃其他种子类食物。坚果和种子可提供能量、健康脂肪和其他丰富的营养物质（表 12.1），同时，对需要限制能量摄入的人来说，它们也可以取代脂肪类食物，作为蛋白质的来源。

• 如果你是纯素食者，每天的饮食中应当至少包含 3 种富含维生素 B_{12} 的食物，包括 1 汤匙（15 毫升）红星 T6635 营养酵母、1 杯（236 毫升）浓缩豆乳、1 盎司（28 克）强化燕麦和 1.5 盎司（42 克）强化植物肉。素食者的食物还可以包括 1/2 杯（118 毫升）牛奶、3/4 杯（172 克）酸奶和 1 个鸡蛋。

• 在烹饪和腌制食物时使用碘盐，如果你生活在土壤碘浓度低的地区，这一点要特别注意。

> • 通过每天晒太阳、食用强化食品或补剂获取足够的维生素
> D。使用素食维生素 D 是有争议的（相关内容见第 6 章）。
> • 从全食食物中获取每天所需的大部分能量，限制食用过度
> 加工的食品，这些食品中含有添加糖、高果糖玉米糖浆和不健
> 康脂肪。

并一整天都做出正确的选择，偶尔可能做不到，那也没关系。

制订饮食方案的最后一步是记录你如何完成具体的个人营养目标，这些目标在食物指南系统中并不总是显而易见的。比如晒太阳以满足你对维生素 D 的需求，增加 ω-3 脂肪酸的补充量，或者使用碘盐。（小贴士 12.1）所以我要向"我的素食餐盘"致敬，它提醒人们重视维生素 D、维生素 B_{12} 和碘的摄入量。

听从你身体的需求

虽然是在重复自己的观点，但我必须再次强调，饮食方案只是个方案。它能估算出你的需求，围绕这个框架你可以做出更好的食物选择，包括餐食搭配，甚至还有酒（小贴士 12.2）。作为一名运动员，你的能量需求可能随着你的训练日程和运动强度而产生变化，你可以根据训练情况和饥饿程度增加或减少食物量。刻板地遵循饮食方案是疯狂的。这也是各种运动员餐盘模型如此有用的原因，它们可以根据你的训练周期和阶段为你提供一个直观的健康饮食框架。

运动员能量需求的日常变化也是研究人员对该人群进行临床对照试验的难点。我在伯明翰的亚拉巴马大学时，作为研究对象参与了一项需要控制饮食的研究，为期 3 天，亲身体会到了这一点。前 2 天，我只是坐在办公桌前，每天吃掉 2800 千卡能量的食物以满足我的需求。第 3 天，我花费了一点时间修理花园，我发现自己体内能量不足，到下午 5 点，我已经吃光了研究人员提供的所有食物，接下来的整个晚上我都在挨饿。

如何在饮食中合理添加咖啡、茶和酒

喝点咖啡、茶、红酒或啤酒没什么坏处，这些都可以纳入健康的运动饮食，只要适量饮用，甚至对健康有益。尽管许多人都意识到绿茶和红茶中含有丰富的抗氧化剂，但是还有一些人不知道从咖啡中也分离出了几种有益健康的植物化学物质，这些物质可预防2型糖尿病、肝脏和神经系统疾病等。

不必感到惊讶，因为大多数素食食品似乎都含有自己独特的植物化学物质。尽管大多数人知道红酒有益健康，至少部分与葡萄和葡萄皮中发现的多酚类化合物有关，但他们可能还不知道啤酒（尤其是高品质的微酿啤酒或欧式啤酒）也富含最初在麦芽和啤酒花中发现的营养物质和多酚。事实上，流行病学和临床研究都指出，适度饮酒（每天1～2杯）与降低心血管疾病、高血压、糖尿病和某些类型的癌症（包括结肠癌、基底细胞癌、卵巢癌、前列腺癌）的发病率密切相关；而适度饮用啤酒可能有同样的效果，但效果较弱。饮用啤酒效果不明显可能是由于其品种的不同，因为不同的啤酒种类在最终产品中呈现出不同的多酚产物，就像生产红葡萄酒时发酵或浸渍葡萄皮，使得红葡萄酒比白葡萄酒中的多酚含量增加了10倍。总的来说，葡萄酒和啤酒能为健康带来益处被认为是多酚化合物的整体作用，而不仅仅是其中一种成分。听起来是不是很熟悉？

那么如何将这些食物融入你的饮食方案呢？很简单，它们主要提供可以自由支配的能量。虽然咖啡和茶基本上不含能量，但添加的糖或奶油应该算在自由支配的能量中。对于喜欢拿铁或卡布奇诺的人来说，牛奶或豆奶与浓缩咖啡的混合量可能几乎等于一份牛奶。葡萄酒和啤酒提供的能量来自酒精（7千卡/克）和一些糖，虽然我常常忍不住把一杯丰盛的微酿啤酒算作一种谷物，把一杯红酒当作一种水果，但我不确定这在食品警察那里是否合法。

什么时候喝这些饮料就是另一回事了，因为茶和咖啡中的许多成分会抑制铁的吸收，所以它们不应该和正餐一起吃。虽然葡萄酒和啤酒不会干扰营养吸收，但你应该按照饮食指南的建议限制它们，女性每天最多喝1杯，男性每天最多喝2杯。一般来说，12盎司（348毫升）的普通啤酒，5盎司（145毫升）的葡萄酒，或1.5盎司（43.5毫升）的80度蒸馏酒算是饮料。虽然饮食指南对茶和咖啡没有硬性规定，但每天限制摄入1～2杯（236～472毫升）也是个好主意。运动员还应该认识到，运动后身体需要补充水分，因此，这不是饮酒或饮用含咖啡因饮料的最佳时间。请记住，补液饮料、牛奶和橙汁是最有效的补水剂，而不是茶、啤酒、咖啡和零度可乐。然而，在运动前饮用咖啡或茶可能有助于体力恢复。

如果你遇到我的丈夫可以问问他，他一定对和一个缺乏能量的妻子共度夜晚印象深刻。

这说明制订饮食方案的最后一步是你要记住这个方案只提供了一个框架，并没有列出你应该吃的全部食物。有时你可能会想在饮食中加一些健康的油和额外的富含糖的食物，包括运动产品和健康的甜点，以满足你的训练需要。当然，额外的或更多分量的食物也是可以的。同样，这可能是使用"运动员餐盘"模型的一个优点，它可以根据训练阶段、训练强度，以及比赛周期提供不同的食物餐盘模型。

表12.2为不同能量需求水平的人提供了糖和蛋白质的估算量，它可以帮你决定是否添加更多的糖、蛋白质或脂肪。表12.4和12.5所示的可提供3000千卡能量的饮食示例方案中添加了健康的油、甜点和补剂饮料，以增加能量和糖。你需要注意的是，当你将牛奶从饮食方案中删除时，应补充多少其他食物才能满足或超过钙的推荐摄入量。不过添加牛奶和

乳制品确实有助于补充蛋白质。

这给我们带来了最后一个问题：运动员是否应该为休息日制订个性化的饮食方案？答案是随机应变。许多高能量需求的运动员固定休息日吃得更多，而不是更少。休息日可以让他们的身体迅速恢复，因为在高强度训练的时候要保持能量和糖的平衡十分困难。运动员的训练和工作安排不同，对能量的需求也不相同，可以基于能量水平制订一个维持计划，其中包括常规体育活动（不包括训练），然后根据训练日的饥饿程度简单增加食物量或添加运动补剂和健康甜点。

学会本能饮食

如果你觉得我们到目前为止所讨论的东西需要花太多精力做计划或者根本不是你的风格，你可能需要简单地回忆一下餐盘模型，想想你的饮食应该是什么样子，这是学习如何直观地吃好所必需的。总的来说，我一直喜欢食物餐盘模型，因为它们看起来没有其他模型（如"食物金字塔""日本食物指南陀螺"或者其他一些国际模型，如法国的"阶梯"、匈牙利的"食物屋"）那么烦琐，其中一些更容易被运动员接受。甚至在"我的餐盘"模型推出之前，我就经常和很多足球运动员、自行车运动员一起使用英国的食物餐盘模型，因为他们更容易接受，毕竟他们是用盘子吃东西。除非他们有特别的需求，否则我只是让他们想象午餐、晚餐餐盘或麦片碗被分成4份，其中1/4是蛋白质、1/4或1/2是谷物，剩下的1/2或1/4是蔬菜，如何分配主要取决于他们的训练阶段和能量需求。当然，这仍然需要视觉想象力，并且其中没有基本的富含钙的食物或健康油。然而，我发现一个健康的"餐盘"或"麦片碗"可以让许多运动员吃上更健康的午餐和晚餐，并在餐馆或吃自助餐时做出更好的选择。举个简单的例子，假如我晚餐吃黑豆辣酱汤，这是一种蛋白质来源，同时也是一种蔬菜，想象一下餐盘模型，它会提醒我把辣酱汤浇在米饭或者玉米面包上，加入谷物，搭配绿叶蔬菜或水果沙拉以及健康的甜点。

健康饮食方案的其他帮手

你很幸运地生活在这样一个时代，你在便利店里选择的大多数食物都贴有营养标签，可以随时获取准确的营养信息。虽然食物标签上的精确信息会随着时间的推移而改变，但这些标签可以帮助你找出特定的食物，尤其是那些混合的和不寻常的食物，并将它们融入你的饮食方案。

利用食品标签

如你所知，食品标签提供了超市中大多数食品的营养成分信息。大多数消费者都熟悉营养成分标签，该标签按家庭人数和食品重量或体积列出了食用分量，食品容器中的分量，每份所含蛋白质、糖、食糖（包括添加糖）、膳食纤维、脂肪和饱和脂肪、钠、维生素 D、钙、铁和钾等营养物质的量。虽然营养标签很直观，但是对于运动员来说，检查食物的分量是很重要的，因为标签标示的分量通常比较小。而且要记住，标签给出的百分比中很多是给每天需要摄入 2000 千卡能量的人参考的，因此，你可以使用标签中糖、蛋白质、饱和脂肪和总脂肪的

营养成分

每份 1 盎司（约 3/4 杯），大约 12 份

合计		
每份食物	谷物	用 1/2 杯脱脂牛奶
能量	100	140
来自脂肪的能量	15	20
	NRV 营养素参考值**	
脂肪 1.5 克*	2%	2%
饱和脂肪酸 0 克	0%	0%
反式脂肪酸 0 克	0%	0%
多不饱和脂肪酸 1.1 克		
不饱和脂肪酸 0.5 克		
胆固醇 0 毫克	0%	0%
钠 190 毫克	8%	11%
总碳水化合物 22 克	7%	9%
膳食纤维 7 克	28%	28%
食糖 6 克		
蛋白质 4 克		
维生素 A	0%	6%
维生素 C	0%	0%
维生素 D	0%	12%
钙	2%	17%
铁	15%	15%
钾	3%	8%

* 在谷物中，半杯脱脂牛奶额外提供 40 千卡能量，55 毫克钠，6 克糖（6 克食糖）和 4 克蛋白质。
** 每日所需能量的百分比是基于 2000 千卡能量的饮食。我们每天摄入的能量可能会更高或更低，这取决于你的能量需求。

	能量 / 千卡	2000	2500
脂肪总量	小于	65 克	80 克
饱和脂肪	小于	20 克	25 克
胆固醇	小于	300 毫克	300 毫克
钠	小于	2400 毫克	2400 毫克
总糖		300 克	275 克
膳食脂肪		25 克	30 克

每克的能量 / 千卡		
脂肪 9	糖 4	蛋白质 4

配料表：有机全麦面粉、有机玉米、有机蒸发甘蔗汁、有机亚麻子、有机燕麦麸、有机大麦麦芽提取物、大米提取物、海盐、生育酚（天然维生素 E）

营养成分标签和成分表示例图

量来确定该食品是否符合你的日常需求，以及该食品是否含有维生素 D、钙和铁等营养物质。例如，右图中的食品标签显示，该食品提供了每天 17% 的钙需求量，因为一般成人每天的钙需求量是 1000 毫克，所以该食品提供了 170 毫克的钙（17%×1000 毫克 =170 毫克）。此外，无须计算，你可以从每天所需的钙的百分比中看出，该食品是不错的钙来源。一个好的营养来源能提供每天所需营养素的 10% ~ 19%，而一个高的营养物质的来源能提供每天所需营养素的 20% 以上。

　　成分列表是食品标签的另一个重要组成部分。它按含量降序列出了食品中的成分，首先列出的是食品中含量最高的成分，最后列出的是含量最低的成分。然而，标签上没有标明这些成分的具体含量。虽然普通消费者通常会忽略成分列表，但在许多情况下它会对大家有所帮助。例如，成分列表可以帮助素食运动员了解复合谷物产品中含有多少全谷物，确定产品中有多少食糖来自添加糖（相对于水果、蔬菜和乳制品等食物中天然存在的食糖而言），并检查食品中是否含有动物成分。如果你有兴趣了解更多关于特定常见成分的素食纯度，"素食资源小组"提供了一份食物成分指南。食物成分列表对于对食品或添加剂（如味精）过敏或不耐受的运动员也很重要。

利用美国农业部及其他营养数据库

　　美国农业部食品成分数据库是查找食品准确信息的最佳途径之一，可以在网上免费下载（https：//ndb.nal.usda.gov/ndb），帮助运动员快速查找特定食物的营养成分。数据库是在你购物之前查询产品或普通食用油营养成分的一个很好的工具。比如你想知道是否应该放弃心仪的卷心莴苣而改吃深绿色蔬菜，可以在网站上快速对比一下，然后发现每份卷心莴苣含有的维生素 A 是红叶和其他深绿色蔬菜的 1/10。然而，这些数据库并不完美，它们缺少了几种常见的素食（或者以特别的方式列出）以及一些国际食品，比如咸味酱和昆虫蛋白质。许多产品的营养成分信息可以在食品公司的网站上找到，或者通过联系该公司获得。

　　读完本章后，你应该有能力制订一个素食方案来支持你目前的训练了。第 14 章我们将学习如何快速制作素食正餐和零食，食谱在第 15 章。然而，如果你正在努力维持健康体重，或者觉得你必须在运动中不断地限制能量摄入，那么你应该首先参考第 13 章。如果没有以上情况，那就勇往直前吧。

13 调整饮食方案以控制体重

　　一名大学排球一级联赛运动员在大学一年级那年的一月初来找我，她想减重。在整个秋天，她的体重增加了 14 千克，即使她 1.8 米的身高也很难掩饰她的变化。据她父母讲，她体重的增加是由于她摄入了过多的糖。因为我在季前赛和赛季中都和她的球队有过密切的合作，所以我认为这件事应该还有更多的原因。我知道这不仅是因为糖的摄入，可能更多是因为营养过剩。当我们进一步谈到她在排球队的第一个学期时，我发现她和大多数新生球员一样，虽然经常和球队一起出去比赛，但大部分时间坐在替补席，无法上场比赛。当球队去吃赛后晚餐时，她会吃与打了大半场比赛的高年级队友一样多的食物。尽管她选择的食物已经相当健康，但她摄入的能量还是比消耗的多。她承认她吃那些东西的部分原因是其他人都在吃，然而另一个原因是她感到沮丧和无聊。当你真的想打比赛的时候，在场边坐着从来都不是一件容易的事。她是一名非常好的运动员，但是如果不能控制自己的体重，她在接下来的几个赛季中的出场时间可能会更少。

——D. 埃内特·拉森－迈耶

　　运动员无法摆脱体重的困扰。我在美国大学体育协会一级联赛的队伍担任营养师时，有近 3/4 的运动员因为担心体重变化来向我咨询。当然，这有一定的局限性，因为我并没有见到所有的运动员，但这仍然能说明尽管每天进行数小时的艰苦训练，许多运动员也不能避免与体重有关的问题。素食运动员也不例外。一些运动员很难解决真正的问题，这些问题可能是由不良的饮食习惯，或他们本身的特定基因与他们所从事的运动不匹配造成的，而另一些运动员的问题则与他们自己、父母或教练不切实际的期望有关。虽然超重确实会影响某些体育项目的运动表现，但运动员不应该认为他们需要特定的体型才能成为一名优秀的运动员，不应该为了美观或者为了达到一定的体重而强迫自己采用不健康的饮食方案。

本章重点是如何在必要时调整素食饮食方案，以使体重降低或增加，并最终有助于终生的体重管理。本章还会简要介绍体重和运动表现之间的关系，并讨论减重和增重的一些错误做法。

体重管理的原理

简单来说，保持体重就是保持能量摄入和消耗的平衡。如果从食物、饮料和一些补剂中摄入的能量与训练、日常活动消耗的能量长期不平衡，体重就会增加或降低。从理论上讲，减掉 1 磅（0.45 千克）的体脂需要消耗 3500 千卡——这就是威斯诺夫斯基法则（Wishnofsky Rule）。要想在一周内减掉这么多体重，就必须每天都保持 500 千卡的负平衡（即消耗大于摄入），这是通过少吃、多运动或两者兼而有之来实现的。若要增加相同的体脂，必须有至少 3500 千卡的正平衡（即摄入大于消耗）。

然而，有些人偶尔多吃一点也不会增加体重，而另一些人似乎每次摄入过量的能量都会引起体重增加。这是因为能量平衡不是能量摄入等于能量消耗那么简单，改变能量摄入端的某个因素会对能量消耗端造成影响，反之亦然。换句话说，许多因素会同时影响能量平衡公式的两边。因此，上述的个体差异在一定程度上与消耗（或燃烧）多余能量的能力，或者在能量摄入过量之后不自觉降低食欲的能力有关。容易变胖的人不能通过自身增加能量消耗或降低食欲来抵抗能量过量。不容易变胖的人在暴饮暴食后可能会不自觉地增加体力活动，或因内心不安而自发地增加能量消耗或降低进食欲望。普通人会消耗掉大约 12% 的多余能量，储存大约 78% 的多余能量；容易变胖的人几乎把所有多余的能量都存入了他们的身体脂肪中；而不容易变胖的人新陈代谢较快，仅有一小部分多余的能量存入身体脂肪中。在减重的过程中，情况可能正好相反。容易变胖的人减重幅度会比预期的要小一些，因为新陈代谢会减慢以防止体重减轻，甚至可能会下意识地减少体力活动，并且有强烈的进食欲望。这些反应也会出现在不容易变胖的人身上，只是程度不同。目前尚不清楚究竟是什么原因导致机体新陈代谢和食欲调节对暴饮暴食及能量限制的反应不同。

应该强调的是，尽管存在新陈代谢和食欲调节方面的差异，但这种

素食者观点：多吃素食有益于减重

一些著作和研究论文表明，以素食为主的饮食方式有利于减轻体重，其主要优点也显而易见——一顿全素食的体积更大，所含的能量更少。想象一下，一大盘蒸好的西蓝花所占的空间相当于一顿普通的正餐，但它的能量却很少。一整棵西蓝花只有 100 千卡能量，但同样体积的肉汁将包含数千千卡能量。现在，大多数人都不吃大盘西蓝花（或肉汁），但是蔬菜在饮食中占据的比例大小意味着摄入能量的多少。它可以在视觉上和时间上增加进食效果，从而有助于减轻体重。单位质量内包含的能量称为能量密度，它是减轻体重的关键一环，初次接触素食的运动员都需要牢记这一概念，以确保他们能够摄入足够的食物。每天多摄入全素食就会减少摄入能量密度更高的食物，就可以帮助减轻体重。

差异很小，而且我们不支持"运动员每周减少 3500 千卡能量的摄入对体重没有影响"的论点。相反，这些新陈代谢的差异解释了为什么 2 名能量需求相似的大学生运动员持续 2 周每晚都摄入能量为 500 千卡的冰激

凌（当然超出他们的能量需求），增加的体重却不同，或者为什么持续1周每天摄入的能量比所需能量少 500 千卡的人，其体重只减少了预期的 3/4。而且性别间也有差异。一般来说，女性更容易增重，并且很难减重。

素食运动员的超重问题

除了能量平衡的基本概念外，即使是素食运动员，防止体重增加和减重也不是简单的事。尽管运动员通常能量消耗比较大，但在不进行训练时，他们仍然会暴饮暴食，而且会久坐不动。二者之一或二者结合会促使能量正平衡，导致体重增加或阻碍体脂减少。同样，有些运动员由于遗传因素而更容易发胖，其中包括过度饮食、不爱运动或有效储存多余能量。一些运动员在静息状态的新陈代谢因其特定的瘦体重、脂肪含量、年龄和性别而略慢，或者从基因上讲，"燃烧"的脂肪比糖更少。遵循素食饮食方式可能有助于减轻暴饮暴食的程度，但仍然有可能吃过量的食物。运动员在大学一年级期间，或经历重大伤病、手术、换工作、结婚、怀孕生产、更年期后特别容易发胖。尽管每个运动员体重增加的原因各不相同，但通常都涉及压力、无聊和饮食习惯。例如，我的父亲曾经是一名橄榄球运动员，他体重超重是因为他现在仍然像当年为参加嘉年华碗橄榄球赛（Fiesta Bowl）而进行训练时一样进餐。顺便说一句，他不是素食者，并且喜欢典型的毫无营养的美国食物。

尽管有很少一部分运动员体重增加是因为他们的甲状腺（分泌重要的能量调节激素的器官）有问题，但大多数人仅仅是因为他们摄入的能量比运动消耗的要多。例如，大学生运动员在大学一年级容易出现体重增加，因为他们参加比赛的次数较少，但吃的食物量与主力球员相同，甚至可能会比主力球员吃得多。成年运动员经常出现体重增加，因为在现实生活中他们要么运动时间减少了，要么经常暴饮暴食。根据个人经验来看，我可以保证，运动员如果在还不了解素食时就转向素食饮食方式，体重也会增加。可以想象，如果你在每种食物上面都撒上葵花子和奶酪以确保摄取足够的蛋白质，体重增加是不可避免的。

确定你是否需要减重计划

减重对运动员来说和普通人是不一样的。如果你或你的教练认为你需要减重，那么首先要认真考虑你的减重目标是否有必要以及可行性如何，这一点很重要。我与很多运动员一起工作，他们认为自己需要减轻一些体重才能跑得更快或者加入更优秀的队伍。但这些运动员并不适合节食减重，而应将注意力放在如何养成更好的饮食习惯上。一些针对身体健康的研究发现，身体脂肪与运动表现之间存在负相关关系，但实际上这种关系只能解释各种跑步和跳跃运动中10%～50%的运动表现的差异。此外，由于研究对象通常是运动爱好者而不是精英运动员，因此通过节食减少体重可以提升运动成绩这个结论并不严谨。相反，减重不仅会失去脂肪，还可能导致肌肉量减少。肌肉对运动表现（如加速、爆发力）来说很重要，瘦体重的损失也可能会降低运动表现。体内脂肪的减少也可能是有害的。脂肪在对抗性运动中可以起到缓冲作用，脂肪流失过多会增加受伤的风险，若与能量负平衡相结合，还会导致雌激素、睾酮和甲状腺激素等机体的激素内分泌循环紊乱。

因此，只有在最近一段时间体重增加（青春期除外）且运动表现不如以前时，才可以考虑减重。如果你一直以来都有点超重，也可以考虑调整饮食计划，只要你坚持改善饮食习惯，便可以长久保持健康的体重。在这种情况下，你可能会容易增重而很难减重。如此，你需要通过学会吃合适的食物克服对过量饮食或储存过多能量的渴望。但是如果你的体重稳定在正常范围内，并且运动表现也不错，那么就不应该再去努力减重。接受自己的身体是成为一名强壮和成功运动员的前提之一。充分利用自己的身体特点来参加运动，各种体型的人都可以成为运动员！

减重计划要点

　　试图减重的运动员与其他运动员的饮食计划应该类似，只是所摄入的能量比维持体重所需的能量略少。究竟减少多少，取决于你的体型、总能量需求以及训练目标、成绩目标。如果你是青少年运动员，这还取决于你的身体所处的发育阶段。我认为，运动员在常规赛或季后赛期间不应该限制能量摄入，除非他们是替补球员，或者对这个赛季已经没有追求。季前赛、基础赛季或者没有比赛的时候应该限制能量摄入。在这段时间内，想要减重的运动员每天摄入的能量应比正常能量需求少250 ~ 500 千卡，这样体重每周会减轻 0.5 ~ 1 磅（0.22 ~ 0.45 千克）。

体重不一定能改善运动表现，因为决定减重或增重的因素有很多

　　体重在 200 ~ 250 磅（90 ~ 112 千克）的运动员每天减少摄入的能量要限制在 1000 千卡以内，这样体重每周会减少 1 ~ 2 磅（0.45 ~ 0.9 千克）。一项对挪威精英运动员的研究发现，每周减少 0.7% 的体重要比减少 1.44% 的体重对瘦体重、力量和运动表现有更积极的影响。希望减重或减脂的运动员应努力改善自己的饮食习惯，在赛季间歇期开始减重计划。尽管对于某些运动项目的运动员来说，通过限制能量摄入来减重或减脂很常见，但这种做法并不健康，而且效果可能不如预期的好。

　　运动员在减重或减脂的过程中可能犯的最大错误是他们所选择的饮食中缺乏一种或多种重要营养素，如糖、蛋白质、维生素、矿物质，甚至是脂肪；另一个错误是通过节食使体重快速下降。下面我们将讨论为什么均衡饮食对你的运动表现至关重要，以及为什么减重应该缓慢进行。

糖的摄入

糖是在大多数中高强度运动中唯一的供能物质，并且是大脑和中枢神经系统首选的供能物质（详见第3章）。过度减少糖的摄入会降低耐力，并且很可能会在之后引起其他问题。例如，你想通过减少糖的摄入来减重，在低糖原储备的情况下跑步1小时，那么你在这1小时内跑步的效率会降低，跑步里程会减少。这会减少能量的消耗，也会降低训练效果，除非你这天精神百倍。即便你有充足的能量来完成训练，也很可能会比平时更疲劳，并想要坐在舒适的沙发或办公椅上，同时会减少日常生活中的能量消耗。当你进入厨房，渴望糖的肝脏和肌肉很可能会消磨你的意志力，好了，你会发现，你突然间就狼吞虎咽起来。否则你便会感到疲劳。

减重期间需要摄入多少糖取决于你的体重以及训练的水平和类型，但是一般每千克体重少吃1～2克糖是比较适宜的（更多内容见表3.1）。另一种方法是根据训练需求推荐量的下限来确定糖的摄入量。例如，一名242磅（110千克）的棒球运动员在季前训练期间可能需要550～770克糖（5～7克/千克体重）。如果这名运动员想要减轻体重，则应该将摄入目标降低到推荐范围的下限，即每千克体重需要约5克糖。糖的摄入量减少1克/千克体重，就将减少440千卡能量的摄入（4千卡/克×110克糖），接近每周减少约1磅（0.45千克）的体重所要求的500千卡。如果你在训练期间容易疲劳或体重发生快速变化，就是因为糖的摄入量过少。一两天就减少1～2磅（0.45～0.9千克）体重，通常是因为肝脏和肌肉中糖原存储量低导致水分丢失，因为肌肉和肝脏中每克糖原与3～4克水一起存储。因此，如果体内的糖原存储量减少了500克，你会发现体重减轻了3.3～4.4磅（1.5～2千克）。尽管有证据表明，低糖饮食可以快速减重，但也会引起酮症（由于脂肪酸分解增加导致血液中的酮水平升高），这种极端的饮食可能会导致瘦组织损失和运动表现降低。从长远来看，这也是一种不健康的素食饮食方式。

蛋白质的摄入

减重计划一般是减少能量及可以产生能量的营养素的摄入。但是，蛋白质的摄入不能减少。在主动减重的过程中，当能量平衡为负值时，你可能需要增加蛋白质的摄入量以减少肌肉组织的损失并防止静息代谢率降低。目前，对竞技运动员（以及所有进行过严格训练并有成绩目标的运动员）的蛋白质摄入量的建议是每天 1.6 ~ 2.4 克 / 千克体重。原因是当身体的能量平衡为负值时会"燃烧"更多的膳食蛋白质来给身体供能，从而导致用于构建和修复瘦组织的蛋白质减少。主动减重过程中多摄入蛋白质可能会抑制或防止身体组织损失，以维持或提高运动成绩。例如，一项针对参与抗阻训练的男性运动员的研究发现，从减少能量摄入的饮食中摄入 2.3 克 / 千克体重的蛋白质比 1 克 / 千克体重的蛋白质更有利于维持瘦体重。此外有研究表明，与脂肪和糖相比，蛋白质可以提高饱腹感，并需要身体消耗更多的能量来消化和代谢食物（称为食物的热效应，详见第 2 章）。有趣的是，豆类食品可能也有类似的作用，无论是其中的植物蛋白还是可溶性纤维。德索萨及其同事最新发表的荟萃分析表明，每天在饮食中添加 3/4 杯（130 克）黄豆、豌豆和小扁豆，会使体重自然减轻 0.5 磅（0.34 千克）。因此，摄入一些额外的蛋白质（可以是豆类）对减重可能是有利的。

尽管大多数专家都认为限制热量的饮食中包含更多蛋白质可能有好处，但在建议范围内摄入多少蛋白质可以令每个运动员都受益尚不清楚。赫克托和菲利普斯最近发表的一篇荟萃分析表明，快速减重时需要摄入更多的蛋白质（推荐范围的上限），但若同时进行抗阻训练，较低的蛋白质摄入量似乎才是合适的。蛋白质的质量也很重要，如果摄入优质蛋白质，则所需的总蛋白质较少。这意味着素食运动员应该在主动减重期间多使用蛋白质补剂。虽然这在能量平衡时不是必需的，因为从单一植物来源摄入的限制性氨基酸会被人体的氨基酸库缓冲，但是在减重期间，由于能量摄入较少，再加上机体对蛋白质的能量利用增加，所以氨基酸库没有那么丰富，使用蛋白质补剂可能是有益的。目前尚无研究支持这一观点，但素食者不需要太费力就可以获得或补充高质量的蛋白质，因为这些食物是我们饮食文化的自然组成部分（详见第 5 章）。

明智地摄入脂肪

尽管确实应该在减重过程中减少脂肪的摄入，特别是在确保可以获得足够的糖和蛋白质的情况下，但是运动员绝对不应该尝试几乎不含脂肪的饮食，主要是因为人类喜欢脂肪。含脂肪的食物的味道很好，即使是想减几磅体重，也应该享受食物的味道。如果通过吃不含人造黄油或橄榄油的面包，或者放弃核桃只吃葡萄干来减少自己的脂肪摄入量，那么我们可能会因为"我再也无法忍受这种方式"而放飞自我。运动员还需要认识到，大量研究表明，吃含有脂肪的食物更容易过量。另外，吃脂肪含量极高的食物可能会减轻体重，如生酮饮食（详见第 4 章），因为这些食物并不好吃，试试只吃奶油洋葱、奶酪，以及沙拉酱特别多的沙拉，你就会明白这句话。

因此，你应该在日常饮食中坚持选择含少量而优质的脂肪的食物，如坚果、种子、精油、全脂大豆产品和风味浓郁的奶酪，但应减少薯片、饼干、油炸豆腐等任何让你觉得"我必须吃掉整个东西"的含脂肪的食物。实际上，如果你有特别爱吃的食物，如冰激凌、巧克力、腰果，请不要将它们带入家中或放在办公桌的抽屉中，或者仅购买小份的。

水果、蔬菜、维生素、矿物质和高能量食品的摄入

当你减少能量摄入时，有可能会导致维生素、矿物质和植物化学物质摄入不足。如果你大量地吃营养丰富的新鲜水果和蔬菜，就可以避免这种情况。这些食物的可溶性和不溶性膳食纤维的含量也很高，可以增加饱腹感。考虑减少能量摄入的运动员应该多吃糖和淀粉含量低的蔬菜，如胡萝卜、煮熟的新鲜绿叶蔬菜、洋葱、番茄和防风草，并减少食用果汁和富含淀粉的蔬菜。如果有的蔬菜容易吃得过多或脂肪能量过高（如土豆、甜南瓜），则尤其要少吃。在最近的一项针对超重的非运动员的临床试验中，脂肪和糖含量低的纯素食（不一定强调限制能量摄入）在 6 个月内的减重效果要比海鲜素食、半素食和混合饮食好。即使通常建

议每天摄入的能量少于 1200 千卡，限制能量摄入的运动员可能还应该使用多种维生素和矿物质补剂。

多喝水并减少补剂的摄入

如第 9 章所述，每天喝足够的液体以保持机体水分充足才是重要的。这在减重过程中尤其重要，因为机体对液体的需求经常被误认为进食的欲望。在减重的过程中每天要喝大量的水，而且不要选择高热量的饮料（如普通汽水、甜茶和全脂牛奶）。仅在需要时，例如在长时间的训练后，才饮用补液饮料。这些补液饮料和其他运动补剂会增加能量的摄入，甚至可能在运动时和运动后抑制脂肪氧化。如果你正在努力减重，最好在吃零食和补充水分时选择糖和蛋白质含量高的食物和饮料，例如香蕉配花生酱、牛奶或大豆酸奶配新鲜水果。运动食品和运动补剂在需要的时候再摄入。

食物的分量

健康的减重饮食方案应类似于第 12 章中的饮食方案，但所含能量要比维持体重时所需的能量少。因此，如果你已经吃得很好了，应该关注食物的分量以避免在无意识的情况下吃过量的食物。如果你吃得不好，应该花时间制订合适的饮食方案以减轻体重。有趣的是，过去 20 ~ 30 年被认为正常的食物的分量在增加。纽约大学营养、食品研究与公共卫生学院的研究发现，饮食场所提供的食物的分量是建议分量的 2 ~ 8 倍。这也影响了我们在家中吃饭时认为合理的分量。当你在盘子里放上更多的食物时，就会摄入更多的能量，因此，只需减少盘子里的食物就可以减少能量的摄入。尽管在某些社交场合这可能很困难，如与跑步的伙伴一起吃饭或在赛后与团队一起用餐庆祝时。请记住，每个人的新陈代谢速度都不同。你可以找一个素食伙伴与他一起分享这顿饭，或者将其中的一半带回家留着明天吃。还有一种方法是选择健康的汤和沙拉，或含有蒸蔬菜的小份主菜。而且，绝对不要吃自助餐，因为即使可供素食者选择的食物有限，吃自助餐也会导致暴饮暴食。

慢慢地减重

如果你是超重运动员，那么慢慢减重应该不是你想要的。在我的运动营养课上经常有学生和运动员问我，为什么运动员不在休赛期坚持更极端的 6 ~ 8 周低能量饮食，从而完成减重目标？为什么要延长这种"控制饮食的时间"？有许多理由可以解释为什么要慢慢减重，第一，这些极端饮食通常不包含真正的食物，因此也不会教运动员如何合理改变饮食和生活方式。这也是最重要的一个理由。第二，与前面讨论过的慢慢减重相比，快速减重往往会导致流失宝贵的瘦组织或肌肉，而且除了适度步行或负重训练外，也不能进行过多的训练。没有运动员愿意失去肌肉并经历 6 ~ 8 周没有什么效果的训练。他们可能以后再也不会这样做了。第三，运动员通常是过度执行的。如果你将运动员摄入的饮食能量限定为 1000 千卡，则他可能会努力做到只摄入 500 千卡，这会增加出现健康问题的风险。我见过一个极端的情况，一名足球运动员在被教练称为"胖子"后就开始低能量饮食。队医将他介绍给我的时候，他已经连续 8 周每天只吃 1 个 6 英寸（15 厘米）的迷你三明治，喝 1 升苏打水。他的磷酸肌酸浓度非常高，磷酸肌酸存在于骨骼和心脏组织中，当组织受损时会释放出来。他的确减掉了 30 磅（14 千克），但他的肌肉组织也减少得非常厉害，以至于可能导致他发生急性肾衰竭。最终的原因显而易见，极低能量的饮食并不能带来最佳的减重效果，因为瘦体重、基础能量需求和体力活动都降低了，所以减重很难成功。

制订或修改减重计划

为减重而量身定制的饮食计划可帮助运动员确定促进健康减重的能量水平。要制订你的饮食计划以减轻体重，首先请使用第 2 章中介绍的方法估算你每天的能量需求，减去 500 ~ 1000 千卡，然后将你的估算值四舍五入到最接近 200 的倍数。（小贴士 13.1) 使用此目标的能量水平，从表 12.2 所列出的主要食物中选择建议食用的分量，制订专门为减重设计的食谱。例如，假设一名女性花样游泳运动员在休赛期每天所需的能量约为 2550 千卡，那么她需要从日常需求中减去 500 千卡的能量来促进减重，然后将 2050 四舍五入到最接近 200 的倍数，得出的结果是，她每天需要摄入 2000 千卡能量。她的饮食计划中应包含 6 种谷物、2.5 杯（575克）蔬菜、2 杯（460 克）水果、3 杯（708 毫升）牛奶和 5.5 ~ 6 份蛋白质（根据"我的餐盘"）。表 13.1 是一个样本食谱，展示了素食者每天摄入 2000 千卡能量的减重计划。

请记住，无论采用何种计划，你可能都需要稍微调整提供糖或蛋白质的食物的种类以满足训练需求，并且还可能需要添加多份绿叶蔬菜和非淀粉类蔬菜，它们每 1/2 杯（115 克）仅包含 10 ~ 20 千卡的能量。在这种情况下，"低强度"或"保持体重"的"运动员餐盘"可能是个有效的模式。如果你按照计划进餐却发现自己感到饥饿、疲劳或减重太快，则可能是低估了自己的日常能量需求，应根据训练需要增加一两份富含糖或蛋白质的食物。

制订减重计划的要点

　　为了每周减少 0.5 ~ 1 磅（0.22 ~ 0.45 千克）体重，请均衡饮食，每天少摄入 250 ~ 500 千卡的能量。能量消耗较高、体型较大的运动员每天少摄入 500 ~ 1000 千卡的能量，应该可以每周减少 1 ~ 2 磅（0.45 ~ 0.9 千克）体重。估算能量需求（具体方法见第 2 章），减去 500 ~ 1000 千卡，并将估算值四舍五入至最接近 200 的倍数，以此来制订饮食计划。然后，可以使用该能量目标值来制订饮食计划。请记住，减重后可能需要重新评估能量需求并向下调整能量需求。使用以下建议来达到你的能量摄入目标。

　　• 多吃新鲜的水果和蔬菜，其中富含水、膳食纤维、维生素、矿物质等。你可以根据需要在饮食计划中添加尽可能多的非淀粉类蔬菜，因为它们所含的能量很少。

　　• 记得摄取小分量的食物。

　　• 尽量不要吃自助餐。

　　• 多喝水和其他低能量的饮料。

　　• 减少酒精和含糖饮料的摄入，包括运动饮料。对于某些运动员而言，只要不喝苏打水、果汁、运动饮料、调味咖啡、茶和酒精等高能量饮料就可以实现减重目标，而无须进行其他任何改变。一杯葡萄酒或啤酒可能会帮助你在一天结束后放松一下，但它们所含的能量非常高。

　　• 少食多餐，不要不吃早餐，也不要错过午餐和晚餐。如表 12.4 中的示例方案所示，三餐和 3 次加餐可以分散食物的摄入。这种方法可以帮助运动员避免过于饥饿和不遵循减重饮食计划。

　　• 保持记录所摄入的食物的习惯，记录你何时何地吃饭。

　　• 增加你在非训练期的运动量。如果需要的话，离开沙发并考虑晚餐后散步。

• 减少情绪化饮食。如果你想吃零食，可以散步或喝些不加糖的茶或咖啡。

• 做一顿令人愉悦的素食餐点，并在需要时加点调味醋。

• 养成健康的饮食习惯，这会帮助你保持健康的体重。如果你认为自己在遵循健康的饮食计划而不是节食，那么你会更容易成功。

• 慢慢减重，不要追求像变魔术一样的快速减重。

• 如果你需要专业帮助，请咨询有资质的营养师。

表 13.1 　2000 千卡能量的素食减重计划

餐食	类别	建议分量	素食餐 1（使用"我的餐盘"）	素食餐 2（使用"素食指南金字塔"）
早餐	谷物 牛奶 水果	2 份 1 份 1/2 杯	1 片（1 盎司）全麦吐司 1 杯（1 盎司）切碎的小麦 1 茶匙无反式脂肪酸的人造黄油① 1 杯脱脂牛奶 1/2 杯切片的草莓	1 个多谷物英式玛芬蛋糕（2 盎司） 1 茶匙不含反式脂肪酸的人造黄油① 1 汤匙杏子酱① 1/2 杯浓缩橙汁
上午茶	水果 蛋白质	1/2 杯 1 份	1/4 杯葡萄干 1 盎司杏仁	1 个小苹果 1 汤匙花生酱
午餐	蛋白质 谷物 牛奶 蔬菜	2 份 2 份 1 份 1/2 杯	法式面包卷（2 盎司）配素食汉堡（60 克） 1 杯牛奶 1 杯混合蔬菜 1 汤匙红葡萄酒醋和 1 汤匙橄榄油①	1 杯硬豆腐做的豆腐沙拉三明治 1 汤匙大豆蛋黄酱 1 汤匙芥末酱① 2 片全麦面包 1/2 杯小胡萝卜
下午茶	水果	1/2 杯	1 个橙子	1/2 杯无糖苹果酱 1 杯热茶

续表

餐食	类别	建议分量	素食餐1（使用"我的餐盘"）	素食餐2（使用"素食指南金字塔"）
晚餐	蛋白质 谷物 蔬菜	2 份 2 份 1½ 杯	1 杯蔬菜汤 1 杯黑豆和 1/4 杯洋葱 1 杯长粒米和 1 茶匙菜籽油①，再配上 1/2 杯番茄 1/2 杯菠菜，淋上点红葡萄酒醋	1 杯黑豌豆加 1/2 杯香葱 1 杯糙米 1 片用菜籽油制成的自制玉米面包① 1 杯蒸的洋葱甘蓝
夜宵	水果 牛奶	1/2 杯 1 份	1/2 杯香蕉片 1 杯脱脂酸奶 1 汤匙蜂蜜①	1 个小亚洲梨 1 杯强化豆奶① 1 盎司核桃①

注：1. 单位换算请参考附录 F。
①提供可自由支配能量。

促进减重或维持体重的其他技巧

除了了解减重的基本原理和遵循饮食计划外，还有一些小窍门或想法也可能有助于减重或维持体重。

吃早餐

应该有人告诉过你，减重成功并保持住减重成果的人每天都吃早餐，目前也有研究证实了这一点。吃早餐有助于减少之后的脂肪摄入，并将白天吃零食的冲动降到最低。不吃早餐的人通常会在之后补充早餐错过的能量，甚至摄入的能量比吃早餐摄入的还要多。作为一名运动员，即使在休赛期也需要额外的能量和糖来帮助你保持最佳状态，所以请确保你的饮食计划中包括早餐。

先吃热量低、体积大的开胃菜

宾夕法尼亚州立大学的芭芭拉·罗尔斯（她一生都在研究饮食行为和体重管理）进行了一项有趣的研究，发现食用低能量密度的食物有助于控制体重。我们的身体似乎不考虑食物的能量，而是考虑食物的体积，这意味着我们的饥饿感是通过一定体积的食物，而不是一定数量的能量来满足的。比起摄入高能量密度的食物，如肉类、奶酪、比萨饼、冰激凌和糖果，摄入低能量密度的食物可以使我们对能量的减少感到满足，如某些新鲜的水果和蔬菜、全磨谷物和谷类、豆类和浓汤。要采用此计划，请在每餐开始之前或开始时尝试摄入浓汤、酸奶，多叶沙拉或蔬菜汤，并选择更多低能量密度的食物。选择低能量密度的食物可以使食物比例更令人满意，并且可以摄入更多的维生素、矿物质和植物化学物质。但是请注意，在用餐时喝无能量的饮料（如水、无糖苏打水）并不会如某些人期待的那样，计入满足食欲所需的食物体积。饮用含能量的饮料会增加一餐的总能量，但是我们的身体根本不会将饮料的体积计算在内。

限制酒精摄入

传统观点认为，"啤酒肚"的诱因可能仅仅是因为啤酒中的酒精。但是，低糖啤酒的广告希望我们相信，糖才是增加能量的真正因素，而不是酒精。但事实是，无论哪种形式的能量，过量的能量都会导致体重增加，饮酒会减慢脂肪的代谢也是事实。在20世纪90年代初期，瑞士的一项著名的能量代谢研究发现，在饮食中添加酒精或以酒替代其他食物，24小时的脂肪消耗量减少了近33%，但糖和蛋白质的代谢不受影响。能量消耗虽略有增加（分别增加了7%和4%），但不足以抵消酒精对脂肪平衡的影响。尽管研究人员得出结论，习惯性摄入超过能量需求的酒精有利于脂肪存储和体重增加，但该研究中使用的酒精量（96克）比一杯5盎司（145毫升）的葡萄酒（16克）所含的酒精量要多得多，所以一杯葡萄酒或啤酒的影响尚不清楚。控制饮酒的另一个原因是它可能会让你吃更多的零食，并降低人体储存肌糖原的能力。

尝试在饮食中加点醋

尽管相关研究并不完善，但鉴于醋能够增强许多素食的风味，可以将其添加在沙拉酱中或作为其他食物的调味品。几年前，瑞典研究人员发现，进餐时食用醋会降低人体对糖的胰岛素反应，并增加进餐后的饱腹感。研究人员让受试者在不同的日子里随机食用 3 种不同剂量的醋，最高的量是 2 ~ 3 汤匙（30 ~ 45 毫升）醋搭配 50 克血糖指数较高的白面包。研究人员发现，醋摄入量越多，对人体的影响越大。最近的研究可以支持这项结论，表明醋可提高饱腹感，延迟胃排空，抑制分解双糖（如蔗糖）的酶的活性并有助于稳定血糖。虽然需要进行长期的临床研究，但目前的研究结果表明，在饮食中添加醋可能会帮助你减少进食量，并减少餐后血糖升高引起的食欲。所以，你可以在新鲜的蔬菜上滴几滴醋和橄榄油来调味，在煮熟的蔬菜、豆类、豆类汤、意大利面、沙拉和米饭中放一点醋。醋中的乙酸还可以增强矿物质（如锌、钙和铁）的吸收。同样，可以将几汤匙的风味果醋（如覆盆子醋或石榴醋）与纯净水或苏打水混合制成饮料。这种加醋的饮料由于其药用特性而在日本流行。尽管醋不是促进体重减轻的主要因素，但在饮食中加一点醋还是有好处的。

佩戴计步器

训练会消耗你很多体力，但是当你不训练时该怎么办？佩戴计步器以了解你不训练时的活动量，这可能会对你的减重计划有所帮助。我在工作中发现许多运动员在不训练时会久坐不动，很多人到哪儿都开车，绕着停车场找离出口最近的位置，然后长时间坐在办公桌前或沙发上。如果除了训练，其他时间几乎不运动，计步器可以提醒你积极一点。运动目标设置成多少才合适呢？首先，根据现在的步数，每周增加 10% ~ 15%，直到每天接近 10 000 步。增加运动量除了有助于控制体重之外，还会促进血液流向肌肉（尤其是通过步行），这可以为肌肉提供更多的新鲜氧气和营养物质，并清除运动后残留的代谢产物，从而有助于身体的恢复。最新研究还发现，即使对于那些很活跃的人，久坐也可能会严重危害健康。作为一名运动员，请记住，你应该通过在日常活动中多走动（包括在房子周围）来增加日常步数，而不是通过竞走。我也不会推荐使用站立式办公桌，因为静态站立会阻碍血液流动。如果你受伤了，可能就不适合多走动的建议，应与医生讨论更适合你的运动方式。

记录饮食情况，但无须发到社交媒体

研究表明，监控饮食类型对成功减重和维持健康至关重要。至少在一段时间内，记录下你每天摄入的所有饮料和食物，以提醒自己食用的食物及原因。许多关注自己体重的人还认为，保留食物记录可以促使他们对自己负责，避免暴饮暴食，因为吃得过多就不想写下来了。作为运动员，通过这个记录还可以检查自己摄入的糖和蛋白质是否充足。也许你觉得向全世界发布推文会让你更加自律，但请考虑关注你的人。有些人可能会为你的成功点赞，但大多数人并不关心你的日常饮食。

不要指望钙

乳制品行业希望你相信喝牛奶或酸奶对健康和体重管理很重要，但支持他们这种说法的证据有限。最近的一项荟萃分析发现，无论是每天增加 900 毫克的钙摄入量，还是将乳制品摄入量增加至每天 3 份（即每天约 1300 毫克钙），对成年人全面减重都不是有效策略。但是荟萃分析发现，超重或肥胖的人在控制饮食时，每天食用 3 份乳制品可显著促进体脂的下降，而单纯补充钙则没有这种效果。人们认为，乳制品之所以具有这种效果，是因为它们有助于控制食欲，这可能是因为其他成分（如蛋白质），而不是因为钙。尽管人们认为乳制品中的酪蛋白有提高饱腹感的作用，但高纤维植物富含的蛋白质在控制能量摄入方面也可能有类似的作用。如前所述，请记住每天添加 3/4 杯的黄豆、豌豆或小扁豆可使非运动员的体重自发减少 0.5 磅（0.3 千克）。如果你的饮食方案是根据"我的餐盘"制订的，那么里面已经包括了乳制品。如果不是，就要确保每餐和零食都富含蛋白质。

不要节食

信不信由你，减重成功的最好方法之一就是忘记节食。许多人都按照自己的想法进行节食，但他们太积极了，而且限制太多，包括自己喜欢的食物，所以会突然开始"作弊"甚至暴饮暴食，很快他们就不再节食了。相反，请遵循本章中建议的健康的饮食方案，该方案实际上每天可让你减少能量摄入 500 ~ 1000 千卡。这样可以促进慢速减重，并可以加入一些自己喜欢的食物。如果你想吃冰激凌，请要个小份的，不要过分放纵。总体来看，你正在尝试改善长期的饮食习惯，其中包括学会做出更多更好的选择，以及减少过量饮食的次数（如果有的话）。

不要购买容易引起食欲的食物

我们大多数人都有几样容易吃多的食物。对于有些人来说是冰激凌，还有的人是曲奇饼干、风味苏打饼干或薯条，对我来说则是该死的薯片。我其实不喜欢它，但是我如果游泳或长跑后在橱柜里看到一罐，就会开始吃，一会儿拿几片。所以我的解决方案就是不买它们。如果你想吃些甜味或咸味的食物，可以找到更健康、加工较少的替代品，如冷冻水果冰沙，鲜切蔬菜搭配辣味酸奶、坚果或豆腐蘸酱，或者爆米花撒上少许调味盐。你是否注意到，容易令你暴饮暴食的食物不包括胡萝卜、苹果和橙子？

不要跟风选择魔术般的快速减重食品

每周我们都会听说一种新的瘦身食品被发现，如乌龙茶、绿茶、咖啡或啤酒花提取物。一项对啮齿动物的研究发现，在饮食中添加异构化的啤酒花提取物（含有异葎草酮）可以防止啮齿动物增加体重，这种物质通常在印度风味和美国风味的淡麦芽啤酒以及其他风味的啤酒中发现，可能对人类也有同样的效果。在荷兰进行的一项关于咖啡因的研究发现，每天摄入大量咖啡因（超过 300 毫克）的人在减重、减脂和减腰围（以及保持静息能量消耗）方面取得了更明显的效果。当然，如果你喜欢来一杯啤酒、茶或咖啡，你要知道它可能对你减重只有一点点的帮助。如果你还不习惯这样做，你也要知道现在还没有足够的证据让你选择啤酒花提取物、绿茶或咖啡因药片。

此外，在听到新的减重食品的信息时请务必谨慎，就像对待功能增进补剂和草药补剂一样。其中一些补剂的成分可能已经包含在你使用的无害食品或产品里面，而其他的补剂即使是天然来源，也可能会有某些潜在的不良反应或危害。几年前，苦橙皮（一种看似无害的减肥药）成了新闻。该产品被吹捧为不含麻黄的减肥药，可提高普通健康个体的心率和血压，尤其是与咖啡因一起服用时，可能比麻黄更安全，但它仍被NCAA禁用。在减重这件事上，你的基本原则是采取均衡的素食饮食方式，并知道你所做的某些选择可能会产生一点神奇的效果。另外，请记住，天然食品和素食并不总是安全的。苦橙是从塞维利亚橙子的果皮中获得的，用于制作果酱。当然，在低剂量时它是安全的，但浓缩为药用减肥剂时就不安全了。

能量就是能量

内分泌学会最近发表的关于肥胖症发展的声明仍然强调，能量就是能量。导致体重增加的不是脂肪或糖，而是吃得过多。建议需要减重的运动员控制饮酒、高脂食品和糖，但总的来说，过量摄入这些常规营养素才是问题所在，营养素本身没有问题。

体重增加的原理

科学家对肌肉增长的能量需求的了解比脂肪流失少得多。我们知道，如果你超量摄入3500千卡能量，你会获得接近1磅（0.45千克）的体内脂肪，但是大多数运动员并不希望增加体内脂肪。此外，如前所述，通过摄入额外的3500千卡能量而增加的体重差异很大：一部分人将增加几乎恰好1磅的体重，而有些人则会"浪费"更多的所摄入的多余能量，因此增加的体重会略少一些。而肌肉增加更为复杂。1磅肌肉储存的能量（约 2500 千卡）少于 1 磅脂肪储存的能量（约 3500 千卡），但是"构建"瘦组织需要额外的能量，如蛋白质合成中将摄入的氨基酸排列成适当顺序以及进行刺激肌肉增长的抗阻训练所需的能量。虽然我不想这样说，但增加体重所需的能量值并非基于大量严格的科学依据。通常，为了使事情简单并留有余地，大多数专业人员认可增加 1 磅肌肉需要 3500 千卡能量这一结论。

我们对促进肌肉生长或合成代谢的有效刺激颇为了解，包括进食（与禁食相比）和抗阻训练。尽管仅靠膳食不足以诱导肌肉生长（否则美国和欧洲大多数人看起来都会像专业健美者），但它提供了氨基酸，促进了包括胰岛素在内的许多合成代谢激素的分泌，并诱导了肌肉蛋白质的合成。胰岛素很重要，因为它有助于吸收并利用氨基酸以促进肌肉生长。如你所知，抗阻训练通过促进蛋白质合成进而促进肌肉增大，在进行一轮高强度训练后，这种合成可能会持续 48 小时。抗阻训练与饮食也密切相关，训练结束后肌肉蛋白的分解仍在增加，食物的摄入可促使肌肉的增长速度超过分解速度。因此，相对于运动，营养输送的时机也很重要。一般认为，进食应该在运动后 20 ~ 30 分钟内进行。

你是否真的应该增重

许多从事大负荷力量训练的运动员的最终目的是增肌。有些项目的运动员（如摔跤运动员和棒球运动员）希望增肌并降低体脂率；而对于另一些运动员（如举重运动员和足球前锋）来说，肌肉的绝对重量才是重要的。素食运动员在这方面没有什么不同。最常见的想增重的人是那些选择素食饮食方式后"瘦身"的运动员，很有可能是因为他们最初没有摄入足够的能量，现在想恢复体重。素食会降低睾酮水平并且会阻碍肌肉质量增加的传言并不可信（小贴士 13.2）。

与想要减重的运动员类似，许多运动员对增重会有不切实际的期望。他们或教练的想法是，在季前赛期间可以增加 20 ~ 30 磅（9 ~ 13 千克）的肌肉。他们还认为肌肉越大越好，有些运动（如踢足球和打棒球）总是

低睾酮的谎言

一些主流媒体报道说素食可能不适合力量型运动员，因为素食会降低睾酮水平。这些报道可能会吓退一些力量型运动员，但我可以保证，它们对你的运动表现和增肌能力没有任何意义，甚至可能根本不正确。

• **彻底改变饮食习惯后，睾酮水平可能会降低**。一些研究发现，当人们转向素食饮食方式或低脂复合型饮食方式时，血液中总睾酮的水平会降低。然而，除非饮食中的脂肪含量极低，否则游离睾酮（可以自由进入靶细胞的一部分）水平通常不会受到影响。总睾酮水平下降的原因尚不清楚，但可能与饮食中脂肪和胆固醇含量的降低或饮食习惯的突然变化有关。研究表明，从素食饮食方式转向典型西方饮食方式的南非黑人男性的睾酮水平会下降。

• **纯素食者和素食者的睾酮水平不低**。对长期素食者和非素食者的研究发现，纯素食者、素食者和非素食者体内的总睾酮水平及游离睾酮水平没有什么不同。实际上，一些研究者已经注意到，与非素食者相比，素食者的总睾酮水平略有升高，而与素食者和非素食者相比，纯素食者的总睾酮水平略有升高。因此，由非素食向素食或纯素食过渡期间，睾酮水平降低可能只是暂时的。

• **睾酮水平降低意味着什么？** 在上述研究中，当人们转变饮食方式的时候，血液中的总睾酮水平降低了，但是这只是一个小幅度的下降，没有低于300纳克/升～1200纳克/升的正常范围。游离睾酮水平没有下降，并保持在9纳克/升～30纳克/升的正常范围内。由于肌肉或力量的增加与血液中正常范围内的总睾酮水平变化之间并没有关系，因此这种小幅度的下降对于运动表现没有意义，但对于预防癌症可能是有益的。当然，如果睾酮水平降至正常范围以下，可能会导致肌肉和骨质的流失。通过使用合成代谢类固醇使睾酮水平升高至超出正常范围，则会促进肌肉量的增加，然而这并不是我们要讨论的问题。

•**如果我担心怎么办？** 如果你担心自己的睾酮水平，体检时请让医生检测你血液样本中的总睾酮和游离睾酮的水平（为此，你可能需要自掏腰包）。如果它处于正常范围的较低值，请评估你饮食中的脂肪和总能量的摄入量，并根据需要添加富含优质脂肪的食物。睾酮水平降低的最可能的原因是能量摄入不足（更多相关信息和增加能量摄入的技巧见第 2 章）。但是最有可能的是，这项检测只是让你放心。

使运动员的块头变得更大，肌肉更发达。这些运动导致想要增重的运动员越来越多，甚至以身体健康为代价。在我担任某大学的运动营养师的第一年，发现一名大学橄榄球运动员在减重，他身体的许多部位（包括胸部和肩膀）都有深红色的肥胖纹。他告诉我他在前一年的增重名单上，然后他吃很多比萨饼、汉堡、薯条和香肠来增重，现在他已被列入减重名单。不幸的是，这位运动员和与他有类似经历的人将会面临更大的肥胖风险。

尽管素食运动员不会吃香肠和汉堡，但是尝试增重的运动员应结合其遗传因素、当前的训练方案、以前的训练方案、年龄、性别及所从事的运动项目认真考虑其增重目标是否现实。如果你家族中的男人看起来都像歌舞片演员弗雷德·阿斯泰尔，那么你期望自己拥有黄金时代的超级硬汉阿诺德·施瓦辛格一样的体型可能是不现实的。但是，在大学的第一年（即参加大负荷抗阻训练的第一年）体重增加 20 磅（约 9 千克）肯定是可以的。一项针对 18 ~ 25 岁的健美运动员和足球运动员的研究表明，在第一年的大负荷抗阻训练中，他们的体重有可能增加 20%，而且增加的大部分是瘦体重，但有个体差异。然而，如此大的初始增重量很快就会逐渐变小，经过几年的训练，可能体重每年只增加 1% ~ 3%。

这是常见的现象，运动员在进行有针对性的训练时会倾向于尽早发挥其遗传潜能，此后体重的增长幅度就会越来越小。

调整饮食计划以促进增重

　　与减重一样，增重的饮食计划应与你保持体重时所遵循的饮食计划相似,但需要额外的能量以支持瘦组织的增长。虽然确切的量还没有确定，但是一般的建议是在每天的能量摄入量的基础上增加约 500 千卡，并应满足你的蛋白质和糖的需求。蛋白质可以提供生长所需的氨基酸，而及时补糖则可将这些氨基酸用于构建肌肉，而不是转化为血糖。

　　然而，在能量摄入量已经很高的基础上增加摄入量，说起来容易做起来难。你需要坚持不懈，不能忘记进餐并要注意进餐时间。我经常在训练后的清晨或午后与找我咨询的学生运动员聊天，当我问起他们在我们会面之前吃了什么来增重的时候，他们的答案总是让我感到惊讶。他们会说："早餐什么都没吃。""训练之后也什么都没吃。""真的吗？你正在增加体重，但是今天你还没有吃任何东西！"我简直无法相信。这些运动员忽略了一些增重的基本知识，包括在一天中分散进餐和利用运动后进餐的时间优势。运动后摄取糖和蛋白质可促进肌肉蛋白的合成，因为运动后的体内环境有利于合成代谢激素的分泌，所以当你的目标是尽可能地增加体重时，不要错过这个进餐时机。

　　你可以比平常多吃一些，或者在当前的食物中添加一两份额外的零食（每份约含 250 千卡能量），从而保证每天额外摄取约 500 千卡的能量。尽量减少低能量的食物，如全麦谷物、沙拉和汤，因为相对于它们提供的能量而言，它们的体积太大，吃完会让你感觉太饱了。相比之下，健康的奶昔、冰沙、果汁和其他液体补剂配以干果和坚果则是一种集中摄入能量的简便方法（详见小贴士 2.3）。如果糖和蛋白质的摄入量已经满足你的需求，则可以添加含健康脂肪的食物，如橄榄油、牛油果、亚麻子油、低反式脂肪酸的人造黄油、坚果和种子（包括坚果和种子酱）。（小贴士 13.3）

通过饮食方案促进增重的要点

•饮食均衡的素食者每天摄入的能量比当日所需的能量增加约 500 千卡，同时还需要加强力量训练或抗阻训练。

•确保运动员的蛋白质摄入量达到推荐量的上限。但是，超出此摄入量也不会促进肌肉生长。

•通过选择更多的健康食品或在当前的饮食中添加一两份所含能量为 250 千卡的零食来增加能量摄入。

•全天分多次进食，不要错过三餐。通常每天需要吃 3 顿正餐，再吃 2 ~ 4 份小吃。一些资料表明，要增加瘦体重需要每天进食 5 ~ 9 次。

•运动后 20 ~ 30 分钟内食用富含糖和蛋白质的零食或流食，以提供增重所需的基本原料和促进合成代谢激素分泌的环境。

•通过摄入包括冰沙、奶昔和果汁在内的液体食品摄取更多的能量。葡萄和蔓越莓汁通常比其他果汁所含的能量更多。

•花生、坚果和种子都富含健康脂肪，可以添加在饮食中。将面包浸入橄榄油中，在饼干、吐司或贝果面包上抹上花生酱、其他坚果酱或不含反式脂肪酸的人造黄油，在沙拉和三明治中添加牛油果片，或者在苏打饼干上加些牛油果片，都是不错的选择。

•尽量少摄入低能量的食物，如全麦谷物、沙拉和汤。相对于它们提供的能量来说，它们的体积太大了。

•力量训练！力量训练！力量训练！确保充足的休息和睡眠。

•请记住，肌肉只能通过每周几次的力量训练或抗阻训练而获得，同时摄入超出日常所需的额外的能量。

•不要过度进食。能量摄入过多会导致体重快速增加，主要产生脂肪组织或油脂。运动员不要突然过多增加体内脂肪，即使这是某些运动的文化。

除此之外，你增加多少体重还取决于前文讨论过的许多因素，包括你的遗传基因、体型、训练方案，以及你接受训练的时间。这些是我在初次与运动员交流时通常会与他们讨论的问题。比起高年级的运动员，抗阻训练会使刚开始采用新训练方案的新生足球运动员的肌肉质量更加明显地增加。同样，来自肌肉发达体型家庭的运动员比来自瘦弱体型家庭的运动员更有可能增长肌肉。时至今日，我仍记得与一名努力增重的非洲裔美国足球运动员一起工作的经历。在第一次聊天时，我们聊到了他的家庭，我了解到，不仅他的父亲、兄弟和叔叔都试图增重，就连他的母亲也是如此。尽管在春季比赛之前我帮助他增加了约5磅（2.25千克）的体重，这使他在比赛中能少受一点身体对抗之苦，但显然他仍在与自己的遗传基因做斗争。

大量用来增重的液体补剂的标签都表明其效果立竿见影。这类液体比固体更容易吸收，并且更容易通过增加运动员的能量摄入来起作用。然而，用于增重的液体补剂也有各种氨基酸组合，可能在生产过程中增加非纯素食或非素食成分。对健康意识较强的素食运动员来说，最佳选择是在家制作冰沙和奶昔（具体配方见第14章），这样可以自己控制成分。目前来说，市面上几种植物蛋白粉由各种各样的植物蛋白组合而成，包括大豆、豌豆和糙米。此外，根据你的训练阶段、训练目标和训练情况，补充肌酸可能会很有用。如果你想尝试肌酸或蛋白质补剂，如第10章所述，要对其进行仔细评估和检查。

本章重点介绍了在减重或增重时如何制订素食营养计划，并提供了一些要点来帮助你改变习惯，从而让你保持健康的体重。现在，你可以为下面的步骤做好准备了，即学习如何根据你的个性化饮食方案来准备正餐和零食。

14 快速制作素食正餐和零食

　　一名女子足球队的高年级学生来找我咨询如何改善自己的饮食习惯。她走进我的办公室说："我感觉不好，我需要吃得好一点。"事实上，当我们开始聊她的日常时，我发现她饮食很不规律。因为希望早点出门，所以她通常不吃早餐。然后在训练前就会感到饥饿，她不得不在自动售货机上买一份零食。午餐也一样随意。她告诉我："晚上我会和室友一起吃一顿丰盛的晚餐"。随着谈话的进行，我意识到她对营养有很好的了解，知道自己需要做什么，但她需要具体的操作方法——简单的操作方法，因为她说自己不会做饭。我们想出了一些高糖、营养密度高的饮食方案，这些食物很容易准备。我还为她安排了一次便利店之旅，重点是挑选营养丰富的零食和可以快速蒸制的食物。然而，最直接有效的方法是找到便捷又健康的早餐食谱，让她可以在出门前吃上早餐。这些简单但重要的改变能让她在健康饮食营养方面走上正轨。

——D. 埃内特·拉森－迈耶

　　许多运动员在自己做饭时会偏离健康饮食的正轨。事实上，对于许多运动员来说，当他们在训练室、食堂、自助餐厅或社团餐厅吃饭时，选择正确的食物是很容易的，除非食物质量不达标。然而，走进厨房是一件有挑战性的事情，必须按照时间表、原材料清单或两者兼而有之地准备健康的饭菜。如果我们能聘请一位在烹饪素食菜肴方面有丰富经验的私人厨师，那不是很棒吗？但是这对我们大多数人来说不太可能实现。

本章提供了一些建议来帮助你列出一份厨房烹饪原材料清单，你可以参考它来制作健康的素食。如果你是新手，或者觉得自己不会做饭，不要紧，这一章的目的是消除做饭过程中的一些不确定性，让你在厨房里尽情发挥。

每个人口味不同

在本书中，我们一直在强调"不存在一刀切的方法"。作为一名积极的素食者，你可能有自己的口味偏好、饮食哲学、文化和生活方式，同时也会参与不同的运动，因此，你可能会发现本章的许多小贴士对你很有帮助，而且非常适合你，而有的小贴士则可能是毫无用处的。可能你们中的一些人在上学、一些人单身、一些人已婚、一些人可能有 10 个孩子（或者有时看起来像有 10 个孩子）；一些人经常光顾住所附近的超市，另一些人则专门在当地的健康食品店购物；一些人在菜园或农贸市场购物，而另一些人则主要买包装食品；一些人在清晨训练，另一些人在晚餐前或 10 个孩子允许的时候偷偷地进行训练；一些人正试图减掉几千克体重，而另一些人则需要一些建议来保持健康饮食。不管你的情况如何，挑选对你最有帮助的小贴士，你就能在准备健康素食餐的路上走得很好。请记住，事情可以改变，也确实会改变。

开始

像大多数锻炼和运动训练一样，采用素食饮食方式从开始的时候就应该有计划地进行，而不是毫无准备地开始。虽然你可能不需要考虑购买合适的运动器材，但你需要评估厨房、食品储藏室和橱柜的设计，借鉴你最喜欢的食品店的布局，并养成每周制订饮食计划的习惯。

食品储藏室的布局

路易斯·帕里什是一位提倡将烹饪作为治疗方法的全科医生，他曾说过："如果你能安排你的厨房，你就能安排你的生活。"对于以素食为主的运动员来说尤其如此。虽然调整食品储藏室的布局可能需要整整一个周末，但绝对是值得的。如果你的食品储藏室井井有条、储备充足，那么你可以很容易地找到准备一顿快餐所需的食材。首先，把橱柜里的所有东西都拿出来，然后把它们摆在你很容易看到并拿到的地方，这种摆放应符合你在厨房里做饭和用餐的习惯。当你做这些事的时候，扔掉那些你保留了多年的香料和配料。

厨房设计的人体工程学

运动员在运动中有很好的效率意识，但在厨房里不一定有。自行车手在公路自行车比赛中会寻找最短的路线，团队运动员凭直觉就能找到拦截球或对手的最短路径。请把同样的思维应用到你的厨房里。在把东西放回橱柜之前，想想你厨房里的 3 个主要工作中心：在哪里做饭，在哪里清洗，在哪里吃饭。理想情况下，食物烹饪和准备区应该靠近炉灶，有足够的台面空间来切碎和搅拌，并且离水槽和冰箱都不远。最常用的物品应该存放在烹饪和准备区，如刀、锅、碗、搅拌器、香料等，这样你在准备食物时就不必在厨房里走来走去。储藏室应该靠近烹饪区，因为并不是经常用到，所以在日常食物准备过程中，把你最不常用的食物和配料储存起来，如面粉、玉米粉、豆子、干果和零食。在空间允许的情况下，最常用的物品可以放在厨房的橱柜里，或放在储藏室里最容易拿到的架子上或者附近的某个地方。

如果你不知道如何规划厨房布局，可以尝试参考教练制定比赛战略的方式。绘制图表并观察你准备晚餐过程中的行走路径。而且，还要考虑到清洁区域和上菜区域。洗洁精等清洁用品和洗碗机应靠近水槽，餐具、盘子和玻璃杯应靠近桌子。如果你在准备食物时必须穿过整个厨房拿锅铲或香料，那么这是不符合人体工程学的。如果你的厨房布局不理想，并且你无法做出"完美的设计"，那么你的目标应该是提出最合乎逻辑的计划。例如，如果你的水槽、冰箱和食品储藏室不在菜品准备区附近，那么你的策略可能是洗净所有蔬菜并将它们放在炉灶旁的准备区，然后从储藏室和冰箱中拿出所有东西并把它们放在准备区。现在，我和家人住在维多利亚时代的老房子里，尽管做了一些改建，但我们没有食品储藏室。我们的储藏室在楼梯下，于是我在厨房旁边的一个大厅里放了两套漂亮的木制厨具架子。尽管有时我有进行额外的楼梯锻炼或走廊冲刺的想法，但如果我想快速准备晚餐，就必须好好规划。幸运的是，我的水槽、炉灶和案板在冰箱附近形成了一个完美的三角形。

买一些存储容器

将原料存储在美观、密闭的容器中，然后整齐地放入橱柜和储藏室。为了节省空间，这些容器应该是正方形或矩形的，而不是圆形的。如果你使用玻璃或优质塑料容器，最好是透明的，还应贴上标签。十多年前，我购买了透明的可堆叠式容器，在储藏室整齐地摆放好，我用它们装干燥的食材，包括最常用的谷物，如组织化植物蛋白质（TVP）和干豆子。我从不后悔在这方面花费时间。在楼上走廊的储藏室中，我将干扁豆、豆子和谷物，以及烤的核桃、杏仁、南瓜子和亚麻子存储在方形的容器中，这些容器整齐地码放在古旧的饮料板条箱中，并配有茶具，虽然很少使用，但仍然很重要。在楼下的厨房中，我会放置罐装食品（如番茄碎、番茄酱、橄榄、椰奶以及各种罐装豆类）、新鲜的洋葱以及未开封的谷物（如大米、燕麦片和一些早餐谷物、零食和玉米片）。我将意大利面（比大米还要常用）与香料、油、醋和其他常用配料一起存放在厨房的橱柜中，面粉、粗糖、玉米面粉和混合调料（自制的通用烘焙混合物）存储在橱柜中的拐角处，因为这些配料适合放在那里，而且我也经常使用。

不要把调料和香料藏起来

当我们住进路易斯安那州的新房子时（那里有很多厨房抽屉），我体会到了香料抽屉的好处。将调料和香料放在大小相似的容器中，并将这些容器放在炉灶附近的抽屉中，在烹饪时可以节省大量时间，因为你能轻松找到所需的调料和香料，而不必为了翻找它们从调料柜中取出所有东西。我最喜欢的容器是小玻璃罐，它的顶部是圆形的，底部略呈方形，可以防止其滚动。你也可以根据自己的喜好将它们整齐放在抽屉中。我通常将欧芹放在鼠尾草、迷迭香和百里香的旁边，然后按照功能顺序排列罗勒和其他香料，这可能只是我自己的习惯，其他人也许只是按字母顺序排列。如果你没有香料抽屉（我们维多利亚时代的老房子里也没有），则需要找到专用的橱柜或购买漂亮的香料架，而这不会占用你准备食物的空间。总而言之，你应该以一种可以快速、轻松地找到它们的摆放方式来安排你经常使用的调料和香料。

自助食品商店之旅

在整理厨房的过程中，明智的做法是到你最喜欢的超市、健康食品店或大型仓储超市逛逛，买回各种烹饪的原材料，把它们储存起来并熟悉素食产品。即使是经验丰富的素食者，这也是个好办法，因为新的食品会定期投放到市场。在去超市之前，请你盘点储藏室中的物品及所需物品的类型。例如，你可能想知道哪种食品富含维生素 B_{12} 或添加了亚麻酸，有哪些健康的零食、混合原料或豆类品种，你可能还想在超市的散装食品区找找可用的食材。表 14.1 列出了一些可以存放在食品储藏室或冷冻室中的食品。小贴士 14.1 为你的自助食品商店之旅提供了一些建议。

表 14.1 可以存放在储藏室的健康食物

谷 物	蔬 菜	水 果	蛋白质	坚果和油

意大利面
蒸粗麦粉
糙米
白米
野生稻米
用于煮粥的
  杂粮
碎干小麦或
  大麦
全麦健康饼干
藜麦
全麦面粉
未漂白的强化
  白面粉
燕麦片
万能烘焙混合
  物（自制或
  购买）
	洋葱
	大蒜
	红薯
	土豆
	番茄罐头产品
	  （整个或切
	  碎的番茄、
	  果泥、酱汁、
	  各种糊）
	干蘑菇
	番茄干
	冷冻蔬菜（如
	  羽衣甘蓝、
	  绿叶蔬菜、
	  抱子甘蓝、
	  南瓜泥、烤
	  番茄）
	切碎的冷冻
	  甜椒
	冷冻辣酱汤
	冷冻香蒜沙司
		果干（蔓越莓
		  干、葡萄干、
		  樱桃干、杏
		  干、李子干、
		  枣干、无花
		  果干）
		精选水果罐头
		  （以原果汁
		  制成）
		冷冻草莓、浆
		  果、桃子
		当地果酱罐
		  头、水果罐
		  头、酸辣酱
			TVP
			干豆和豌豆
			  （扁豆、豌
			  豆、鹰嘴豆、
			  黑豆、斑豆、
			  白豆、芸豆、
			  黑眼豆、蚕
			  豆、小豆）
			冷冻素食蛋白
			  类似物
			速冻毛豆
				杏仁
				腰果
				花生
				核桃
				山核桃
				松子
				南瓜子
				葵花子
				亚麻子
				坚果酱
				芝麻酱
				橄榄油
				芥花籽油或葡
				  萄籽油
				亚麻子油
				麻油
				芝麻油
				其他香精油

注： 由于表中许多食品的保质期很短， 所以最好在存放时注明购买日期， 并仅囤积那些经常食用的食品。

自助食品商店之旅

　　花一点时间去逛便利店和健康食品商店，这将有助于你了解可买到的素食产品及其营养价值。尽管每个商店的布局都不同，但是以下内容会对你挑选产品有所帮助。

新鲜农产品

　　• 新鲜农产品始终是一个不错的选择，尽量选择当季的、当地种植的农产品。

　　• 选择各种水果和蔬菜，并尝试以前从未尝试过的那些。

　　• 现在，大多数商店都出售有机产品，价格稍贵。你还可以与农产品负责人联系，以了解农产品的生产地。另一种选择是在当地的农贸市场购买农产品。

　　• 寻找节省烹饪时间的食物，如蘑菇、菠菜苗和包装好的混合蔬菜。大型杂货店通常以优惠的价格出售这些产品，如买一送一。

面包和谷物

　　• 每份食用的谷物中至少要含有 2 克膳食纤维、少于 8 克的糖和少于 2 克的脂肪。比较营养成分标签上的分量和糖含量，分量从 1/4 杯到 1¼ 杯不等。许多谷物都添加了亚麻或大麻。

　　• 挑选由全谷物或部分谷物制成的面包。如果选择白面包，请选择强化的或未经研磨的，包括真正的酸面团和酸奶油（如意大利扁平长面包）。

　　• 检查产品成分标签，注意动物产品和完全氢化油。

罐装食品

　　• 罐装黄豆、豌豆和番茄产品是素食储藏室所必需的，应选择稳定提供优质黄豆和豌豆的品牌。如果需要，请使用低钠产品，并记得所有豆类在使用前都要冲洗。还可以找找适合素食者的烤豆子。

•选择 100% 纯果汁而不是水果鸡尾酒。如果你选择添加糖的果汁，如蔓越莓汁、柠檬汁，请选择不含高果糖玉米糖浆的品牌。

•选择原汁水果罐头和不加糖的苹果酱，这些可以成为冬季餐桌的主角。

苏打饼干和曲奇饼干

•查看曲奇饼干和苏打饼干的种类。你可以锁定健康的品牌，但大多数品牌都会含有大量的高果糖玉米糖浆、糖和高度加工的油。

•好的苏打饼干包括不含完全氢化油或部分氢化油的普通苏打饼干和全麦苏打饼干。查看新出的无麦饼干，包括红薯和大米苏打饼干以及用古早谷物制成的饼干。

•曲奇饼干的最佳选择包括无花果牛顿（Fig Newtons）牌的水果棒、燕麦曲奇、靠果泥调节甜味的曲奇，以及含有全谷物、坚果或果干的曲奇饼干。但是，在家中将各种健康的食物混合在一起食用可能营养成分更全面，也更经济。

散装食品

•商店里的散装食品区是个好地方，在这里可以找到牛奶什锦早餐、格兰诺拉麦片和其他健康的谷物，以及其他区难以找到的谷物、果干、TVP、营养酵母、有机茶叶和有机糖果。

•每次去商店，散装食品区都值得一逛。

乳制品

•有机全脂牛奶、农家鲜干酪和酸奶可提供丰富的味觉体验，并且含有更有益的生物活性物质 [如共轭亚油酸（CLA）]，如果奶源为草饲奶牛，会更有益于健康。脱脂或脂肪含量为 1% 的低脂牛奶、酪乳、农家干酪和酸奶则可为需要注意饱和脂肪摄入量的运动员提供低饱和脂肪。

•许多品牌的植物奶可在乳制品区或其附近的区域找到。你需要确认其蛋白质含量，因为许多坚果奶的蛋白质含量都不如你想象的高。

•寻找只需要添加一点便可令食物味道浓郁的奶酪，或者用脱脂牛奶制成的奶酪，如腰果奶酪。但请注意，它们的脂肪含量和价格都可能高于普通乳制品。

冷冻食品

•挑选冷冻水果和冷冻蔬菜。这些食物在采摘后被迅速冷冻，因此它们的营养价值通常高于市场上售卖的蔬果。冷冻蔬菜也方便保存，且钠含量低于罐装蔬菜。此外，有些商店可能不提供某些新鲜产品，如大头菜、羽衣甘蓝，但会提供冷冻食品。

•寻找富含植物蛋白质的食品和冷冻素食。许多品牌的保健食品已经成为主流，可以很容易在当地的便利店找到。

•富含植物蛋白质的食品种类在不断增加，挑选你喜欢的新鲜的产品。请记住，并非所有的豆腐热狗和素食汉堡的营养成分和口感都一样。

其他

•了解商店的布局，哪类食品存放在哪里，有助于你快速购物。

•在购物通道里查看新上市的或看起来有趣的食品的营养标签。一些看似非素食的食品（如预拌粉）可能是素食的，甚至可能附有素食建议。

•还可以去逛逛沙拉酱、醋、调味油和素食汤产品。找到用健康的油制成的可口的沙拉酱，还有不添加高果糖玉米糖浆和不太咸的鲜美汤料，它们将大大改善你的饭菜的味道。如果找不到自己喜欢的调味品，则可以坚持使用香醋和油自制（见"在菜单中添加沙拉"一节）。

经常翻阅烹饪书

最后你需要整理的是食谱和烹饪书。尽管许多人可能都拥有相当丰富的食谱，甚至可能考虑购买更多，但拥有食谱并不意味着你将成为拥有许多健康饮食创意的厨师。如果真那么简单就好了！现实经常是恰恰相反的，因为大家要么被自己的收藏淹没，要么花大量宝贵的时间浏览食谱，却无法根据食谱做出一桌丰盛的菜肴。我和我丈夫几年前开始保存我们想要尝试的实用食谱（因为他想要一份可以介绍给客户和同事的可靠的食谱清单），以便我按类别进行管理，如：主菜为豆类、主菜为意大利面、主菜为其他，沙拉、三明治，以及早餐和假日菜单。当我们想尝试一种新菜时，我们当中的一个人会从文件中找出它，或者在食谱中查找。如果我们喜欢这道菜并且它很容易操作，我会把食谱输入到一个文字处理程序中，并注明改良建议、用餐建议和原始来源。如果我们认为这道菜很一般，或者不喜欢，可以将其扔进回收箱；如果我们喜欢，但发现它太乏味，就会将它存到标有"特殊情况"的文件夹中。同样的，当你在线查找食谱时，也可以使用适合你的电子归档系统进行类似的操作。

多年来，我们已经开发了易准备的、受欢迎的食谱。尽管我们一直在添加文件，但我会定期将其打印出来，并将页面塑封，然后将其保存在厨房的不锈钢文件夹中。经过文字处理的文件很容易通过电子邮件发送给我的婆婆、感兴趣的朋友、客户和同事（以一种无声的方式将其发送到素食世界）。尽管我偶尔会查阅我最喜欢的食谱，但通常只是查找玉米面包或粗粮玛芬蛋糕之类的标准食谱，或为研究新食谱寻找思路。我也尽可能缩小了我的收藏范围，只保留了我们喜欢的食谱。一段时间后，你可能就会注意到有些食谱总是被拿出来，而有些则无人问津，这并不意味着它们不是好的食谱，只是它们与你的口味偏好和风格不符罢了。

素食者观点：饮食新选择日益丰富

从腰果酸奶到精致的法国奶酪，似乎每天都有一种新上市的以植物为基础的食品，这些食品可以取代肉类和乳制品。与20世纪70年代相比，如今的素食食品有很大不同，你可以购到五花八门的商品，而且更加方便！现在不再只有大豆和麦麸，还有椰子、腰果、杏仁、豌豆、燕麦，以及植物奶、奶酪、冰激凌和植物肉类。由于添加了血红素而"流血"的素食汉堡可能不是你的菜，但是这些新选项可以代替你当前正在食用的乳制品和肉类。当然，作为一个有洞察力的运动员，你需要检查食品标签，检查蛋白质、脂肪、铁和钙的含量：它们所拥有的营养成分并不都与它们要替代的产品相同。请记住，因为种类繁多，口味和质地各不相同，所以你可以多尝试不同厂商和配方来寻找自己真正喜欢的产品。

从基础做起

如果你不想等到万事俱备的时候才开始准备健康的饭菜，可以先迈出第一步。一旦准备好或者开始准备，就可以开始考虑烹制日常餐食了。

制订计划

运动员随意饮食的首要原因是他们没有计划。在第12章中，我们讨论过自己制订用餐方案可以帮助你保持正确的饮食方式，但你还需要制订每周或每2个月的食谱方案以协助你准备晚餐、简餐和即食早餐。与用餐计划不同，食谱方案是你及家庭成员应共同定期制订的。制订方法有很多，若可以每周专门安排一个时间制订遵循基本饮食结构的菜单，这件事便会很轻松。食谱方案的基本结构可能类似于表 14.2，在该示例中，你将暂时计划每周 1 次或在特定时间的晚餐时做某些类型的菜肴。如，计划汤和沙拉之夜、素食汉堡之夜、墨西哥或印度之夜、意大利面之夜、煎炒烹炸之夜以及慢炖之夜之类的主题菜单，这取决于你的喜好。如果你是半素食者，则可以从已经吃过的素食中获得灵感，并将肉类菜肴限制到每周 1 ~ 2 次。

　　制作成表格后，选择适合主题的主菜食谱，然后按照饮食方案，添加面包、配菜或沙拉、水果和健康的甜点。在素食菜肴中，蔬菜通常是主菜的一部分，因此你可能只需要添加面包、水果或绿叶蔬菜沙拉即可。例如，一碗素食辣酱汤非常适合搭配全麦苏打饼干或自制玉米面包，以及切成薄片的新鲜水果，淋上新鲜的柠檬汁，而大多数豆类、蔬菜汤和面食则只需要搭配绿叶蔬菜沙拉和面包。将豆腐和蔬菜与鲜姜一起爆炒，搭配米饭或亚洲面条，如有需要，再来一杯水或白葡萄酒即可。如果你仍然感觉饥饿，可以选择新鲜的或烤制的梨作为甜点，或者将新鲜的爆米花（加一点油）作为夜宵。

表 14.2　一周菜单示例

周日	周一	周二	周三	周四	周五	周六
丰盛的豆类食物	豆腐或印尼豆豉	意大利面	预留食物	素菜	植物肉类	大米或谷物

全年和冬季菜品建议

丰盛的豆类菜肴
扁豆塔可[①]
素食辣酱汤[①]
红豆和米饭
邋遢乔（Sloppy Joes）汉堡[①]
蔬菜通心粉汤[①]
豌豆炖米饭
白豆汤
小扁豆配印度大米
辣鹰嘴豆配米饭
牙买加黑豆加烤芭蕉
丰盛的豆煎锅菜或砂锅菜（表14.3）

豆腐或豆类食品
炒蔬菜豆腐配腰果
花生酱[①]、豆腐配亚洲面条
豆腐、洋葱和蔬菜法士达
豆腐蔬菜煎饼
烤豆豉配土豆泥和蘑菇汁
亚洲面条配腌制的印尼豆豉和嫩豌豆

意大利面
意大利面配卤汁或扁豆番茄酱
青酱意面
长通心粉配烤蔬菜
菠菜千层面
黑豆香菜千层面[①]
焦糖笋瓜、红葱和新鲜香草配粗通心粉

蔬菜类菜肴
胡萝卜、西蓝花或花椰菜"奶油"酱汤（食谱见表14.4）
烤南瓜或奶油南瓜汤
土豆莳萝汤
欧洲防风萝卜和胡萝卜汤配韭菜
甜菜和素食香肠汤
松子和奶酪酿冬南瓜（搭配糙米饭）
酿青椒（搭配糙米饭）
意面南瓜加红色或白色的意大利面酱配烤松子仁，配以烤土豆或红薯

蛋白质类菜肴
全麦面包素汉堡配红薯薯条
西蓝花沙拉和裸麦面包卷配素菜鸡块
蘑菇及"汉堡"碎酸奶油肉
素食香肠配土豆煎饼和自制苹果酱
豆腐面包卷

大米或谷类菜肴
蒸粗麦粉配冬季蔬菜炖汤
蘑菇大麦汤
菠菜烩饭（压力锅制作）
烟熏辣椒饭配斑豆
野生稻米汤
田园手抓饭配烤坚果[①]（也可与其他谷物搭配）

续表

夏季菜品建议	
丰盛的豆类菜肴 三种豆沙拉 黑豆和玉米沙拉 白豆和山羊奶酪玉米饼配番茄枊果莎莎酱 豆腐或印尼豆豉 希腊豆腐沙拉 大白菜和豆腐面条沙拉 芝麻豆腐配冷米粉 豆腐和蔬菜烤串 豆腐、葡萄和红叶生菜沙拉（搭配烤面包） **意大利面** 长通心粉、烤胡椒配番茄沙拉 意大利面食沙拉（加鹰嘴豆） 自制香蒜酱意大利面配新鲜番茄	**蔬菜类菜肴** 主厨沙拉(包括绿叶菜、豆类、干酪和蔬菜) 牛油果番茄冷汤菜 烤褐菇汉堡 烤（或微波）土豆或红薯配新鲜蔬菜和大豆酸奶油 **植物肉类菜肴** 烤素食全麦汉堡配烤夏季蔬菜 康尼岛（Coney Island）牌素食热狗和沙拉 **米饭或谷类菜肴** 蒸粗麦沙拉配黄瓜、胡椒和番茄 塔波利沙拉 去麸小麦粒和香醋橙子沙拉 波伦塔三角饼配新鲜的藏红花番茄

注：①有关食谱见第15章。

表 14.3　快速煎锅菜或砂锅菜

谷物	酱汁	豆类、TVP 或汉堡碎肉饼	蔬菜	做法
1 杯（未烹任）	1 罐汤 加 1½ 罐水或牛奶	1 罐豆 或 3/4 杯干 TVP，或 1½ 杯汉堡碎肉饼，或 1 包豆腐	1½ ~ 2 杯（冷冻或新鲜）	1. 从表格中的 4 个组中各选择 1 种食物，再加入其他食材。根据口味可先炒蔬菜。 2. 用盐、胡椒粉、酱油、新鲜或脱水的洋葱碎及新鲜的大蒜调味。 3. 水烧开。 4. 火调至最小；盖上锅盖煮 30 ~ 40 分钟，直到意大利面或米饭变软为止。不时搅拌以防粘锅。 5. 加入 1/2 杯奶酪（可选） 例 1：全麦贝壳通心粉搭配香草番茄罐头、芸豆以及洋葱、芹菜 例 2：全麦贝壳通心粉配奶油蘑菇汤、TVP 及混合蔬菜（无奶酪） 注意：这些原料在砂锅中也很好烹任。混合所有成分，然后在 177 ℃的有盖砂锅中烘烤 35 ~ 45 分钟
全麦贝壳通心粉、花形通心粉、螺旋粉或其他小颗粒形意大利面 糙米 碾碎的干小麦	香草番茄碎罐头 芹菜奶油汤 奶油蘑菇汤 番茄汤 洋葱汤 蔬菜汤或高汤	芸豆 斑豆 黑豆 白豆 鹰嘴豆 黑眼豆 绿豆 豌豆 TVP 汉堡碎肉饼 韧豆腐	洋葱 芹菜 青椒、甜椒或辣椒 蘑菇 胡萝卜 玉米 西蓝花 菠菜 混合蔬菜	

注：单位转换请参考附录 F。

表14.4 快速制作丰盛的"奶油"汤

洋葱	蔬菜	大蒜和香料	"牛奶"和"奶油"	做法
1个洋葱或大葱 1捆青葱或香葱 芹菜 （以上食材全部切碎）	1个大西蓝花或花椰菜 1个烤奶油南瓜或小南瓜 3～4杯土豆、胡萝卜或其他蔬菜	2～3瓣大蒜 1茶匙盐（提味） 1/2茶匙咖喱粉或芥末（搭配西蓝花） 1～3汤匙新鲜鼠尾草（搭配冬南瓜）或莳萝（搭配土豆）	1～2杯牛奶、豆浆、米浆、椰奶或基于洋葱的无奶牛奶油或1包嫩豆腐 要制作不含乳制品的奶油，请将整个洋葱在204℃的烤箱中烤1小时，去皮，并加入少许油和柠檬汁，搅拌至均匀	1. 从素的4个组中分别选择食物 2. 锅中放1～2茶匙橄榄油加热，加入洋葱或大葱，翻炒直到变软 3. 将切碎的蔬菜或烤冬南瓜或南瓜拌成糊泥，加入2～3杯水（蔬菜多加一些，烤南瓜少加一些）和大蒜或香料 4. 不盖盖，用中低火煮10～20分钟，直到蔬菜变软 5. 分批倒入搅拌机或食品加工机（或使中制成泥，搅打至光滑，用浸入式搅拌机）。混合豆腐或"牛奶"，并根据需要添加更多水 6. 盛到平底锅中，小火加热至温热 7. 如果选用花椰菜或西蓝花和土豆做汤，则在汤中放入1杯磨碎的奶酪（可选），点缀细葱丝、烤南瓜子或一点酸奶

注：单位换算请参考附录F。

吃点"预留食品"

每周至少吃一次"预留食品",让自己休息一下。你只需在周一和周三吃素食辣酱汤,或者在周三吃周一的辣酱汤加上烘烤或微波烤制的土豆,甚至可以将辣酱汤冷冻几周再拿出来吃。我经常用蔬菜泥(如南瓜泥或冬南瓜泥)来做这件事。我在花园里烤了一些南瓜,然后在南瓜泥中加入洋葱、鼠尾草和橄榄油翻炒,做成蔬菜泥后装入冷冻保鲜袋。然后,我将牛奶、豆浆或嫩豆腐一起搅拌,作为当晚的晚餐,并在几周后用解冻的蔬菜泥做简餐。使用"预留食品"的另一种方法是煮一大锅干豆子,并在一周中分3次食用,从而为你提供黑豆周、斑豆周和菜豆周。煮熟的豆类也可以在冷冻几周后加入食谱中。

保持简单的饮食计划

在周中以及周末比赛时,不要担心,保持简单的饮食计划。我通常在晚上按照食谱清单做饭,也经常做些简单的食物,如素食汉堡配烤薯条,或简单的煎锅菜或砂锅菜。我还将速冻蔬菜、豆腐及罐装豆子漂洗后添加市场上售卖的调料包制作快手菜。我将豆腐加入泰式花生酱或其他泰式酱中,然后蒸大白菜。或者,按照比斯克松饼粉包装盒上的说明快速制作"不可能馅饼"或烤比萨饼(使用由菜籽油制成的新版比斯克混合粉或自制混合料,见小贴士14.2)。我的孩子从小就喜欢我做的莎莎"鸡肉"饼,我用一罐斑豆和一罐浅红色芸豆代替鸡肉。其他的建议包括用现成的法士达酱与豆腐、洋葱、甜椒和西葫芦混合制作法士达。将黑眼豆加入大米中制成拌饭,或将斑豆加入熏制的辣椒米饭中制成拌饭;或使用TVP、褐菇或汉堡碎肉饼代替与面条或米饭搭配的汉堡包。我大女儿的最爱是将韧豆腐加入在超市购买的亚洲花生沙拉混合物中食用。最后一个建议是,快速龙碗主食沙拉可轻松解决晚餐或午餐。首先是将新鲜的绿色蔬菜与亚洲调味料拌在一起(见下一节"在菜单中添加沙拉"),然后盖上一些面条、藜麦或糙米,再淋上少许麻油、生姜汁、日本酱油或泰国沙茶酱,搭配各种新鲜烤制或蒸制的蔬菜、水果、豆腐、豆类和坚果。素食者也可以考虑添加一个全熟或溏心的煮鸡蛋。

预拌粉及相关食谱

预拌粉

4 杯强化面粉

3¾ 杯全麦面粉

1/4 杯双效泡打粉

3 汤匙糖

1 汤匙碘盐

1⅓ 杯脱脂奶粉①

1 杯低芥酸菜籽油

　　泡打粉、糖、碘盐和强化面粉过筛，加入脱脂奶粉，用糕点搅拌器或手指搅拌，直到看起来像粗玉米面。加入全麦面粉，搅拌均匀。约 10 杯的量。可在冰箱中保存约 3 个月。

　　量取预拌粉：轻轻搅拌，然后倒入杯中（不要摇晃或倾斜）。

玉米面包

1 杯预拌粉

1 杯玉米粉

2 汤匙糖

1/2 茶匙小苏打

1 个打发的鸡蛋②

1 杯酪乳、酸奶或豆奶

　　均匀混合干粉。将打发的鸡蛋和酪乳混合，加入干粉并搅拌。倒入涂有油脂的 20 厘米方形烤盘，在 218 ℃下烘烤 25 ~ 30 分钟。

饼干

2 杯预拌粉

1/3 ~ 1/2 杯水

　　将预拌粉和水一起倒入碗中，揉成面团。轻揉面团约 12 次。卷或轻拍到 12 毫米的厚度。使用模具或杯子切成圆形。在 232 ℃下烘烤 12 ~ 15 分钟。可制作 10 ~ 12 块饼干。

香蕉面包

2 个鸡蛋②

1/4 杯糖

1/2 茶匙小苏打

1¼ 杯香蕉泥

2½ 杯预拌粉

将鸡蛋和糖倒入碗中搅拌均匀，直至二者完全融合。倒入小苏打和香蕉泥并搅拌。加入预拌粉搅拌，直到混合均匀。将混合物倒入 23 厘米 ×13 厘米 ×8 厘米的涂好油脂的面包盘中。在 171 ℃的温度下烘烤45 ～ 55 分钟，或烤至变成褐色。

变化：

制作南瓜面包，使用 1/2 杯糖加 1/2 茶匙肉桂粉、1/4 茶匙肉豆蔻粉、1/4 茶匙生姜粉、1/4 杯水和 1 杯罐装或煮熟的土豆泥或南瓜泥。

制作西葫芦面包，请使用 1½ 杯西葫芦和 2/3 杯糖。

玛芬蛋糕

3 杯 +2 汤匙预拌粉

4 汤匙粗糖或红糖

1 个打发的鸡蛋②

1 杯水

1 杯水果（香蕉泥、蓝莓、南瓜泥、苹果酱或大黄），1 茶匙肉桂粉、香草或南瓜派香料(可选)

混合预拌粉和糖，加入混合好的鸡蛋和水，然后轻轻搅拌，直到干粉变得湿润，混合物结成块状。将混合物倒入涂好油脂的蛋糕盘中，在 218 ℃下烘烤约 20 分钟，加水果。可制作 12 个蛋糕。

注：1. 引自怀俄明大学《怀俄明州可食用营养新闻》。

2. 单位换算请参考附录 F。有关自制原料或比斯克混合粉（用菜籽油制成）的其他食谱，请访问 www.bettycrocker.com/products/bisquick.

① 可以使用非乳制品的奶粉替代品。

② 可以使用纯素食的鸡蛋替代品。

尽管这些混合物的明显缺点是含有钠、加工脂肪和无法识别的成分，但你可以购买不添加味精或氢化油，只含有 1/2 ~ 3/4 盐量的调味包。你还可以使用全麦粉、白面粉和健康的油自己制作烘焙预拌粉（制作方法见小贴士 14.2），它非常适合在晚餐和早餐时制作快餐和面包。

在菜单中添加沙拉

每周至少在晚餐或午餐中添加几次混合的绿色沙拉。沙拉很容易制作，特别是使用准备好的半成品混合蔬菜，这样的沙拉富含营养素，包括钙、维生素 C、维生素 E、维生素 K、维生素 A、类胡萝卜素、铁、锌、镁和健康脂肪。加入新鲜水果和果干以添加更多的糖。如果你厌倦了传统的生菜和番茄沙拉，可以尝试一下用绿色蔬菜、水果、坚果、健康油和可选奶酪制成的沙拉。还应注意，油有助于增强脂溶性维生素和植物化学物质的吸收（牛油果和熟鸡蛋也是如此），而醋则有助于铁、锌和钙的吸收。推荐沙拉搭配如下。

• 混合蔬菜、橘子、蔓越莓干和银杏仁，搭配蜂蜜和第戎芥末醋汁食用。

• 菠菜和芝麻菜配切碎的苹果、蔓越莓干和烤核桃，与红酒和橄榄油油醋汁一起食用。

• 菠菜和红叶生菜，配以草莓、红洋葱和烤核桃，与香槟和橄榄油油醋汁一起食用。

• 芝麻菜配烤苹果、面包、蓝纹奶酪和葡萄，与覆盆子油油醋汁一起食用。

• 豆瓣菜配茴香、橘子和核桃，配上甜橙酱（用橙汁和橄榄油或大麻籽油制成）一起食用。

• 芝麻菜配巴特利特梨和新鲜磨碎的帕尔玛奶酪或戈贡佐拉奶酪，配上柠檬汁和榛子油或核桃油香醋食用。

• 豆瓣菜配红梨和核桃，搭配蜂蜜和第戎芥末酱一起食用。

• 混合蔬菜配焦糖洋葱、烤山羊奶酪、烤核桃以及新鲜无花果或无花果干，与迷迭香蜂蜜香醋一起食用。

• 波士顿生菜或比布生菜配蒲公英嫩叶、切碎的杏、烤山核桃和熏制荷兰扁圆形干酪，搭配覆盆子油醋汁食用。

• 混合蔬菜配蓝莓、烤山核桃、戈贡佐拉奶酪或蓝纹奶酪，与白葡萄酒和橄榄油油醋汁一起食用。

• 羽衣甘蓝嫩芽或新鲜菠菜配牛油果、胡萝卜碎和葵花子。与番茄和香草酱一起食用。

• 羽衣甘蓝（切碎）配以烤南瓜子、帕尔玛奶酪（可选）、红洋葱碎、新鲜的苹果或桃子，与红酒或白香醋一起食用。

• 米醋、剁碎的姜、新鲜大蒜、番茄酱、烤芝麻油、橙汁、花生酱、杧果酸辣酱、橄榄油和少量糖，这些是龙碗主食沙拉的绝佳底料。

请注意，沙拉汁可以让沙拉的味道更丰富，也可能让你的沙拉变得不那么完美。不妨试试新鲜的自制香醋或你最喜欢的、用健康油制作的现成沙拉汁，这些不含高果糖玉米糖浆。基本的调料包括醋（根据需要）和果汁（1 份），1～2 份油，黑胡椒，香草，切碎的大葱、青葱或细香葱，第戎芥末酱，枫糖浆，蜂蜜或其他调味料。不同的油（如橄榄油、核桃油或榛子油）搭配不同的食用醋（如米醋、香醋、红酒醋、覆盆子油醋汁或橘子醋）也会给沙拉带来不同的风味。食用高质量的醋和油是值得的。

准备方便早餐

许多运动员都需要携带方便的早餐，列出一系列选项并贴在冰箱上或保存在智能手机的备忘录里会很有帮助。请参阅小贴士 14.3，以获取方便早餐搭配方案。不管你信不信，准备早餐比准备午餐或晚餐要容易得多。在每周采购之前，只需清点现有的食材，并据此列出需求清单。如，你打算整周都吃玛芬蛋糕，则只需将新鲜水果和玛芬蛋糕添加到购物清单中，搭配家中的果酱或低反式脂肪酸的黄油。如果你喜欢自制玛芬蛋糕，请在周末花时间做一些，然后冷冻起来（相关食谱见小贴士 14.2 和第 15 章）。然后，你可以在去上班之前使用微波炉加热一两块。别忘记再来点果汁或新鲜水果，甚至一杯豆奶或一个煮鸡蛋。如果你有更多的时间（如休息日或长期工作后的周日上午），也可以自己烹饪谷物、豆腐、

方便早餐方案

　　将新鲜水果或果干和果汁放在可重复使用的小容器中，早餐时可与以下任一食品搭配食用。

　　•自制玛芬蛋糕（由葡萄籽油或菜籽油以及全谷物或粗加工谷物制成）。

　　•小袋装的什锦果或格兰诺拉麦片。

　　•全麦玛芬蛋糕配低反式脂肪酸人造黄油或坚果黄油和果酱。

　　•新鲜烤贝果面包配坚果黄油或纽沙特尔干酪。

　　•菜籽油果泥（如南瓜泥、西葫芦泥或香蕉泥）面包。

　　•烤面包棒或华夫饼（慎加糖浆），现在有的配方会添加亚麻子。

　　•添加了亚麻子或亚麻子油的水果奶昔（见表 14.5）。

　　•格兰诺拉麦片加牛奶或大豆酸奶，或与水果一起冷藏（前一天晚上装在便携容器中）。

　　•早餐饼干（用少量的糖制作你最喜欢的燕麦饼干，液体以橙汁代替，然后加入果干和碎亚麻子）。

　　•更健康的麦片或全麦早餐棒，健康的油和不含高果糖的玉米糖浆（通常在健康食品商店有售）。

　　•装在大号便携杯子中的麦片和豆奶（我曾经在马萨诸塞州布鲁克林的一个巨大山坡上奔跑，带着装满谷物和香蕉片的杯子赶上地铁，然后坐下或站着吃掉里面的食物。但是，请勿在驾驶时食用）。

　　•提前一晚装在便携容器中的麦片（食用前撒上坚果、水果干和甜味剂）。

表 14.5　制作健康的奶昔

水果 （新鲜或冷 冻，约 1 杯）	果汁 （约 1/2 杯）	豆腐 或乳制品	其他 （少量，调味）	做法
香蕉 菠萝 杧果 浆果类 猕猴桃 油桃 樱桃 木瓜 桃 杏 甜瓜 水果鸡尾酒 羽衣甘蓝 菠菜	苹果汁 橙汁 菠萝汁 葡萄汁 蔓越莓汁	牛奶（1 杯） 酪乳（1 杯） 酸奶（1 杯） 嫩豆腐（1 杯） 杏仁奶（1 杯） 奶粉（2 汤匙） 分离大豆蛋白 （1 ～ 3 汤匙） 羽衣甘蓝等富 含钙的绿叶 蔬菜	蜂蜜 枫糖浆 香草 亚麻子或花生酱 （1 汤匙） 亚麻子油（1 ～ 3 汤匙） 早餐麦片或小麦 胚芽（1 ～ 2 汤匙） 新鲜薄荷 新鲜酸橙或新 鲜柠檬皮	1. 选择配料 2. 如果使用亚麻子, 则需磨碎。加入 其他配料搅拌 均匀 3. 如果使用亚麻子 油或麻油，则将 其余所有成分混 合均匀后，将搅 拌器调至低速， 缓慢滴入油 4. 将其他所有组合 放入搅拌机中搅 拌均匀 5. 尝试其他水果、 蔬菜、液体和配 料的不同组合 示例 1: 香蕉、橙汁、 酸奶和亚麻子 示例 2：桃、蔓越 莓汁、嫩豆腐和 新鲜薄荷 示例 3: 菠萝、橙汁、 羽衣甘蓝、杏仁 奶和碎冰 注意：加入冰块或 碎冰,可制作出雪 泥冰奶昔的口感

注：1. 改编自 WIN the Rockies（Wellness IN the Rockies, http ： //www.uwyo.edu/wintherockies）。
2. 单位换算请参考附录 F。

鸡蛋和蔬菜煎饼，例如水果可丽饼、杏和姜蜜饯华夫饼，煎豆腐配蔬菜、豆腐早餐卷饼，果泥和烤坚果配热粥。

准备方便午餐

午餐对许多素食运动员来说也是一个挑战，我自己也未能幸免。我住在亚拉巴马州的伯明翰时，那里的许多餐馆都提供物美价廉的素食，那些餐馆距离我的实验室仅几步之遥。但是，现在我没有这样的幸福了。如果没有提前准备，我只能吃能量棒和果干，最终饿着肚子回家。尽管我可以在休息日摆脱这种境况，但这比我在中午跑完步或下班后去练爱尔兰舞蹈的日子还糟。当然，解决方案是从你的食品储藏室中选择午餐食材，并在晚餐后花费约 5 分钟的时间准备第二天的午餐（具体建议见小贴士 14.4）。我最小的女儿玛莲娜在准备午餐方面非常专业。老实说，

小贴士 14.4

快捷午餐方案

在以下午餐备选方案中挑选一种，配以新鲜水果、全麦苏打饼干、全麦椒盐卷饼、健康油烤薯片或健康曲奇饼干，再搭配水、豆奶、果汁或运动饮料，就是一顿快捷午餐了。

- 芝麻贝果面包配番茄、牛油果和辣豆芽。
- 黑豆、生菜、牛油果或纽沙特尔干酪及莎莎酱配菠菜或全麦卷。
- 自家种的番茄、新鲜的大叶罗勒和马苏里拉奶酪，加点香醋，搭配酸面包（我的夏季最爱）。
- 鹰嘴豆泥和蔬菜切片搭配皮塔饼或烤面包。
- 鹰嘴豆、蔬菜、农家干酪（可选）和意大利调味酱搭配全麦皮塔饼。
- 撒了黑眼豆（1 罐豆、1/2 杯欧芹、2 汤匙橄榄油、2 汤匙

柠檬汁、1/2汤匙龙蒿，用大蒜和胡椒调味）的面包片或预留玉米面包。

• 涂了辣豆抹酱（1杯斑豆、1茶匙辣椒粉、1茶匙洋葱粉、1茶匙切碎的青椒和1/4茶匙红辣椒碎）的面包片或全麦卷饼。

• 涂了红辣椒豆抹酱（1杯白豆、3茶匙切碎的烤甜椒、1茶匙切碎的葱）的佛卡夏面包或面包片。

• 芸豆、芹菜和意大利调味酱配皮塔饼。

• 新鲜菠菜、腰果、蔓越莓酱和鹰嘴豆配全麦卷饼。

• 烤辣椒、茄子、小南瓜、橄榄油和羊乳酪配酸面包或意大利面包。

• 加入豆腐"鸡蛋"沙拉（将韧豆腐与芹菜、甜椒、芥末、蛋黄酱和莳萝混合在一起）的全麦皮塔饼，搭配生菜和番茄。

• 加腌制豆腐、生菜和蔬菜的全麦皮塔饼。

• 填入农家干酪或豆腐馅料（1/2杯农家干酪或豆腐泥、1茶匙柠檬汁、1汤匙青葱碎、1茶匙莳萝或2汤匙切碎的细香葱）和蔬菜碎的全麦皮塔饼。

• 在全麦面包上或在全麦皮塔饼中加生菜和番茄，并加入豆豉沙拉（豆豉拌蛋黄酱、酸奶、芹菜和芥末酱）制成的三明治。

• 酸面包或意大利面包配烤茄子抹酱（1个大茄子混合1/4杯欧芹碎、1汤匙青葱碎、2茶匙柠檬汁、1汤匙橄榄油，以盐和胡椒粉调味）。

• 皮塔饼加深色绿叶菜，配鹰嘴豆、芸豆或白豆和蜂蜜芥末酱。

• 全麦面包配花生酱、香蕉片、葡萄干和核桃仁。

• 全麦面包配坚果黄油和果酱。

• 杂粮面包配花生酱和腌菜（口味适合长时间耐力赛后的运动员和孕妇）。

注：1. 下次你在自己喜欢的餐厅、熟食店、咖啡店或天然食品店用餐时，可以通过本方案寻找灵感。

2. 单位换算请参考附录F。

你应该自己安排午餐计划。如果可以的话，最好设置轮换的午餐方案，并使用你在第 12 章中学到的知识来准备午餐。玛莲娜的方案一般是主食、一两种水果、椒盐卷饼，以及坚果或薯条，有时还加上健康的甜点。请记住，预留食品也是不错的午餐选择。

准备健康的零食

准备健康的零食与准备方便早餐和午餐相似。列出健康零食的清单，并准备几种分别放在家中、办公室和健身包中。由于你每天的能量需求差异很大，当你饥饿时有健康的零食库存很重要。如果你爱吃不健康的小食品，最好买小包装的。

列出购物清单

你可能已经发现，每周膳食方案的最后一个部分是列出购物清单。要正确执行此项操作，请检查你整洁的储藏室是否有库存，并列出早餐、午餐以及晚餐所需的材料。如果你总是在同一家便利店购物，可能会发现根据商店布局来整理需求清单最容易。例如，我会按照我在商店中浏览时的顺序列出购物清单：面包、早餐谷物、罐装蔬菜、乳制品、农产品和其他素食。相信我，由于对布局不熟悉，在对面镇的商店购物时我花的时间几乎是平时的两倍。

保持兴奋感

烹制健康的饭菜是持续一生的命题，需要像训练一样纳入日常活动。一旦掌握了基本理论，你会发现它并不是很麻烦，而且在大部分情况下是令人愉快的。我最喜欢的美食是在轻松的夜晚与丈夫一起准备的饭菜，或是在晨练之后的一杯葡萄酒。孩子很小的时候，我也很乐意做快餐，让他们像其他青少年那样帮忙。以下内容为素食运动员的有效膳食方案提供了更多建议。

定期改变你的菜单

每周吃同样的东西会让人感觉很无聊，因此应根据不同季节的不同食物（尤其是本地种植的食物）来定期更新菜单，就像你定期调整训练内容一样。在我家，我们往往在冬天喝很多味美的汤，将汤与沙拉、全麦或欧式面包搭配食用。在夏季，我们可以制作各种沙拉和其他餐食，而无须加热。我们还会吃季节性农产品，无论它们来自我们的菜园、农贸市场还是商店。但是，作为运动员，你可能还会发现菜单选择因你的训练季节而有所不同。如果训练量很大，你可能大部分时间会以意大利面、米饭或其他谷物为主食，然后在训练量较小时享用汤和沙拉。计划每周的菜单时，还要考虑力量训练和有氧训练后你的不同口味。如果你与室友、配偶或伴侣生活在一起，希望你们的训练计划和饮食偏好相似。如果不是，则应选择相同的主菜，并根据你们的训练内容改变配菜的种类和分量。（示例见附录 B 中"运动员餐盘"指南。）

尝试新的烹饪方法或烹饪课程

除了烤箱、煎锅和微波炉之外，烹饪还有许多工具可以使用，比如慢炖锅、高压锅、烧烤架、炒锅。如果你早上有时间，慢炖锅就很棒：放入素食炖、扁豆咖喱、汤羹、咖喱或意大利面酱，下班到家就可以吃晚餐。高压锅可以在不到 20 分钟的时间内做好一顿饭，如意大利烩饭、藜麦或豆汤。与老式压力锅不同，新技术使当前的产品使用起来更安全。烧烤架非常适合烧烤味美的新鲜蔬菜、腌豆腐，甚至水果，味道太鲜美了！我的大女儿琳赛惊奇地发现用室内烧烤架可以制作出花哨且味美的花生酱、香蕉泥和鹰嘴豆泥，以及素食三明治——是的，我不得不承认，在她重新发现烧烤架之前，它已经落了几年的灰尘。如果你经常煎炒或者做米饭，那么炒锅和电饭锅也很方便。

有条件的话，你可以上一些烹饪课程。要注册课程，请查看医院、烹饪班或大学提供的扩展课程。另外，即便不是专门的素食课程也没关系。如果指导老师事先知道你是素食者，他们经常会提供素食建议，你也可以修改食谱，使其适合素食者或纯素食者。烹饪课程不仅可以为你准备菜肴提供新思路，而且可以提高你的刀工和烹饪技能。顺便问一句，你上次磨菜刀是什么时候？

尝试修改味美的非素食食谱

在我家最受欢迎的食谱中，有一些是我根据肉类食谱或在餐厅菜单上看到的菜肴修改而来的。你的素食经验越丰富，就越擅长修改菜谱。以下是一些常用的窍门：

腌制的豆腐可以代替切碎的鸡肉或火鸡肉。将豆腐用菜谱中的酱汁或香料腌制，如果需要，可以使用事先冷冻的豆腐。冷冻豆腐可以去除一些水分，这样更筋道。在许多食谱中，TVP、豆豉、素肉或汉堡碎肉饼（植物牛肉碎制成）可以完美替代牛肉碎，汉堡碎肉饼味道浓郁，但是加了盐，因此，TVP 放在口味更浓郁的菜肴中效果更好，而当菜肴的口味取决于植物肉的含量时，汉堡碎肉饼的效果更好。新鲜蘑菇或干蘑菇，特别是牛肝菌、香菇和褐菇，也是很好的牛肉替代品。在许多食谱中，多种豆类单独或与 TVP 组合都可以很好地发挥作用。只需试试看，就可能成为习惯。最后，可以将辛辣的素食香肠切成薄片代替肉肠。而且只要你添加味美的低盐素食汤，这些菜就可以在没有香肠的情况下变得更好吃。在我家，我总是最后添加素香肠，因为我的两个孩子讨厌它们，而其他人则非常喜欢。

种植香料和绿叶蔬菜

尽管有些素食运动员对园艺感兴趣，甚至种植水平堪比园艺大师，但大部分素食者却没有时间和空间种花种草。但是我建议所有运动员尝试在植物生长季学习种植，比如种罗勒、香菜、薄荷和深色多叶蔬菜（如加州混合蔬菜、芝麻菜、菠菜、羽衣甘蓝和蒲公英等）。以羽衣甘蓝为例，它可以像杂草一样疯长，为沙拉、奶昔和汤提供大量的高钙绿色蔬菜。你可以将收获的羽衣甘蓝放在沸水中煮 2 分钟，然后将其冷冻以备冬天食用。仅需要很小的一块地方，便可以获得新鲜的香料和蔬菜。你也可以用家里的花盆种植香料（一年四季都可以种）。如果不好实现或你不感兴趣，也可以定期光顾你家附近的农贸市场以获得应季食物，而且还可以接触到更多的素食。

成为美食家

成为素食运动员美食家需要时间和奉献精神。在你的训练和生活方式允许的情况下，通过逛农贸市场（寻找你未尝试过的食物）、浏览食品网站（警告，这可能会上瘾）、花大量的时间研究食谱来努力接触新的食物，还可经常光顾新潮的素食餐厅。素食者比非素食者有更多选择，只是尚未被发现——这可能是我的偏见。我的建议是每隔几周尝试一次新食谱。尽快找到听起来合理的食谱，致力创作食谱，并将所需的食材加入你的购物清单。你也可以在农贸市场上购买新鲜蔬菜，然后根据买到的蔬菜寻找食谱。同样，你可以采用多种方法来解决这个问题，重点是找到一种使自己接触新食物和素食食材的方法。

祝贺你

恭喜你即将读完本书，希望你能努力了解以素食为基础的更多健康的饮食选择。良好的计划以及对食物和饮食细节的关注可能很耗费精力，但是也很值得！你或许在改善健康和运动表现方面已初见成效，最后一章是食谱，可以帮助你沿着自己的道路继续前进。祝你好运，成绩优异，身体健康！

15 食谱

本章旨在为运动员提供简单、灵活、便捷、健康的素食菜肴。本章食谱中的单位换算请参考附录 F。

主 菜

扁豆塔可

这是我家最受欢迎的保留菜。多数肉食爱好者都惊讶于它鲜美的味道。不要忽略提子干或无核小葡萄干，它们是关键配料。可以将浇上酸橙汁的新鲜水果或酸橙果糕作为甜点。

——D. 埃内特·拉森－迈耶

配料

1 杯洋葱碎

1/2 杯芹菜碎

1 瓣大蒜，切碎

1 茶匙橄榄油

1 杯干扁豆

1 汤匙辣椒粉

2 茶匙小茴香

1 茶匙干牛至

1 杯蔬菜汤

1 汤匙葡萄干、黑醋栗干或蔓越莓干，细细切碎

1 杯温的或热的莎莎酱

玉米饼（在微波炉、烤箱或无油平底锅中加热）

生菜碎

番茄碎

奶酪碎（可选）

做法

1. 在一个大平底锅里加入橄榄油，加入备好的洋葱碎（一部分）、芹菜碎和大蒜，中火翻炒 5 ~ 6 分钟。

2. 将扁豆、辣椒粉、小茴香和干牛至加入锅内，继续翻炒 1 分钟。

3. 加入蔬菜汤，葡萄干、黑醋栗干或蔓越莓干。盖上锅盖煮 20 分钟，或者煮至扁豆变软成糊，打开锅盖不断搅拌，直到扁豆糊变黏稠（大约需要 10 分钟）。加入莎莎酱（不要全部加入）。

4. 将扁豆混合物盛入加热软化的玉米饼中。顶部点缀生菜碎、番茄碎、剩余的洋葱以及剩余的莎莎酱和奶酪碎（可选）。

配料可制作 6 份馅料（足以填充 3 个玉米饼或 1 个大的全谷物玉米饼）。

每份营养成分（括号外为馅料的营养成分，括号内为 3 个小玉米饼的营养成分）

能量 158 千卡（328 千卡）、糖 29 克（61.2 克）、蛋白质 9 克（12.4 克）、脂肪 2 克（3.8 克）、膳食纤维 5.6 克（13.3 克）、铁 2.9 毫克（76 毫克）、钙 48 毫克（76 毫克）、锌 1.3 毫克（1.71 毫克）。

此处列出的营养成分中不包括生菜碎、番茄碎等配菜的营养成分。

邋遢乔汉堡

我从来不知道"乔"究竟是谁，但是这个邋遢乔汉堡制作起来真是简单又方便，无论盛夏还是寒冬都很适合食用。以多谷物汉堡坯搭配凉拌卷心菜或羽衣甘蓝沙拉，佐以水果甜点。

——D. 埃内特·拉森－迈耶

配料

1 杯 TVP 或大豆蛋白（TSP）

7/8 杯开水

1 ~ 2 茶匙菜籽油或地中海调和油（葡萄籽油、菜籽油和橄榄油混合）

1 杯洋葱碎

1 个绿色或红色辣椒，切碎

2 瓣大蒜，切成末

1 罐（2 杯）番茄酱

1/2 杯水

1½ 汤匙辣椒粉

2 汤匙糖

1 罐斑豆或浅红色腰豆（冲洗擦干）

适量盐和胡椒

6 个多谷物汉堡坯

做法

1. 将开水倒在 TVP 上，放置至冷却。

2. 在一个大平底锅内放油，加入洋葱碎和辣椒碎，翻炒至变软。加入蒜末和水，再煮 1 ~ 2 分钟。加入 TVP、辣椒粉和番茄酱，搅拌至均匀。

3. 加入豆子搅拌。炖煮 15 ~ 20 分钟后加入糖、盐和胡椒调味。

4. 夹入多谷物汉堡坯中即可食用。

配料可制作 6 个邋遢乔汉堡。

1个邋遢乔汉堡的营养成分（包括馅料和汉堡坯）

能量 308 千卡、糖 49 克、蛋白质 15 克、脂肪 5 克、膳食纤维 10 克、铁 4.7 毫克、钙 163 毫克、锌 1.7 毫克。

素食辣酱汤

老实说，你需要的是一个超棒的可以根据季节调整的素食食谱。我在夏天做这道酱汤时，用大葱、新鲜的番茄、意大利白豆和较多的水，以及少许可可，可以的话再加点新鲜的玉米。秋天，我用南瓜泥、烤辣椒和黑豆做酱汤。冬天，我使用任何可以获得的蔬菜（如青椒、墨西哥胡椒和黑白斑豆）做酱汤。做酱汤时可以多加入一些辣椒或墨西哥胡椒来提高辣度。如果没有可可粉，便加入一茶匙糖来降低酸度。点缀大葱、切达干酪丝或一些酸奶油（可选）。搭配玉米面包、苏打饼干、切片新鲜水果，挤上青柠汁食用。

——D.埃内特·拉森－迈耶

配料

2 茶匙橄榄油或地中海调和油

3 根大葱或 1 个中等大小的洋葱，切碎

1 个青椒或红辣椒，切碎

1 ~ 2 个轻度烘烤的辣椒，切碎（可根据口味添加）

1 ~ 3 个新鲜的或冷冻的墨西哥辣椒或灯笼椒（冷冻的烘烤后使用），切碎（可选）

2 ~ 3 瓣大蒜，碾碎或切碎（可选）

15 盎司罐装番茄酱

15 盎司罐装的番茄碎或 2 杯新鲜的番茄碎

2 ~ 3 杯水（如果想让辣味稍淡些，可以多备些水）

2 罐 24 盎司的罐装豆类（黑豆、芸豆、斑豆或意大利白豆）

2 ~ 3 杯混合蔬菜，如玉米、胡萝卜片、西葫芦、南瓜泥、切成片的橄榄或仙人掌

2 ~ 3 茶匙小茴香

1 茶匙牛至

2 ~ 3 汤匙辣椒粉

1 ~ 2 汤匙可可粉

做法

1. 在一个大锅内放油，加入切碎的洋葱或大葱、青椒或红辣椒、墨西哥辣椒或灯笼椒，翻炒至变软（5 ~ 6 分钟）。如果用的是大葱，只保留可用的绿色部分。加入一半大蒜碎，炒至出现咝咝声后再翻炒几秒钟。

2. 加入番茄酱、番茄碎、混合蔬菜、豆类和调料（小茴香、牛至、辣椒粉、可可粉）搅拌。加水，盖上锅盖煨 25 ~ 45 分钟。在出锅前几分钟，加入剩余的大蒜碎，使大蒜的味道充分发挥。（如果你不喜欢大蒜的味道，可以省略这一步）以少量酸奶或低脂酸奶油、大葱或切达奶酪点缀。

辣酱汤搭配水果或蔬菜沙拉、面包或咸饼干，组成完整的一餐。

配料可制作 6 大碗。

每碗辣酱汤营养成分

能量 404 千卡、糖 63 克、蛋白质 24 克、脂肪 5.9 克、膳食纤维 21 克、铁 6.7 毫克、钙 143 毫克、锌 2.0 毫克。

蔬菜通心粉汤

这个食谱是根据利兹·阿普尔盖特祖母的食谱修改的。它特别灵活，可以容纳你菜园、冰箱或冰柜里的任何东西。谢谢利兹，但我们不会添加肉类。这个修改版是我女儿琳赛的挚爱之一。它也是吸收良好的钙的重要来源。如果需要的话，可以搭配面包和沙拉（然而，我们每次都喝很多汤，就忽略了沙拉）。

——D. 埃内特·拉森－迈耶

配料

1 汤匙橄榄油

1 个大洋葱，切碎

5 根芹菜，切成薄片

3 瓣大蒜，切碎

2 片月桂叶

10 杯水

1 ~ 2 茶匙碘盐

450 毫升罐装番茄酱或 2 杯新鲜番茄酱

3 罐 450 毫升的罐装豆类（芸豆、鹰嘴豆、意大利白豆、黄油和青豆的混合物）

3 杯时令混合蔬菜或冷冻混合蔬菜（如胡萝卜、土豆、玉米、西葫芦、秋葵），切段（1 厘米或更短些）

1/2 杯 TVP（可选）

2 杯新鲜的或冷冻的甘蓝，切成 1 厘米长的条状

2 杯小颗粒的意大利面

3 汤匙熟香蒜沙司

帕尔玛奶酪或阿齐亚戈奶酪，新鲜磨碎（可选，不包含在营养成分表中）

做法

1. 在大汤锅里加入橄榄油，将洋葱、大蒜和芹菜放入锅中翻炒。

2. 加入水、盐、月桂叶、番茄酱、豆类、混合蔬菜和 TVP，小火煨 15 ~ 20 分钟，直到所有蔬菜都变软。

3. 加入意大利面和甘蓝，再炖 10 ~ 15 分钟。加入香蒜沙司搅拌。如果需要稍硬的口感，可以单独煮意大利面，最后和香蒜沙司一同加入并搅拌。

4. 如果需要，可以点缀帕尔玛奶酪或阿齐亚戈奶酪。

配料可制作 6 大碗或 8 小碗。

每一大碗的营养成分

能量 421 千卡、糖 65g、蛋白质 21 克、脂肪 10 克、膳食纤维 19 克、铁 5.5 毫克、钙 244 毫克、锌 2.4 毫克。

坚果豆腐脆配面条

这是我家最受欢迎的食物之一。搭配大量热气腾腾的蒸青菜（如甜菜、小白菜、大白菜）和苏打水或一杯白葡萄酒。无论是否包含富含钙的绿色蔬菜，这份食物都是极好的钙来源。

——D. 埃内特·拉森 – 迈耶

配料

1/4 杯米醋或香醋

1 汤匙酱油

1 汤匙天然花生酱

2 瓣大蒜，切碎

1 根大葱，细细切碎

1 茶匙亚洲辣椒酱

1 汤匙水

1 茶匙糖

16 盎司装超韧豆腐，水平切成两半，按压去除多余的水分

1 汤匙花生，切碎

1 茶匙花生油或菜籽油

12 盎司细意大利面（普通或全麦），切成两半。

做法

1. 用叉子将前 8 种原材料混合，制成腌料。

2. 将压制好的豆腐沿对角线斜切两次。将切好的豆腐块放入腌料中，每面至少腌制 15 分钟。

3. 根据面条的包装说明煮好面条。

4.将腌制好的豆腐放入花生碎中，让花生碎沾满其中的一面。往不粘锅里加1茶匙花生油，加热。将豆腐放入锅中，沾满花生碎的一面朝下，煎至金黄色（约1分30秒），再煎另一面。

5.将剩下的腌料放在炉子上或微波炉里加热，倒在热面条上。

将面条分成四等份，摆上坚果豆腐脆，即可食用。

配料可制作4份。

每份营养成分

能量338千卡、糖36克、蛋白质30克、脂肪12.5克、膳食纤维3.9克、铁3.7毫克、钙238毫克、锌0.8毫克。

迈克的蔬菜和炸豆腐

这是我丈夫多年来不断完善的食谱。老实说，我从来没有做过，这给了我一个晚上不做饭的借口。他用胡萝卜、西蓝花、辣椒、白菜、豌豆和青豆的混合物，搭配糙米饭或白米饭做成一餐，非常适合再来一杯白葡萄酒或苏打水，再来一勺水果冰沙作为甜点。

——D.埃内特·拉森－迈耶

配料

1汤匙玉米淀粉

2½杯水

1茶匙蔬菜汤块

1汤匙姜泥（或新鲜切碎的生姜）

1汤匙柠檬草酱（或新鲜切碎的嫩柠檬草）

2汤匙酱油

3瓣大蒜

1茶匙辣椒酱

2～3个泰国辣椒或1个灯笼椒（可选），碾碎，用于调味

3汤匙菜籽油或地中海调和油

1 个红色甜椒、橙色甜椒或黄色甜椒，切成薄片

1 个青椒，切成薄片

6 ~ 7 根小胡萝卜或 3 ~ 4 根大胡萝卜，切成薄片

2 个小西蓝花或 1 个大西蓝花，掰成小朵（小西蓝花更容易处理）

1 杯其他蔬菜，如豌豆、切片西葫芦或青豆

2 杯绿色蔬菜，如小白菜、瑞士甜菜、卷心菜，切成细丝

2 包超韧豆腐，切成丁

2 茶匙芝麻油

1 杯烤腰果

做法

1. 在大玻璃杯中将水和玉米淀粉慢慢混合，避免结块。加入蔬菜汤块、姜、柠檬草、酱油、大蒜、辣椒酱和辣椒，搅拌均匀。倒入平盘，静置备用。

2. 在大平底锅或炒锅内加入 1 汤匙油，加热。先放入甜椒、青椒和胡萝卜，然后以几分钟为间隔分批加入蔬菜，注意不要将西蓝花、青菜和豌豆炒过头。将蔬菜炒至变软，倒出来放在一边备用。

3. 在锅里加入 2 汤匙菜籽油或地中海调和油。加热至发出咝咝声时，加入豆腐，用中火将豆腐煎至金黄色。如果使用平底锅，可以停止搅拌，直到豆腐朝下的一面变成金黄色。

4. 关火，将玻璃杯中的液体混合物加入豆腐中，静置 10 分钟左右。这将使酱汁变稠，并让金黄色的豆腐块从锅底脱落。

5. 加入提前炒好的蔬菜，搅拌，小火加热。拌入芝麻油。

6. 盛在糙米饭或白米饭上，以腰果点缀。

配料可制作 6 份。

每份营养成分（括号外为炒菜的营养成分，括号内为 1 杯白米饭的营养成分）

热量 387 千卡（581 千卡）、糖 20.8 克（62 克）、蛋白质 19.8 克（21.4克）、脂肪 25.9 克（26.4 克）、膳食纤维 5.3 克（6.7 克）、铁 4.5 毫克

（7.3毫克）、钙304毫克（334毫克）、锌1.6毫克（2.2毫克）。

不能被打败的罗宋汤

这份罗宋汤里有巧克力哦！甜菜是植物营养素甜菜苷和仙人掌黄素的独特来源，可能有助于身体恢复，巧克力是抗氧化剂和微量营养素的极佳来源，因此这是一份强大的助恢复食物。这个食谱源于我的朋友和烹饪天才约书亚·普勒格。

——马特·鲁希尼奥

配料

8杯蔬菜汤（或8杯水与1个或2个蔬菜汤块）

1～1½茶匙盐

2杯土豆，切碎

5杯甜菜，切碎

1/2杯红洋葱，切碎

1/2杯胡萝卜，切碎

2瓣大蒜，切碎

1茶匙莳萝

1/2茶匙辣椒粉

1/2茶匙藏茴香或孜然籽，碾碎

1/3杯生可可粉或1/2根黑巧克力棒

3汤匙柠檬汁

做法

1. 将除可可粉和柠檬汁以外的所有食材放入大汤锅中煮沸。
2. 将火调小，慢煨20分钟。
3. 加入可可粉，再煮20分钟，煮的过程中不停搅拌。
4. 加入柠檬汁，关火。

配料可制作8份。

每份营养成分

能量 86 千卡、糖 20 克、蛋白质 3 克、脂肪 1 克、膳食纤维 5 克、铁 2 毫克、钙 40 毫克、锌 1 毫克。

黑豆香菜千层面

好吧，这个面从操作上来说不算快，但它是我们家庭聚会时最受欢迎的食物之一。多年来，我和我的女儿玛莲娜一起做这道菜是个保留项目。我准备食材，她来主理千层面。在我的女儿琳赛从她的饮食中去掉乳制品后，我们开始给她单独做一份没有奶酪的小千层面，她告诉我们没有奶酪也一样好吃。可以搭配绿色蔬菜沙拉和硬面包。

——D. 埃内特·拉森－迈耶

配料

2 个 28 盎司的罐装番茄碎，或 7 杯新鲜的烘烤番茄碎（烘烤后切碎）

2 瓣大蒜，碾碎或切碎

1 杯密封包装的新鲜香菜

10 根干燥的宽意大利面

3 罐 15 盎司的罐装黑豆，沥干并漂洗，或 6 杯新鲜煮熟的干豆子（最好采用新鲜黑豆，咸度更低）

2 茶匙磨碎的孜然籽

1 茶匙辣椒粉

1 盒 15 盎司的纸盒包装的部分脱脂乳清干酪，或 8 盎司装的纯素食奶油干酪

1 块 16 盎司的韧豆腐

4 盎司胡椒杰克奶酪或腰果胡椒奶酪（可选）

做法

1. 将番茄碎、香菜和大蒜放入搅拌机或食品加工机中搅拌成糊（可以分批进行）。

2. 根据宽面条的包装说明煮面条（如果想要更硬的面条，煮制时间比说明上的时间少 2 分钟左右）。将面条沥干，然后立即浸入冷水中，取出后吸干水分。

3. 取一个大碗，将豆子、孜然籽和辣椒粉混合，用土豆捣碎器或大勺子的背面捣碎，根据需要加入 1/4 ~ 1/2 杯步骤 1 中打好的糊状物搅拌。

4. 另取一个碗，放入乳清干酪（可选）、豆腐和一半胡椒杰克奶酪，混合均匀。

5. 将 5 根宽面条放在一个涂有少量油的 9 英寸 × 13 英寸烤盘上。将一半步骤 3 中捣碎的豆子、乳清干酪和番茄酱混合物铺在面条上。重复叠加剩下的面条、豆子、乳清干酪、豆腐和酱汁。最后撒上奶酪。如果提前做好，将烤盘盖上盖子，冷藏放置到第二天。

6. 烤盘敞口，在 190℃ 下烘烤，直到表面变成棕色，烤盘周围冒泡（大约 40 分钟，如果是从冷藏室中拿出，则需要 45 ~ 50 分钟）。上菜前静置 10 分钟。

配料可制作 8 份。

每份营养成分

能量 431 千卡、糖 49 克、蛋白质 30 克、脂肪 12.5 克、膳食纤维 14.5 克、铁 7 毫克、钙 486 毫克、锌 2 毫克。

平均豆汉堡

豆子做的汉堡？就是豆子做的汉堡！豆子真的很神奇，可以有很多种食用方法。这些自制汉堡比买现成的汉堡便宜得多，而且同样好吃，甚至更好吃。

——马特·鲁希尼奥

配料

1 茶匙橄榄油或你喜欢的油
1 罐芸豆、黑豆或其他豆类，漂洗并沥干

1/2 杯煮熟的糙米

1/2 杯燕麦片

2 汤匙莎莎酱、番茄酱或烧烤酱

1 茶匙大蒜粉

1/4 茶匙盐

1 茶匙孜然粉

1 茶匙辣椒粉或智利辣椒粉与 1 汤匙磨碎的亚麻子混合（可选）

做法

1. 将所有原料放入一个大碗中，用土豆捣碎器或叉子捣碎，搅拌至黏稠。

2. 将黏稠的豆子混合物揉成团，把豆面团分成 2 个或 3 个豆面饼。

3. 中高火加热不粘锅，并加入油。

4. 油热后放入豆面饼，不时翻面，直到两面都煎至金黄色（大约需要 10 分钟）。

5. 与其他汉堡一样，佐以全麦面包，搭配生菜、番茄、洋葱、泡菜和墨西哥辣椒食用。

可以把它们冷冻起来，留着以后吃！成型后，用烘焙纸分别包裹面饼。再次食用时，只需和冷冻馅饼一样煎熟，小心不要让它们粘在一起。

配料可制作 3 个汉堡。

变化

可以在面团中加入牛至或常见的意大利香料，团成丸子做熟后食用。

每个汉堡的营养成分

能量 255 千卡、糖 43 克、蛋白质 12 克、脂肪 5 克、膳食纤维 10 克、铁 4 毫克、钙 81 毫克、锌 1 毫克。

豆腐塔可

对素食主义最常见的批评之一是，如果不喝牛奶就不能获得足够的钙，豆腐塔可这个食谱证明你可以从一餐中获得足够的钙。众所周知，羽衣甘蓝和绿叶蔬菜富含钙。由于特殊的加工过程，玉米饼和豆腐的钙含量也很高。玉米饼的面糊是用石灰水（氢氧化钙）处理的，石灰水可以增加生物可利用的钙的含量，并增强人体对 B 族维生素和氨基酸的吸收。制作豆腐需要一种凝结剂，最常用的是硫酸钙，也是一种生物可利用的钙的来源。检查你最喜欢的品牌食品的包装，看其中是否含有这些成分。

——马特·鲁希尼奥

配料

1 汤匙橄榄油

1/2 个洋葱，切碎

4 瓣大蒜，碾碎

1 个甜椒，切碎

4 杯羽衣甘蓝或绿甘蓝，切碎（如果只使用茎，需单独处理）

1 块 14 盎司的韧豆腐

1 茶匙姜黄

1 茶匙黑胡椒

辣椒酱，调味用

1 个西葫芦，切碎

1/2 杯红卷心菜，切碎

1 杯蘑菇，切片

1 汤匙玉米淀粉

1/4 杯水

1 茶匙黑色喜马拉雅盐（或普通盐），调味用

1/4 杯营养酵母（可选）

1/2 杯莎莎酱

1 个牛油果，切片

8 个玉米饼

做法

1. 取一个大煎锅，中火加热，并加入油。

2. 让油温热 1 分钟，将洋葱和大蒜倒入锅中，翻炒 2 分钟。

3. 将甜椒、卷心菜和甘蓝菜茎倒入锅中，翻炒 2 分钟。

4. 将炒好的配料拨至锅的外缘，空出锅的中间部分。

5. 将豆腐分 4 次放在锅中空出的部分，用木勺碾碎。根据需要翻动，避免豆腐粘锅。加入姜黄、黑胡椒和辣椒酱。豆腐彻底加热后，与旁边的配料混合，翻炒 5 分钟。

6. 加入甘蓝菜叶、西葫芦和蘑菇，继续炒 3 分钟或炒至蔬菜变软，根据需要搅拌。

7. 将玉米淀粉和水倒入小盘中，混合均匀，倒入锅中，搅拌至锅中菜品完全吸收。加入黑色喜马拉雅盐和营养酵母，搅拌，关火。

8. 趁热搭配热玉米饼食用，佐以莎莎酱和牛油果切片。

配料可以制作 4 份。

变化

在每个塔可中加入几片芝麻菜叶，也就是火箭莴苣，以摄入更多绿叶蔬菜！

每份营养成分

能量 209 千卡、糖 25 克、蛋白质 13 克、脂肪 9 克、膳食纤维 13 克、铁 3 毫克、钙 192 毫克、锌 3 毫克。

"金枪鱼"沙拉酱

鹰嘴豆"金枪鱼"是广受欢迎的鹰嘴豆酱改进版。海藻让它拥有你可能喜欢的海洋的味道，而芹菜和胡萝卜让它拥有美妙而清脆的口感。

它可用来做三明治酱，或者放在沙拉上做加餐。

——马特·鲁希尼奥

配料

1 罐 15 盎司的鹰嘴豆，沥干

2 汤匙素食蛋黄酱

1 茶匙盐

1 片海藻（如紫菜）

2 根芹菜，切碎

2 根胡萝卜，切碎

1/4 个小红洋葱，切碎

1 根酸黄瓜，切碎

适量泡菜汤

做法

1. 取一个中等大小的沙拉碗，用土豆捣碎器或叉子将鹰嘴豆、蛋黄酱和盐捣碎并搅拌。

2. 将切碎的蔬菜加入鹰嘴豆泥中，搅拌均匀。

3. 根据需要添加泡菜汤，以达到所需浓度。

配料可以制作 3 份。

每份营养成分

能量 256 千卡、糖 38 克、蛋白质 11 克、脂肪 7 克、膳食纤维 11 克、铁 2 毫克、钙 99 毫克、锌 1 毫克。

尤金的甘蓝沙拉

尤金是我创办的美食课的学生，事实证明他是一个很棒的学生。他也是一个素食者。他分享了这个甘蓝沙拉食谱，认为我可能会喜欢它。我按照自己的喜好对它做了一点修改，但是我每次做它的时候（夏天和秋天几乎每周一次）都会情不自禁地想起尤金。如果喜欢低脂，可以把橄榄油减半。

——D. 埃内特·拉森－迈耶

配料

1 棵新鲜甘蓝（约 500 克）

1/2 ~ 1 茶匙碘盐

1/3 杯橄榄油

1 个柠檬（榨汁，约 3 汤匙）或等量水果浸泡的白香醋

1/2 个红洋葱，切碎

1/2 杯苹果或葡萄，或 1/4 杯蔓越莓干、杏干或黑醋栗干，切碎

2 汤匙帕尔玛奶酪（可选）

1/4 杯南瓜子或烤杏仁切片

酥面包丁（可选）

做法

1. 将甘蓝洗净，去除硬茎，切成小块。撒上盐，静置 20 ~ 30 分钟。放入沙拉碗里，用手指按揉几分钟。甘蓝会变软，颜色变成稍浅的绿色。

2. 同时，将橄榄油、柠檬汁或醋放入食物料理机中，搅打成糊，继续搅打至糊变得光滑并乳化。或者放在玻璃碗里，用叉子快速搅拌。

3. 将搅打好的酱汁与洋葱碎、水果碎、奶酪、南瓜子或杏仁拌入甘蓝调味即可。

与酥面包丁一起端上桌。酥面包丁可选市售的或者自己制作（将过夜的面包切成丁，淋上橄榄油，在 190 ℃下烘烤 10 ~ 15 分钟）。

配料可制作 6 份。

每份营养成分

能量 188 千卡、糖 11 克、蛋白质 4.6 克、脂肪 14.8 克、膳食纤维 6.9 克、铁 1.4 毫克、钙 147 毫克、锌 0.7 毫克。

配菜和其他

田园手抓饭配烤坚果

这是一个做法简单而灵活的菜品，富含糖，可以根据你的口味或利用你在菜园、冰箱或冰柜中找到的食材来制作。如果没有野生稻米，那就用其他的大米或者传统谷物来试试。然而，我家的明尼苏达州人偏爱野生稻米。我们最爱的食物包括加入甜椒、豌豆、胡萝卜和青豆的经典手抓饭，青椒蘑菇配烤杏仁手抓饭，墨西哥米饭配辣椒、番茄、菠菜和黑豆。搭配新鲜的绿色蔬菜沙拉和气泡果汁（果汁和气泡水的混合物）一起食用。

——D. 埃内特·拉森－迈耶

配料

1 汤匙橄榄油

1 个洋葱，切碎

2 个灯笼椒或大辣椒，切碎

3 ~ 4 瓣大蒜，切碎

1 个墨西哥辣椒或 1/2 个卡宴辣椒，切碎（可选）

1 杯野生稻米

8 杯水

2 茶匙植物碱

1 茶匙碘盐

1½ 杯糙米、藜麦或其他谷物（根据需要添加水）

3 ~ 4 杯新鲜蔬菜，如胡萝卜、菠菜、瑞士甜菜、什锦蘑菇、芹菜和番茄（切碎）

2 杯煮熟的豆子，如鹰嘴豆、日本青豆、菜豆或黑豆

2 汤匙番茄酱（与某些大米组合时可选）

1 杯烤杏仁切片、核桃或松子（可选）

1 茶匙烤芝麻油（可选）

做法

1. 取一个大煎锅，倒入油，油热后加入洋葱、大辣椒和大蒜翻炒。

2. 加入水、盐、植物碱，放入野生稻米，盖上锅盖，中火煨 30 分钟。

3. 加入除坚果以外的其他食材，再盖上锅盖煨煮 40 分钟，或者直到所有谷物都变软。必要时加水。也可不盖锅盖敞口烹煮，以去除多余的水分。出锅前可淋 1 茶匙烤芝麻油。

4. 最后在饭上面点缀杏仁片、核桃或松子。

配料可以制作 6 份。

每份营养成分

能量 478 千卡、糖 78 克、蛋白质 15.7 克、脂肪 10.9 克、膳食纤维 11.5 克、铁 2.9 毫克、钙 114 毫克、锌 3.6 毫克。

马特·鲁希尼奥的食谱笔记

如果说这些年我在食品和营养工作中学到了什么，那就是意识到了我们都有自己的烹饪风格。有人选了几份食谱，买了各种食材，然后严格按照说明去做。这是一种探索新烹饪方法的有效措施，因为你知道自己喜欢什么和不喜欢什么。烹饪书的作者创造了自己独特的风味体系，并以他们认为的最好的方式传递给读者。但严格遵循食谱步骤并不适合所有人。你可能已经找到了自己的方向：严格按照规定流程去做；或者浏览一下，然后以自己的方式去做。我属于后者，我的食谱也反映了这一点，我的食谱有很多变化，目的是引导你们按照自己的风格和口味制作适合自己的食物。

香蒜沙司

当我菜园里的罗勒成熟时，我会收获一大批，用来搭配意大利面。我把余下的罗勒叶放在冰块模具里冷冻，成型后取出来，装进塑料袋里，放进冰箱冷冻保存，在冬天和春天的时候用来做汤和其他菜肴。

——D. 埃内特·拉森－迈耶

配料

3 杯包装好的新鲜罗勒叶（或罗勒、新鲜欧芹和菠菜的混合物）

3 ~ 4 瓣大蒜

1/3 杯松子、核桃碎或杏仁，稍微烘烤

1/3 杯橄榄油

1/3 杯磨碎的帕尔玛奶酪或阿齐亚戈奶酪（传统版），或 1/4 杯营养酵母加上 1½ 汤匙柠檬汁（纯素食版）

1/4 茶匙盐

1/8 茶匙辣椒（可选）

做法

1. 将罗勒叶（连同欧芹和菠菜）和大蒜放入搅拌机或食品料理机中粉碎。

2. 加入坚果，继续搅拌，直到坚果和罗勒叶都被粉碎。

3. 保持机器运转，淋上橄榄油，直到混合物变成细腻的糊状物。

4. 倒入碗中，加入帕尔玛奶酪或营养酵母搅拌。可用盐和辣椒调味。

5. 趁热盛在意大利面上（每份面配 2 ~ 3 汤匙的香蒜沙司），或者作为汤和沙拉的调料。将余下的香蒜沙司冷冻在冰块模具中，成型后装在塑料袋里冷冻保存，以备日后使用。

配料可制作约 1½ 杯或 24 汤匙。

每汤匙营养成分

能量 44 千卡、糖 1 克、蛋白质 1 克、脂肪 4.3 克、膳食纤维约 0.5 克、铁 0.3 毫克、钙 19 毫克（纯素食版含 10 毫克）、锌 0.1 毫克。

"不可思议的土豆"奶酪酱

用土豆和胡萝卜做成的丝滑的酱汁？是的。这种味道鲜美的调味汁非常适合搭配全麦意大利面，或淋在蒸蔬菜上，或者作为新鲜蔬菜的蘸料。不削土豆皮有几个好处：抗氧化成分和营养含量更高，并且节省时间。胡萝卜也是如此。

——马特·鲁希尼奥

配料

4 个中等大小的白土豆，每个切 4 等份

2 根胡萝卜，切碎

1 个小白洋葱，切碎

1/2 杯生腰果，浸泡 2 小时或一夜，若未浸泡，可使用高速搅拌机打碎

2 茶匙海盐

2 ~ 3 瓣大蒜，切碎

1 茶匙芥末（如第戎芥末）

1 个柠檬，榨汁（约 4 汤匙）

1 茶匙黑胡椒

1 茶匙辣椒粉或辣酱（可选）

足量水

1/4 杯营养酵母

做法

1. 在炖锅里加入土豆、胡萝卜、洋葱，倒入可以浸没食材的水，盖上锅盖，煮沸。

2. 焖煮约 15 分钟，或直到土豆变软，可根据需要加水。

3. 加入剩余的食材，搅拌均匀。出锅后倒入搅拌机，加适量水，再

加入营养酵母，搅打至丝滑即可。

配料可以制作 4 份。

变化

• 酱汁打好后，加入 1 罐黏稠的莎莎酱，搅拌均匀，浇在墨西哥风味的菜肴上或夹在墨西哥卷饼里。

• 将煮熟的意大利面装在烘焙盘中，浇上酱汁制作成奶酪通心粉，撒上面包屑。

• 可以用速食锅快速烹饪。加入所有食材煮 5 分钟，然后搅拌。

每份营养成分

能量 318 千卡、糖 51 克、蛋白质 16 克、脂肪 9 克、膳食纤维 11 克、铁 2 毫克、钙 50 毫克、锌 5 毫克。

完美花生酱

配料

1/2 杯花生酱

1/2 杯蔬菜汤或水

1 ~ 2 汤匙酱油

2 茶匙米醋（或其他温和的醋）

1 汤匙甜味剂（龙舌兰、枫糖浆或粗糖）

2 ~ 4 瓣大蒜或 1 茶匙蒜粉

1 汤匙大小的新鲜生姜或 1 茶匙姜粉

适量沙茶酱或者其他辣酱（可选）

做法

1. 将除蔬菜汤或水之外的配料全部加入搅拌机，搅打至丝滑。加入蔬菜汤或水，调到需要的浓度。

2. 倒在炒好的蔬菜、豆腐或面条上。

配料可以制作 4 份。

变化

如果时间很紧，或者实话实说——你不想清洗搅拌机，你可以直接在烹煮蔬菜的锅里做酱汁。我先在锅的一边做了一些，不断搅拌的同时加入其他配料，这样就不会粘锅了。如果你吃新鲜的大蒜和生姜，就先将它们放入锅中，否则就先将花生酱和蔬菜汤放入锅中，然后将其余的配料加入搅拌。

——D. 埃内特·拉森－迈耶

每份营养成分

能量 216 千卡、糖 12 克、蛋白质 8 克、脂肪 17 克、膳食纤维 2 克、铁 1 毫克、钙 23 毫克、锌 1 毫克。

白豆抹酱

我喜欢鹰嘴豆泥，但它对豆酱的垄断该结束了。一旦你做了这款白豆抹酱，并把它加入食谱，你将会在所有食物中加入它。加入卷饼、意大利面里食用？为什么不可以？打开冰箱直接用勺子挖着吃？也行，但是你可能应该离开冰箱并关上门，因为你肯定不会只吃一勺的。

——马特·鲁希尼奥

配料

2 罐 15 盎司装的白豆，漂洗并沥干

1 束新鲜香草（或 1 茶匙干香草，如罗勒、百里香或莳萝）

适量盐

适量黑胡椒

1 个小红洋葱，切碎

1/2 个柠檬，榨汁

2 汤匙营养酵母（可选）

做法

1. 取一个中等大小的碗，倒入豆子、柠檬汁、香草、盐、黑胡椒和营养酵母，搅拌。用叉子的背面捣碎混合物。

2. 在混合物中加入红洋葱。

配料可以制作 8 份。

变化

• 用孜然和牛至做黑豆抹酱。

• 用马郁兰或 1/2 茶匙烟熏液制作秘鲁豆或加纳利豆抹酱。

每份营养成分

能量 137 千卡、糖 25 克、蛋白质 10 克、脂肪 0 克、膳食纤维 6 克、铁 4 毫克、钙 91 毫克、锌 2 毫克。

基米藜麦

这道菜品的配料很少，但不要低估它，因为它是一种营养丰富、做法简单、可快速烹饪的菜式。青豌豆可以作为蔬菜食用，但严格来说它是一种豆类，富含膳食纤维、蛋白质和植物化学物质。红卷心菜的独特之处在于它含有两种有益的植物化学物质——多酚和芥子油苷。我喜欢这道菜，因为这些配料保质期较长。我通常在厨房食材短缺的时候做这道菜，准备好配料并储存在冰箱里。配料中的藜麦可以添加到沙拉中，或与豆类一起作为主食里的谷物，也可以添加到罐装汤中凑成一顿完整的饭，或者直接与营养酵母和辣酱一起食用。

——马特·鲁希尼奥

配料

2 杯藜麦

3 杯水或汤

1 杯冷冻的豌豆

1 杯红卷心菜，切碎

适量盐

做法

1. 冲洗藜麦。

2. 将所有配料倒入中等大小的锅中。

3. 煮沸。

4. 调至低火，煨 15 分钟；或参照藜麦的包装说明进行烹煮。

配料可以制作 8 份。

变化

用速食锅做会很方便，将所有配料混合，在高温下煮 5 分钟即可。

每份营养成分

能量 100 千卡、糖 18 克、蛋白质 4 克、脂肪 1 克、膳食纤维 3 克、铁 1 毫克、钙 24 毫克、锌 1 毫克。

凤仙花草莓调味酱汁

调味汁非常有用，甜水果和醋的搭配可能会让你吃下更多的沙拉。享受自己在家做沙拉酱的新生活吧！当我有新鲜的浆果需要尽快处理时，就会做这个酱汁。当然也可以用冷冻浆果，但是酱汁的质地会稍微改变。这个调味酱汁可以在冰箱里保存多日。

——马特·鲁希尼奥

配料

1 杯新鲜的树莓或草莓

2 汤匙覆盆子果醋或其他果醋

1 汤匙普通香醋或金色香醋

2 汤匙水

2 茶匙液体甜味剂

2 茶匙第戎芥末

鲜磨胡椒粉（用于调味）

做法

将所有配料一起放入食品料理机中充分搅打混合即成。

配料可以制作 5 份。

每份营养成分

能量 22 千卡、糖 5 克、蛋白质 0.5 克、脂肪 0 克、膳食纤维 1 克、铁 0 毫克、钙 8 毫克、锌 0 毫克。

生姜芝麻酱

这份调味酱可用于沙拉和热食。芝麻酱丰富了食物的味道和质地，还很容易根据能量需求调整用量。如果没有搅拌机，你可以将姜和蒜磨碎或切成小块。

——马特·鲁希尼奥

配料

2 汤匙芝麻酱

2 瓣蒜

1 汤匙生姜

1/2 ～ 1 个柠檬，榨汁

2 汤匙营养酵母

1 汤匙酱油

适量水

做法

1. 姜、蒜剁碎。

2. 将所有配料放入搅拌机或小型食物料理机中。

3. 搅拌，使混合物变得丝滑，根据需要加水。

配料可以制作 2 份。

每份营养成分

能量 148 千卡、糖 11 克、蛋白质 11 克、脂肪 9 克、膳食纤维 6 克、铁 2 毫克、钙 73 毫克、锌 4 毫克。

烘焙食品

水果脆片

这个食谱适用于各种新鲜或冷冻的水果，如苹果、桃子、蓝莓、大黄和蔓越莓。我经常把做好的水果脆片放在一个容器里，冷藏保存，这样它就可以随时作为甜点或用来搭配松饼了。可以搭配一个香草冰激凌球或甜豆花，冷食热食均可。

——D. 埃内特·拉森 – 迈耶

配料

1 杯真空包装的红糖（或 3/4 杯其他甜味剂，如龙舌兰、蜂蜜或枫糖浆）

1 杯全麦或其他全谷物面粉

2 杯燕麦片

2 茶匙肉桂粉（可以根据水果种类添加少量肉豆蔻粉或生姜粉）

1/2 杯菜籽油或地中海调和油（也可用无盐黄油，但我很少使用黄油）

4 ～ 5 杯新鲜或冷冻水果

1 茶匙柠檬汁

1 茶匙磨碎的柠檬皮（可选）

1 ～ 6 汤匙粗糖（可选）

做法

1. 将烤箱预热至 177℃。在一个 9 英寸见方的烤盘上涂一层薄薄的油脂，放置待用。

2. 取一个小碗，倒入红糖、面粉、燕麦片和肉桂粉，用面团搅拌器或叉子搅拌，加入黄油，直到混合物变得松脆。

3. 把水果切碎放在烤盘里。对于不太甜的水果，如大黄和新鲜蔓越莓，可以加粗糖搅拌。（注意：对于大多数成熟的水果，不需要进行这一步加糖。）撒上柠檬皮并倒入柠檬汁。

4. 将步骤 2 中的混合物均匀撒在水果上。

5. 无盖烘烤 40 ～ 60 分钟，直到水果变软起泡。上菜前让其冷却 15 分钟左右。

配料可以制作 12 份。

每份营养成分

能量 275 千卡、糖 45 克、蛋白质 3.4 克、脂肪 11 克、膳食纤维 4.3 克、铁 1.2 毫克、钙 38 毫克、锌 0.3 毫克。

可可藜麦耐力棒

长时间地训练或锻炼后，一个自制的能量棒可以让你获得喜欢的味道，也可以在无聊时将它们当作零食食用，而且这也很省钱！这个食谱只是一个指南，坚果、水果和大多数其他配料都可以省略或改变。

——马特·鲁希尼奥

配料

1½ 杯生藜麦

1/2 杯杏仁碎或其他坚果碎

1/2 杯椰子干，磨碎或切碎

1/2 杯蔓越莓干

1/2 杯苹果干或其他果干，切碎

1/4 茶匙盐（依口味添加）

1/2 杯杏仁酱或花生酱

2 汤匙椰子油

1/4 杯液体甜味剂（如龙舌兰）

1/2 杯水果甜巧克力片或黑巧克力片

做法

1. 将烤箱预热至 177 ℃。

2. 将藜麦铺在饼干纸上，烘烤 7 ~ 8 分钟。

3. 取一个大碗，倒入藜麦、坚果碎、椰子干和果干搅拌。

4. 取一个平底锅，倒入除巧克力片以外的食材，用中火煨煮 2 分钟。

5. 将平底锅中的混合物倒在藜麦混合物上，搅拌，直到混合物将藜麦均匀包裹。

6. 加入巧克力片并搅拌。

7. 将混合物盛入涂有油脂的 9 英寸 ×13 英寸烤盘中，压平，烘烤 15 分钟。

8. 冷却后切成条，放入密封容器中保存。

配料可以制作 12 根。

每根营养成分

能量 300 千卡、糖 32 克、蛋白质 7 克、脂肪 17 克、膳食纤维 5 克、铁 2 毫克、钙 57 毫克、锌 1 毫克。

早餐或加餐

素食煎蛋卷

人们对素食兴趣的增加正在挑战传统食物的定义，煎蛋卷就是一个例子。本菜品烹饪时不使用鸡蛋，而是用鹰嘴豆粉包裹蔬菜，制作素食煎蛋卷。它类似于使用米粉制作的越南煎饼。

——马特·鲁希尼奥

配料

2 茶匙橄榄油

6 个小洋葱，切片

1/2 杯蘑菇，切片

1 个小辣椒，切碎

2 瓣大蒜，切碎

3/4 杯鹰嘴豆粉

1 茶匙姜黄

1 茶匙黄色咖喱粉

1/4 茶匙盐

1/2 杯无糖植物奶

做法

1. 煎锅中加入油，中火加热。

2. 油温热时，加入洋葱、蘑菇、辣椒和大蒜。

3. 在一个预拌碗中将鹰嘴豆粉和姜黄、咖喱粉、盐混合，加入植物奶搅拌，直到其质地类似面糊。

4. 锅中蔬菜变软后（大约 5 分钟），将豆粉糊倒在蔬菜上。

5. 用中火煎 6 ~ 8 分钟，直到边缘变成棕色。

6. 用锅铲翻转煎蛋卷。

7.继续煎 3 ~ 4 分钟，直到外层变成浅棕色，彻底熟透。

配料可以制作 2 份。

每份营养成分

能量 215 千卡、糖 27 克、蛋白质 10 克、脂肪 8 克、膳食纤维 7 克、铁 4 毫克、钙 181 毫克、锌 1 毫克。

隔夜燕麦

前一天晚上做好，第二天早上冲出家门时可以带上。它可以装在任何有盖子的容器里，也很适合用梅森罐（有金属盖子的螺口玻璃罐）来装。可以尝试不同的谷物和水果组合。

——D. 埃内特·拉森－迈耶

配料

1/3 杯传统燕麦

1 茶匙奇亚籽

1 汤匙甜味剂（如红糖或蜂蜜）

1/3 杯原味希腊酸奶

1/3 杯豆奶或其他植物奶

1 个柠檬、酸橙或小橙子，榨汁（1½ ~ 2 汤匙）

适量柠檬皮、酸橙皮或橘子皮

1 杯新鲜水果，如切片香蕉、猕猴桃、新鲜浆果或柑橘

1/4 杯坚果（如杏仁切片、山核桃片、碎核桃仁）

做法

1.将燕麦、奇亚籽和甜味剂混合装入有盖的梅森罐或其他容器中，然后加入植物奶、希腊酸奶、柠檬汁和橘子皮。

2.在最上面点缀新鲜水果，盖上盖子，冷藏过夜。

3.食用之前撒上坚果碎。（有些水果在食用前添加口感比较好，坚

果可以在制作时添加，但可能会变得不那么脆。）

配料可以制作 1 份。

每份营养成分

能量 566 千卡、糖 87 克、蛋白质 20 克、脂肪 19.5 克、膳食纤维 6.9 克、铁 3.1 毫克、钙 147 毫克、锌 1.2 毫克。

曲奇饼干早餐

这是多年前发表在我家乡的报纸上的一个有趣的食谱。和其他食谱一样，我对它做了一些修改。曲奇饼干可以 2 个或 3 个为一组冷冻起来，和新鲜水果或豆奶一起食用。

——D. 埃内特·拉森－迈耶

配料

1/3 杯全麸麦片

1/4 杯橙汁

1/4 根软化黄油或人造黄油，或 1/4 杯椰子油

1/4 杯菜籽油

1 杯果蔬泥（如苹果酱或南瓜泥）

1/4 杯砂糖

1 个鸡蛋（或纯素食鸡蛋替代品）

1/4 杯枫糖浆或蜂蜜

1½ 茶匙香草提取物

1 杯未漂白的面粉

1 茶匙发酵粉

1/2 茶匙小苏打

1/2 茶匙碘盐

1/3 杯脱脂奶粉

2 茶匙磨碎的橙子皮或柠檬皮

1 杯普通燕麦片

1 杯切碎的核桃仁（或其他坚果）

1 杯葡萄干、蔓越莓干或其他果干，切碎

做法

1. 将全麸麦片和橙汁放入一个小碗中，搅拌均匀，静置待用。

2. 另取一个碗，加入黄油、果蔬泥和砂糖，搅拌。加入鸡蛋，搅打至颜色变浅。加入蜂蜜或枫糖浆、香草和步骤 1 中的混合物。

3. 加入面粉、发酵粉、小苏打、盐、奶粉、橙子皮、燕麦片、核桃仁和葡萄干，混合在一起，搅拌成糊状。

4. 用平底勺将混合物放在抹了菜籽油的饼干纸上（边长约 2 英寸）。在 177 ℃下烤 10 ~ 12 分钟，或者烤至金黄色。

配料可制作 3 打（36 块）曲奇饼干。

每份（2 ~ 3 块）营养成分

能量 106 千卡、糖 16 克、蛋白质 2.3 克、脂肪 3.9 克、膳食纤维 1.2 克、铁 0.5 毫克、钙 31 毫克、锌 0.3 毫克。

带有水果脆片的全麦玛芬蛋糕

早餐我一直喜欢吃热乎乎的自制玛芬蛋糕，我的孩子们也非常喜欢。我还喜欢随着季节更换玛芬蛋糕的口味。这是我最喜欢的食物之一，因为它可以与其他食物灵活搭配，又十分好吃。

——D. 埃内特·拉森 – 迈耶

配料

2 杯未漂白的面粉

1½ 杯全麦面粉

1 杯红糖（包装）或砂糖

1 汤匙发酵粉

1½ 茶匙肉桂粉

1 茶匙肉豆蔻粉

1 茶匙碘盐

1½ 杯切碎或捣碎的水果或果蔬泥（如蓝莓泥、香蕉泥、苹果泥、西葫芦泥、大黄泥或者南瓜泥）

1 茶匙磨碎的柑橘皮（南瓜风味的玛芬蛋糕可省略）

2 个大鸡蛋（打发）

1 杯牛奶、豆奶或果汁（或三种液体组合）

2/3 杯菜籽油或地中海调和油

水果脆片配料（见水果脆片食谱）

1/2 杯切碎的坚果（可选）

做法

1. 将烤箱预热至 190℃。将玛芬蛋糕纸杯放入模具中。

2. 将两种面粉、糖、发酵粉、肉桂粉、肉豆蔻粉和盐混合在一起。

3. 取一个大碗，将水果或果蔬泥、柑橘皮和鸡蛋混合，加入液体（果汁、牛奶或豆奶）和油。

4. 将步骤 2 和步骤 3 中的混合物倒在一起，搅拌至黏稠。

5. 将面糊均匀地分装在玛芬蛋糕模具中，装入约 3/4。

6. 顶部撒上约 2 茶匙的水果脆片配料，加上切碎的坚果。焙烤 20 ～ 25 分钟，或烤至金黄色。将剩余的玛芬蛋糕半成品冷冻保存。

配料可以制作 24 个玛芬蛋糕。

1 个玛芬蛋糕的营养成分

能量 175 千卡、糖 26 克、蛋白质 3 克、脂肪 7.1 克、膳食纤维 1.4 克、铁 1 毫克、钙 71 毫克、锌 0.4 毫克。

附录

附录 A 体育活动的能量消耗

附表1 休息、各种锻炼方式和体育活动的大约能量消耗（高于休息值）

休息、锻炼方式和体育活动	不同体重的人的大约能量消耗／（千卡·分⁻¹）								
	45 千克	52 千克	59 千克	66 千克	73 千克	80 千克	86 千克	93 千克	100 千克
棒球（球员）	2.1	2.5	2.8	3.0	3.4	3.8	4.0	4.4	5.7
棒球（投手）	2.9	3.4	3.8	4.2	4.7	5.2	5.5	6.0	6.4
篮球（高强度训练或比赛）	5.5	6.4	7.2	8.0	8.9	9.8	10.6	11.5	12.3
自行车（15英里/时）	6.3	7.3	8.2	9.0	10.0	11.0	11.9	12.9	13.8
自行车（20英里/时）	9.7	11.2	12.6	14.0	15.5	17.0	18.4	19.9	21.3
健美操（低强度）	2.4	2.9	3.2	3.5	3.9	4.4	4.7	5.1	5.5
健美操（计时，高强度）	8.7	10.0	11.3	12.6	14.0	15.4	16.7	18.0	19.3
舞蹈（广场舞/迪斯科）	3.5	4.1	4.6	5.1	5.7	6.2	6.7	7.3	7.8
舞蹈（有氧，激烈的）	5.0	5.9	6.6	7.3	8.1	8.9	9.6	10.4	11.1
橄榄球（有碰撞，激烈的）	4.5	5.3	5.9	6.5	7.3	8.0	8.7	9.4	10.0
徒步（3英里/时，负重）	3.5	4.1	4.6	5.1	5.7	6.2	6.7	7.3	7.8
曲棍球（场地）	4.0	5.9	6.6	7.3	8.1	8.9	9.6	10.4	11.1
冰球（冰场）	5.6	6.5	7.4	8.2	9.1	10.0	10.8	11.8	12.6
武术（柔道/空手道）	7.5	8.7	9.7	10.8	12.0	13.2	14.3	15.5	16.6
登山	5.5	6.4	7.2	8.0	8.9	9.8	10.6	11.5	12.3
壁球	5.5	6.4	7.1	7.9	8.8	9.7	10.5	11.4	12.2
跑步（匀速，6英里/时）	6.2	7.3	8.2	9.1	10.1	11.1	11.9	13.0	14.0

续表

休息、锻炼方式和体育活动	不同体重的人的大约能量消耗／（千卡·分⁻¹）								
	45千克	52千克	59千克	66千克	73千克	80千克	86千克	93千克	100千克
跑步（匀速，7 英里／时）	7.5	8.7	9.7	10.8	12.0	13.2	14.3	15.5	16.6
跑步（匀速，8 英里／时）	8.7	10.1	11.3	12.6	14.0	15.4	16.6	18.0	19.3
跑步（匀速，9 英里／时）	9.8	11.3	12.7	14.2	15.7	17.3	18.7	20.2	21.7
跑步（匀速，10 英里／时）	11.1	12.8	14.4	16.1	17.8	19.6	21.2	22.8	24.5
跑步（匀速，11 英里／时）	12.3	14.2	16.0	17.9	19.8	21.7	23.5	25.5	27.3
跑步（匀速，12 英里／时）	13.5	15.6	17.6	19.6	21.7	23.9	25.9	28.0	30.0
滑冰（冰场，9 英里／时）	3.2	3.7	4.2	4.6	5.2	5.7	6.2	6.7	7.2
滑冰（冰道，13 英里／时）	8.5	9.8	11.1	12.4	13.7	15.1	16.2	17.5	18.8
滑雪（越野，5 英里／时）	6.7	7.7	8.7	9.6	10.7	11.6	12.8	13.8	14.8
滑雪（高山）	5.5	6.4	7.2	8.0	8.9	9.8	10.6	11.5	12.3
足球	4.9	5.8	6.5	7.2	8.0	8.8	9.5	10.3	11.0
仰泳（30 码／分）	2.5	3.0	3.3	3.6	4.0	4.5	4.8	5.2	5.4
仰泳（35 码／分）	3.5	4.1	4.6	5.1	5.7	6.2	6.7	7.3	7.6
仰泳（40 码／分）	4.5	5.3	5.9	6.5	7.3	8.0	8.7	9.4	9.8
蛙泳（30 码／分）	3.7	4.3	4.9	5.4	6.0	6.6	7.2	7.8	10.3
蛙泳（40 码／分）	5.3	6.2	7.0	7.8	8.6	9.5	10.3	11.1	11.9
自由泳（25 码／分）	3.0	3.5	3.9	4.3	4.8	5.3	5.7	6.2	6.4
自由泳（35 码／分）	3.8	4.5	5.1	5.5	6.2	6.8	7.3	7.9	8.2
自由泳（45 码／分）	4.7	5.5	6.2	6.9	7.7	8.4	9.1	9.9	10.3
自由泳（50 码／分）	6.0	7.0	7.9	8.8	9.7	10.7	11.6	12.5	13.0
网球（比赛）	5.4	6.3	7.1	7.9	8.8	9.7	10.5	11.4	12.2
排球（高强度训练或比赛）	5.5	6.4	7.1	7.9	8.8	9.7	10.5	11.4	12.2
步行、快走或跑步（4 英里／时）	3.2	3.7	4.2	4.6	5.2	5.7	6.2	6.7	7.2
步行、快走或跑步（5 英里／时）	4.4	5.2	5.8	6.4	7.1	7.8	8.5	9.2	9.8
步行、快走或跑步（5.8 英里／时）	6.7	7.7	8.7	9.6	10.7	11.8	12.8	13.8	14.8
负重训练	4.2	4.9	5.5	6.1	6.7	7.4	8.0	8.7	9.3
摔跤	8.5	8.7	9.7	10.8	12.0	13.2	14.3	15.5	16.6
静躺	1.0*	1.1*	1.3*	1.5*	1.6*	1.7*	1.9*	2.0*	2.2*
低强度站立工作	1.7	2.0	2.2	2.4	2.8	3.1	3.3	3.6	3.8

注：1. 表格改编自 M. Williams, E. Rawson, and D. Branch, Nutrition for Health, Fitness & Sport, 11th ed.（New York：McGraw-Hill, 2017）. 由 McGraw-Hill Companies 授权使用。

2. 表中数值是高于休息或静息能量消耗（REE）的近似值，因此可以与你每天的 REE 值相加，如第 2 章所述。为了获得这些值，从活动的总消耗中减去 REE*（指"静躺"一行所有带"*"的数值）以获得净活动消耗，即高于休息时的能量消耗。表中的值仅适用于参与活动时。例如，在 1 小时的篮球比赛中，你可能只全力打球 35 分钟或 40 分钟，因为你可能会在暂停和罚球时休息。一般来说，计算活动能量消耗时只记录你在活动中实际锻炼的时间。你也可以算上站立的时间，但不需要算坐着的时间。

3. 单位换算，1 英里 =1.6 千米，1 码 =0.9 米。

4. 能量消耗（以每分钟消耗的能量来表示）因特定个体的不同活动而异，具体取决于几个因素。例如，骑行的能量消耗会受到自行车的类型、上坡还是下坡以及风阻的影响。特定速度下游泳的能量消耗取决于游泳的效率，效率较低的运动员会消耗更多的能量。因此，此表格中的值是近似值，可能会随着影响特定体育活动项目的各种因素而增加或降低。

5. 表格未能涵盖所有体重，但你可以使用最接近的体重取近似值，或使用 2 个最接近的值之间的值来估算。

6. 不同性别的人的能量消耗可能会稍有不同，但大多数运动的总能量消耗值有显著的差异。

7. 表格无法涵盖所有体育活动和运动项目，更多信息请参阅表格的出处。

附录 B 食品指导系统

美国农业部营养政策与促进中心"我的餐盘"

英国"好食指南"

（英国卫生部联合威尔士政府、苏格兰政府和北爱尔兰食品标准局，ⓒ Crown copyright 2016）

加拿大"新餐盘"
（图片来自加拿大"新餐盘"：快照。版权归加拿大卫生部，经加拿大卫生部长许可改编和转载，2019 年）

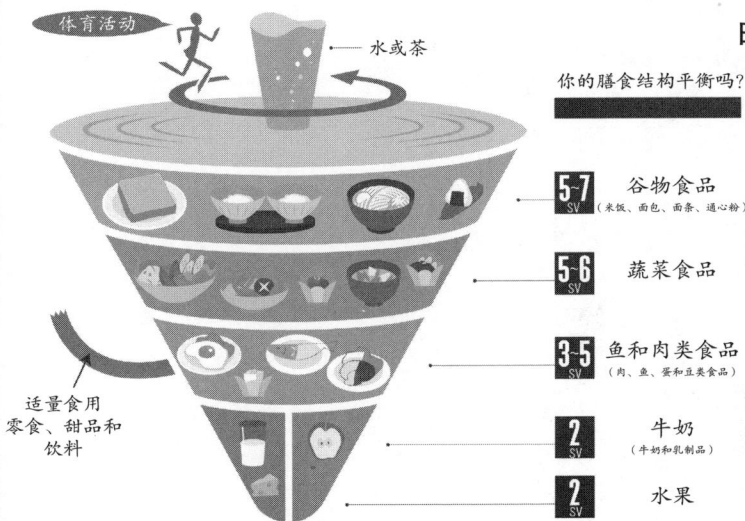

日本食物指南陀螺

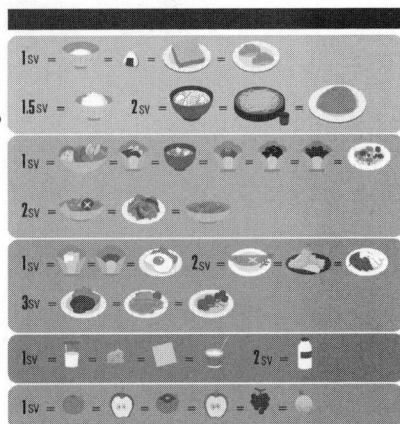

SV 为 serving 的缩写，表示每人每份食物的大概分量。由日本卫生、劳动和保障部及农业、林业和渔业部设计。

日本食物指南陀螺
（资料来源于日本农业、林业和渔业部网站，http://www.maff.go.jp/e/data/publish/）

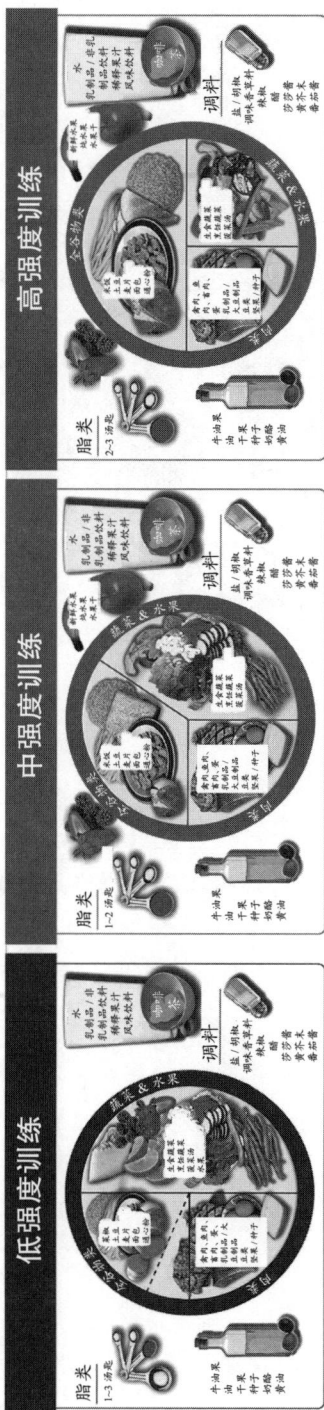

运动员餐盘（图片来源于 https://www.uccs.edu/swell/theathletesplate，经科罗拉多大学科罗拉多斯普林斯分校运动营养研究生项目南娜·迈耶许可使用）

附录 C 含有 FODMAP 的食物

附表 2 FODMAP 含量低的食物

水果	蔬菜	谷物食品	乳制品	其他
水果①	**蔬菜**	**谷物**	**牛奶**	**豆腐**
香蕉、蓝莓、博伊森莓、甜瓜、蔓越莓、榴梿、葡萄、葡萄柚、哈密瓜、猕猴桃、柠檬、酸橙、柑橘、西番莲、木瓜、覆盆子、草莓、橘柚（果干制品应少量食用）	紫花苜蓿、竹笋、豆苗、白菜、胡萝卜、芹菜、佛手瓜、菜心、菊苣、生姜、四季豆、莴苣、橄榄、防风草、土豆、南瓜、红辣椒（灯笼椒）、甜菜、菠菜、瑞典甘蓝、甘薯、芋头、番茄、卷心菜、山药、西葫芦	无麸质面包、其他谷物产品 **面包** 100%斯佩尔特黑麦面包 **大米** **燕麦** **杂粮粥** **其他** 竹芋、小米、车前子、藜麦、高粱、木薯	无乳糖牛奶①、燕麦奶①、米浆①、豆奶① **奶酪** 硬奶酪、布里干酪和卡门贝干酪 **酸奶** 无乳糖种类 **冰激凌替代品** 意大利胶凝冰糕、果汁冰糕 **黄油替代品** 橄榄油	**甜味剂** 糖②（蔗糖）、葡萄糖、不以"醇"结尾的人工甜味剂 **蜂蜜替代品** 金色糖浆②、枫糖浆②、糖蜜、糖浆
	调味香料 罗勒、辣椒、欧芹、生姜、柠檬草、马郁兰、薄荷、牛至、迷迭香、百里香			

注：①表示需检查是否有添加剂。
②表示少量食用。

附表 3 FODMAP 含量高的食物

过量果糖	乳糖	果聚糖	半乳聚糖	多元醇
水果 苹果、杧果、秋月梨、原汁水果罐头、西瓜 **甜味剂** 果糖、高果糖玉米糖浆 **大剂量果糖** 浓缩的水果原料、大份水果、水果干、果汁 **蜂蜜** 玉米糖浆、瑞萨蜂蜜	**牛奶** 牛奶、山羊奶或绵羊奶、奶油冻冰激凌、酸奶 **奶酪** 未成熟的软奶酪（如农家干酪、奶油、马斯卡彭奶酪、意大利乳清奶酪）	**蔬菜** 洋芋、芦笋、甜菜根、西蓝花、抱子甘蓝、卷心菜、茄子、茴香、大蒜、韭菜、秋葵、洋葱、大葱、小洋葱 **谷物** 大量的小麦和黑麦（如面包、苏打饼干、曲奇饼干、粗麦粉、意大利面） **水果** 番荔枝、柿子、西瓜 **其他** 菊苣、蒲公英、菊粉、开心果	**豆类** 烤豆、鹰嘴豆、芸豆、扁豆、大豆	**水果** 苹果、杏、牛油果、黑莓、樱桃、龙眼、荔枝、秋月梨、油桃、桃子、梨、西梅、李子、西瓜 **蔬菜** 花椰菜、青椒（灯笼椒）、蘑菇、甜玉米 **甜味剂** 山梨醇（420） 甘露醇（421） 异麦芽酮糖醇（953） 麦芽糖醇（965） 木糖醇（967）

附录 D　常见食物的血糖指数

附表 4　常见食物的血糖指数

高血糖指数（大于 85）食物	中血糖指数（60～85）食物	低血糖指数（小于 60）食物
天使蛋糕　　米饼	海绵蛋糕　　白米（长粒）	大麦仁面包
牛角面包　　碎小麦	酥皮糕点　　巴斯马蒂大米	大麦
玛芬蛋糕　　玉米粉	爆米花　　　蒸谷米	米麸
梅尔巴吐司　小米	燕麦麸面包　野生稻米	小麦仁
蛋糕甜甜圈　冰激凌	黑麦仁面包　红薯	牛奶（全脂或脱脂）
软饮料　　　糙米	山药　　　　白面皮塔面包	酸奶（所有种类）
华夫饼　　　米糕	熟小麦　　　保加利亚面包	苹果
奶酪比萨　　苏打饼干	低脂冰激凌　混合谷物面包	杏子
白面贝果　　燕麦	香蕉　　　　全麸谷类	樱桃
大麦粉面包　全谷物麦片	水果鸡尾酒　Chex 牌麸皮麦片	葡萄柚
白面包　　　古斯米	葡萄柚汁　　燕麦麸麦片	鲜桃
黑麦粉面包　西瓜	葡萄　　　　香脆麦片	鲜梨
全麦面包　　土豆	猕猴桃　　　碎大麦	西梅
麦片　　　　硬糖	杧果和木瓜　茶麦	豆类（所有种类）
玉米麸玉米麦片　燕麦糖	橙子（全果或果汁）碾碎的干小麦	扁豆
Chex 牌玉米麦片　胡萝卜	硬质意大利面　甜玉米	干豌豆
玉米片　　　葡萄糖	意大利宽面条	意大利面
小麦奶油　　麦芽糖		花生
Crispix 牌麦片　糖蜜		番茄汤
葡萄籽果　　蜂蜜和糖浆		果糖
葡萄干　　　运动饮料		
什锦果麦片		

注：1. 改编自 K. Foster-Powell and J.B. Miller, "International Table of Glycemic Index," The American Journal of Clinical Nutrition 62,no. 4 (1995)：871S-890S.

2. 白面包（50 克）用作参考食品，血糖指数为 100。

附表 5 矿物质参考摄入量

矿物质	不同阶段的男性参考摄入量			不同阶段的女性参考摄入量				
	19~50 岁	51~70 岁	70 岁以上	19~50 岁	51~70 岁	70 岁以上	妊娠期 (19~50 岁)	哺乳期 (19~50 岁)
钙（毫克/天）	1000*	1200*	1200*	1000*	1200*	1200*	1000*	1000*
铬（微克/天）	35*	30*	30*	25*	20*	20*	30*	45*
铜（微克/天）	900	900	900	900	900	900	1000	1300
氟化物（毫克/天）	4*	4*	4*	3*	3*	3*	3*	3*
碘（微克/天）	150	150	150	150	150	150	220	290
铁（毫克/天）	8	8	8	18	8	8	27	9
镁（毫克/天）	400 (19~30 岁) 420 (31~50 岁)	420	420	310 (19~30 岁) 320 (31~50 岁)	320	320	350 (19~30 岁) 360 (31~50 岁)	310 (19~30 岁) 320 (31~50 岁)
锰（毫克/天）	2.3*	2.3*	2.3*	1.8*	1.8*	1.8*	2.0*	2.6*
钼（微克/天）	45	45	45	45	45	45	50	50
磷（毫克/天）	700	700	700	700	700	700	700	700
硒（微克/天）	55	55	55	55	55	55	60	70
锌（毫克/天）	11	11	11	8	8	8	11	12
钾（克/天）	4.7*	4.7*	4.7*	4.7*	4.7*	4.7*	4.7*	5.1*
钠（克/天）	1.5*	1.3*	1.2*	1.5*	1.3*	1.2*	1.5*	1.5*
氯化物（克/天）	2.3*	2.0*	1.8*	2.3*	2.0*	1.8*	2.3*	2.3*

注：1. 资料来源：钙、磷、镁、维生素 D 和氟化物的参考摄入量（1997 年），硫胺素、核黄素、烟酸、维生素 B_6、叶酸、维生素 B_{12}、泛酸、生物素和胆碱的参考摄入量（1998 年），维生素 C、维生素 E、硒和类胡萝卜素的参考摄入量（2000 年），维生素 A、维生素 K、砷、硼、铬、铜、碘、铁、锰、钼、镍、硅、钒和锌的参考摄入量（2001 年），水、钾、钠、氯和硫酸盐的参考摄入量（2004 年）出自《膳食营养素参考摄入量》，可通过 www.nap.edu 网站查阅。维生素 A、维生素 K、砷、硼、铬、铜、碘、镍、硅、钒和锌的参考摄入量出自《膳食营养素参考摄入量》。© 2000 by the National Academy of Sciences, courtesy of the National Academies Press, Washington, DC。

2. 表中带 * 的数据表示适当摄入量（AI），其余数据为建议摄入量（RDA）。RDA 和 AI 都可以作为个人摄入量的指标。RDA 旨在满足一个群体中 97% ~ 98% 的人的需求。对于给出的年龄段，AI 涵盖了该年龄段中所有个人的需求，但是由于数据不足或不确定性，无法确定该摄入量涵盖的人群百分比。

附录 E 维生素和矿物质的参考摄入量

附表 6 维生素参考摄入量

维生素	不同阶段的男性参考摄入量			不同阶段的女性参考摄入量				
	19～50 岁	51～70 岁	70 岁以上	19～50 岁	51～70 岁	70 岁以上	妊娠期（19～50 岁）	哺乳期（19～50 岁）
维生素 A（微克/天）①	900	900	900	700	700	700	770	1300
维生素 C（毫克/天）	90	90	90	75	75	75	85	120
维生素 D（微克/天）②③	5*	10*	15*	5*	10*	15*	5*	5*
维生素 E（毫克/天）④	15	15	15	15	15	15	15	19
维生素 K（微克/天）	120*	120*	120*	90*	90*	90*	90*	90*
硫胺素（毫克/天）	1.2	1.2	1.2	1.1	1.1	1.1	1.4	1.4
核黄素（毫克/天）	1.3	1.3	1.3	1.1	1.1	1.1	1.4	1.6
烟酸（毫克/天）⑤	16	16	16	14	14	14	18	17
维生素 B₆（毫克/天）⑥	1.3	1.7	1.7	1.3	1.5	1.5	1.9	2.0
叶酸（微克/天）	400	400	400	400⑨	400	400	600⑩	500
维生素 B₁₂（微克/天）⑧	2.4	2.4⑧	2.4⑧	2.4	2.4⑧	2.4⑧	2.6	2.8
泛酸（毫克/天）	5*	5*	5*	5*	5*	5*	6*	7*
生物素（微克/天）	30*	30*	30*	30*	30*	30*	30*	35*
胆碱（毫克/天）⑦	550*	550*	550*	425*	425*	425*	450*	550*

注：1. 资料来源：钙、磷、镁、维生素 D 和氟化物的参考摄入量（1997 年），硫胺素、核黄素、烟酸素、维生素 B₆、叶酸、维生素 B₁₂、泛酸、生物素和胆碱的参考摄入量（1998 年），维生素 C、维生素 E、硒和类胡萝卜素的参考摄入量（2000 年），维生素 A、维生素 K、砷、硼、铬、铜、碘、铁、锰、

钼、镍、硅、钒和锌的参考摄入量（2001年），水、钾、钠、氯和硫酸盐的参考摄入量（2004年）出自《膳食营养素参考摄入量》（*Dietary Reference Intakes*），可通过 www.nap.edu 网站查阅，© 2000 by the National Academy of Sciences, courtesy of the National Academies Press, Washington, DC。

2. 表中带 * 的数据表示适当摄入量（AI），其余数据为建议摄入量（RDA）。RDA 和 AI 都可以作为个人摄入量的目标。RDA 旨在满足一个群体中 97%～98% 的人的需求。对于给出的年龄段，AI 涵盖了该年龄段中所有个人的需求，但是由于数据不足或不确定性，无法确定该摄入量涵盖的人群百分比。

①为视黄醛活性等价物（RAE）。1 RAE= 1 微克视黄醇、12 微克 β 胡萝卜素、24 微克 α 胡萝卜素或 24 微克 β 玉米黄质。膳食维生素原 A 类胡萝卜素的 RAE 值比视黄醇当量高 2 倍，而维生素 A 前体的 RAE 值与视黄醇当量相同。

②为胆钙化醇。1 微克胆钙化醇 =40 国际单位维生素 D。

③指在阳光照射不足的情况下。

④为 α- 生育酚。维生素 E 含有 RRR-α- 生育酚和 α- 生育酚的 2R- 立体异构形式（RRR、RSR、RRS 和 RSS-α- 生育酚）。RRR-α- 生育酚是天然存在于食物中的 α- 生育酚的唯一形式，α- 生育酚的 2R- 立体异构形式存在于强化食品和补剂中。α- 生育酚的 2S- 立体异构形式（RSS、SSR、SRS 和 SSS-α- 生育酚）存在于营养品和补剂中，通常不存在于维生素 E 中。

⑤为烟酸当量（NE）。1 毫克烟酸 =60 毫克色氨酸。

⑥为膳食叶酸当量（DFE）。1 DFE =1 微克膳食叶酸 = 0.6 微克来自营养品或食品补剂的膳食叶酸 = 作为补剂空腹服用 0.5 微克。

⑦虽然 AI 中包含胆碱，但几乎没有数据可以评估人们是否在生命周期的所有阶段都需要饮食提供胆碱，并且是否其中一些阶段可以通过内源性合成来满足身体对胆碱的需求。

⑧因为 10%～30% 的老年人可能对食物中的维生素 B_{12} 吸收不良，所以 50 岁以上人群最好主要通过食用富含维生素 B_{12} 的食物或含有维生素 B_{12} 的补剂来达到 RDA。

⑨鉴于叶酸摄入不足与胎儿神经管缺陷有关的证据，建议所有孕龄妇女除了通过各种饮食摄入食物叶酸外，还应每天通过补剂或营养品摄入 400 微克叶酸。

⑩育龄妇女应每天继续通过补剂或强化食品摄入 400 微克叶酸，直到她们的妊娠得到确认并进入产前护理，这通常发生在围生期结束后——胎儿神经管形成的关键时间。

附录 F　通用度量值的换算

附表 7　常用单位的换算

测量单位		换算关系
茶匙	液体	1 茶匙 =5 毫升
	固体	1 茶匙 =4.7 克
汤匙	液体	1 汤匙 =15 毫升
	固体	1 汤匙 =14.2[①]克
杯	液体	1 杯 =236 毫升
	固体	1 杯 =230[①]克
盎司	液体	1 盎司 =29 毫升
	固体	1 盎司 =28[①]克
英寸		1 英寸 =2.5 厘米

注：①这些是通用换算系数。为了准确地将"杯"转换为克，需要根据食物的类型考虑不同的因素。例如，1 杯面粉为 120 克，1 杯花生酱为 258 克。要准确换算特定食物的测量单位，请使用在线换算工具，如美食侦探网站（GourmetSleuth）的计算工具 www.gourmetsleuth.com/conversions/grams/grams-to-cupsconversions/calculator-help。

关于作者

D. 埃内特·拉森－迈耶博士，注册营养师，运动营养学认证专家，美国运动医学会会员，美国怀俄明大学教授，是运动和训练代谢领域一位受人尊敬的科研工作者。她致力探索对于运动爱好者及精英运动员，营养如何在生命周期的各个阶段和不同运动水平对他们的健康状况和运动表现产生影响。

D. 埃内特·拉森－迈耶
（图片由怀俄明大学提供）

拉森－迈耶是《素食运动营养》(*Vegetarian Sports Nutrition*，人体运动出版社，2007 年）一书的作者，并撰写了 80 多篇相关科学学术论文和一些书籍的章节。她曾任职于国际奥林匹克委员会的运动营养共识小组（2011 年）和精英运动员营养补充共识小组（2017—2018 年）。她是体育营养学理事会认证专家，曾在美国亚拉巴马大学担任运动营养师，活跃于营养与饮食学会的运动、心血管和健康营养实践小组（the sports, cardiovascular, and wellness nutrition practice group of the Academy of Nutrition and Dietetics，SCAN）和美国运动医学学会，并担任运动和训练医学科学板块的副主编。她也曾担任 SCAN 及营养与饮食学会植物营养实践小组主席。个人兴趣包括越野跑、静水皮划艇、爱尔兰踢踏舞、瑜伽。

马特·鲁希尼奥，公共卫生学硕士，注册营养师，植物营养学领域权威专家，20多年来一直遵循素食饮食方式。他拥有美国宾夕法尼亚州立大学的营养科学学位、美国洛马林达大学公共卫生营养硕士学位。他与马特·弗雷泽合著《无肉运动员》（*No Meat Athlete*），与艾莎·莫斯科维茨合著《减少食欲》（*Appetite for Reduction*），还是《可可，生命超级食品》（*Cacao，Superfoods for Life*）的主要作者。他曾任营养与饮食学会植物营养实践小组主席，目前任以植物性物质预防心脑血管疾病的初创保健公司 Nutrinic 的首席营养官。闲暇时，他参加超级马拉松、铁人三项比赛和 24 小时山地自行车比赛，并且骑行超过 24 140 千米。他长期居住在加利福尼亚州洛杉矶市。

马特·鲁希尼奥
（图片由范·怀特提供）